# ÁNGELES
## ENTRE MIS DEDOS

OCEANO ámbar

# ÁNGELES
## ENTRE MIS DEDOS

**Lorna Byrne**

ÁNGELES ENTRE MIS DEDOS

Título original: ANGELS AT MY FINGERTIPS



Traducción: Enrique Mercado

Imagen de portada: Trevillion Images
Fotografía de la autora: Alënushka Kremer


Guillermo Barroso 17-5, Col. Industrial Las Armas,
Tlalnepantla de Baz, 54080, Estado de México
info@oceano.com.mx

Primera reimpresión: enero 2021

ISBN: 978-607-527-464-5



Impreso en México / Printed in Mexico

*Dedico este libro a todos aquellos que ayudan a propagar el amor y la paz en el mundo*

# Índice

Introducción, 11

Capítulo 1. El principio, 13
Capítulo 2. Mi ángel de la guarda, 23
Capítulo 3. El dolor del pasado, 33
Capítulo 4. Hacerle un lugar a Dios, 41
Capítulo 5. La profundidad de los ángeles, 51
Capítulo 6. El cirujano que me envió una paciente, 59
Capítulo 7. Juan Bautista, 67
Capítulo 8. Dios se lleva a mi mamá, 73
Capítulo 9. El Arcángel Gabriel y nuestros seres queridos, 81
Capítulo 10. Mi vida día a día, 89
Capítulo 11. El Ángel Hosus se sienta en mi cama con un libro misterioso, 99
Capítulo 12. Veo a Joe de nuevo, 111
Capítulo 13. Los derechos inalienables de los niños, 121
Capítulo 14. Una visita a Sainte-Chapelle, 133
Capítulo 15. ¿Los ángeles se han vuelto triviales y comerciales?, 143
Capítulo 16. Ángeles todos los días, 159

Capítulo 17. Una oración para aprender a escuchar, 171
Capítulo 18. Un bebé radiante, 177
Capítulo 19. Mi último año en la escuela y mi encuentro con san Francisco, 185
Capítulo 20. Lugares sagrados y prueba de manejo, 209
Capítulo 21. Mariposas, 221
Capítulo 22. La iglesia, 231
Capítulo 23. La Madre Tierra, 243
Capítulo 24. Jesús y el Árbol de la Vida, 255
Capítulo 25. El Ángel Amén, la vida diaria y mi amiga Catherine, 263
Capítulo 26. El pergamino, 271
Capítulo 27. Olivia, de trece años, 281
Capítulo 28. La energía de la naturaleza, 293
Capítulo 29. Desconocidos que llaman a la puerta, 307
Capítulo 30. Mi Ave de Amor, 311
Capítulo 31. Recuerda que eres amado, 327
Capítulo 32. Juzgar, 343
Capítulo 33. El encuentro con Brian, 347
Capítulo 34. Un vaso de leche, 361
Capítulo 35. La Crucifixión, 365

Agradecimientos, 389

# Introducción

Mientras escribo esto han pasado muchos años desde que los ángeles me hablaron de mi misión de recordarles a las personas que cada una de ellas tiene un ángel de la guarda y de mencionarles la realidad espiritual de su vida.

Cada día aprendo más acerca de los ángeles. No me dijeron todo de golpe cuando era niña; me dicen cosas a medida que puedo comprenderlas y escribo sobre ellas cuando me dicen que el mundo está preparado para entenderlas.

Algunas veces, me dicen cosas que me prohíben transmitir, otras, me permiten revelar cosas que antes me habían dicho que debía mantener en secreto. Por ejemplo, desde hace mucho tiempo tengo prohibido decir cualquier cosa acerca de mi ángel de la guarda.

Este libro contiene muchos secretos de ese tipo que ahora puedo y debo revelar. Es una secuela de *Ángeles en mi cabello* y narra la historia de mi vida a partir de entonces, la cual incluye anécdotas sobre la educación de mis hijos; encuentros con el Arcángel Miguel, el Ángel Elías y mi Ave de Amor, y episodios de enorme felicidad y desdicha, y de amores perdidos y encontrados.

En esta obra revelaré algunas formas en las que puedes acercarte más a tu ángel de la guarda. De niña, mi ángel me enseñó estas cosas a fin de que te las comunicara y pudieras tener una mayor unión espiritual con el tuyo.

Cuando ahora reflexiono sobre mi vida, con el conocimiento que he adquirido desde *Ángeles en mi cabello*, comprendo con más claridad lo que me ha sucedido y por qué, así como lo que nos sucede a todos y al mundo en que vivimos. En mis libros anteriores y en mis conferencias me he ocupado, hasta la fecha, del papel de los ángeles en nuestra vida. En este nuevo libro me ocupo también del papel de nuestros difuntos, almas del cielo a las que se les permite visitarnos brevemente, y de cómo podemos rezarle a Dios con los ángeles y cómo estas oraciones transforman todo nuestro ser.

Hoy comprendo mucho mejor cómo nos ven los ángeles, cómo nos aman, lo que pueden hacer por nosotros y lo que quieren de nosotros: lo que ven.

Dios y los ángeles nos rodean y pueden ayudarnos en todo momento; lo único que tenemos que hacer es pedir y, desde luego, escuchar. Por eso titulé este libro *Ángeles entre mis dedos*.

Capítulo 1

# El principio

Sumergida en mi mundo, un día yo coloreaba una figura con crayones desperdigados por el suelo. Aunque hacía todo lo posible por no rebasar las líneas del dibujo, no era muy buena para eso, lo que a veces me desilusionaba. Tenía cuatro años de edad.

Aquel día, una enorme mano dorada llena de luz apareció sobre mi manita. El contacto de esa mano de ángel me llenó de amor, así que olvidé casi por completo la figura que coloreaba. En cambio, me concentré en la mano del ángel sobre la mía, hipnotizada por toda esa luz y sus detalles. Los largos dedos del ángel eran perfectos mientras se movían junto con los míos y guiaban el crayón de mi mano, y sus puntas resplandecían. De hecho, de toda su mano irradiaba un brillo tan intenso que era como una antorcha que iluminara el piso donde estaba mi dibujo, rodeado por los crayones.

El ángel me dijo:

—Ahí viene tu mamá.

Mamá entró en la sala, se detuvo un momento a mi lado y exclamó:

—¡Qué bonito dibujo!

Yo sonreí y ella se dirigió a la ventana, donde descorrió las cortinas para que entrara más luz. Hablé con el ángel sin palabras, como solía hacerlo; no había necesidad de decir nada en voz alta.

—Mamá no ve la luz que has hecho para mí, no sabe que no necesito que abra las cortinas.

Él dijo:

—Lorna, recuerda que debes mantener este secreto, no decir nada.

—Está bien —contesté.

Mi mamá salió de la habitación y volvió a la cocina.

Nuestra pequeña sala estaba casi siempre a oscuras, mamá no permitía que encendiéramos la luz durante el día; ahora, comprendo que mis padres tenían muy poco dinero. Casi terminaba de colorear mi dibujo cuando llegó Blackie, nuestro gato, y se sentó junto a nosotros. El ángel retiró su mano de la mía y la dirigió hacia algunos de los crayones tirados en el suelo, que movió sin tocarlos con sólo apuntarlos con un dedo. Yo reí cuando Blackie reaccionó, extendió una pata y se puso a jugar. Apresó un crayón entre sus garras y rodó con él; repitió esto varias veces, quería sostener el crayón entre las patas mientras rodaba.

Pregunté:

—¿Blackie puede ver la luz que sale de tu mano?

El ángel respondió:

—No, no puede verla.

Movió de nuevo su mano hacia mi dibujo en el suelo, el cual se iluminó con la radiante luz que emanaba de ella.

Yo dije muy contenta:

—¡Ya terminé!

Mientras levantaba y examinaba mi dibujo, el ángel susurró en mi oído:

—¿Sabes qué, Lorna? Puedes colorear una imagen a la perfección sin mi ayuda.

Estoy segura de que dijo esto porque de niña yo no creía ser buena para colorear sin la asistencia de un ángel.

—Gracias, ángel, por enseñarme y ayudarme —son las palabras que pronunciaba cada vez que él ponía su mano sobre la mía para ayudarme a colorear una figura.

He visto físicamente a gran número de ángeles desde que era niña, todos los días de mi vida. No puedo imaginar cómo sería mi existencia si no los viera físicamente ni conversara con ellos. Esto es normal para mí, pero sé que para ti no lo es.

Todo lo que puedo decirte es que debes hacer a un lado tus dudas y darte la oportunidad de descubrir que no eres un ser humano más. Eres millones de veces más que eso: tienes un alma, eres un ser espiritual tanto como una persona física. Piensa en eso un momento, si tienes dudas de cualquier clase o incluso si eres escéptico, pregúntate: ¿qué pierdes si te abres a la posibilidad de poseer un ángel de la guarda?

Un frío día de invierno le pregunté a mi mamá si podía salir a jugar al jardín y me contestó:

—Sí, pero abrígate.

Le dije que lo haría y corrí al pasillo para tomar mi suéter. Mamá se asomó entonces.

—Toma también estos guantes viejos para que no se te enfríen las manos.

Crucé a toda prisa el pasillo e hice una pausa en la puerta del taller, que estaba muy oscuro. Siempre tenía que esperar a que mis ojos se adaptaran a la oscuridad para abrirme paso en medio de ese desorden y salir por la puerta trasera (en ese entonces vivíamos aún en la casa de Old Kilmainham).

Nuestra casa en Old Kilmainham parecía una casita de muñecas. Vivimos ahí desde que nací hasta que el techo se vino abajo, cuando ya tenía cinco años. No soy muy buena para recordar edades exactas, así que nunca estoy cien por ciento segura. Cuando el techo se cayó nos mudamos a Ballymun, a casa de mi prima Netty, quien vivía sola; sus padres habían muerto cuando era joven. Vivimos con ella unos años y después nos mudamos a una unidad habitacional del gobierno en Edenmore, Raheny. Ahí todas las casas eran iguales. Papá sufrió un accidente de trabajo; hasta donde sé, le dieron en compensación un puesto administrativo en lugar de efectivo; el dinero extra derivado de su nuevo puesto permitió que mis padres ahorraran. Años más tarde compraron una casa en Leixlip, ciudad a las afueras de Dublín; yo era entonces una adolescente. Viví ahí con mi familia hasta que me casé con Joe, con quien adquirí una casita en Maynooth, gracias a un préstamo del ayuntamiento.

Atravesé el sendero del jardín y subí al montículo del fondo. Me acerqué a la pequeña pared y me puse a jugar. Hacía una casa con piedras y varitas cuando oí que me llamaban. Volteé y vi que el Arcángel Miguel estaba a un metro de mí, en la puerta del pequeño cobertizo que era nuestro baño exterior.

Sonreí y lo saludé mientras recogía más piedritas del suelo; le pregunté si había venido a ayudarme.

—No, Lorna —respondió—, vine a hablar contigo.

Dejé de recoger piedras. Cuando iba a poner sobre la pared las que tenía en la palma, una inmensa mano dorada y llena de luz apareció sobre la mía. El Arcángel Miguel me preguntó:

—Lorna, ¿sabes de quién es esa mano?

—Sí, es del ángel que está conmigo todo el tiempo, aun mientras duermo. Si abro los ojos unos segundos, puedo ver sus brazos a mi alrededor. Es mi ángel de la guarda. ¿No lo sabías, Miguel? Todos tienen uno, así que yo también lo tengo —él estalló en una carcajada, que me contagió—. Estaba a la espera de que tú me lo dijeras —continué—. Me sentía un poco preocupada; temía preguntártelo porque pensé que podías decirme que no tengo un ángel de la guarda como los demás, pero ahora estoy feliz.

Vi que detrás de él estaban todos los demás ángeles guardianes. Pese a que el Arcángel Miguel ya me había hablado de ellos, nunca había mencionado explícitamente al mío. De niña pensaba siempre: "¿Y yo qué?", a la espera de que él me asegurara que yo también tenía un ángel guardián.

Justo en ese momento, el ángel de la gran mano dorada, que estaba todavía sobre la mía y la sostenía, apareció frente a mí. Le dije:

—Nunca te había visto frente a mí.

Él repuso:

—Lo he hecho muchas veces, Lorna, sobre todo mientras duermes. En ocasiones me coloco frente a ti cuando coloreas y no necesitas mi ayuda, pero tú no te das cuenta de eso.

Los ángeles guardianes de vez en cuando abandonan su lugar detrás de la gente y se ponen delante de ella. Aun si no lo hacen, la rodean en todo momento. Esto es difícil de explicar, un ángel de la guarda pasa al frente, especialmente durante un periodo de crisis, para ayudar a que su protegido establezca contacto con él y vea una salida a su problema al sentir su presencia y experimentar esperanza.

El Arcángel Miguel me preguntó:

—¿Recuerdas lo que te dije acerca de tu ángel de la guarda?

—¡Creo que sí!

—Dímelo, Lorna.

Pensé un momento y lo recordé; me di cuenta de que hasta ese momento había olvidado todo lo que él me había dicho sobre los ángeles guardianes.

Le dije:

—Estaba sentada en mi cama, en el piso de arriba, cuando entraste a mi recámara. Llevabas un libro en la mano y estaba abierto. Leíste algo sobre mi ángel guardián. Me dijiste que no me abandonaría ni un segundo, que jamás estaría sola y que me amaba. ¿Te acuerdas de esa palabra difícil, Arcángel Miguel? No la puedo pronunciar.

Él contestó:

—Amor incondicional.

—¡Sí, ésa!

—Dila en voz alta, Lorna.

Lo hice unas seis veces hasta que pude enunciarla correctamente. A causa de mi dislexia, me costó mucho trabajo pronunciarla ¡y más todavía comprenderla!

Dije entonces:

—Amor incondicional. Puedo pronunciar siempre esta palabra cuando tú la dices, Arcángel Miguel. ¿Qué más me dijiste sobre mi ángel de la guarda?

Respondió:

—Que para él eres la persona más importante del mundo —le sonreí porque pensé que ahora lo recordaba todo, pero él añadió—: ¿Hay algo más?

Miré a mi ángel de la guarda, que sonreía frente a mí y sostenía mi mano. Lo consideré por un momento; hice un gran esfuerzo para recordar si había algo más. Miré al Arcángel Miguel, me acordé de todo y grité emocionada:

—¡Sí, ya recuerdo, es el guardián de mi alma!

Contemplé a mi ángel de la guarda; no podía quitarle los ojos de encima. Para mí era más hermoso que cualquier ángel que hubiera visto nunca. La radiante luz que emitía me permitía ver la apariencia humana que proyectaba. Quería examinar cada parte de él. Lo miraba como si mis ojos fueran una lupa; no quería perderme de nada, de ningún detalle.

Las túnicas doradas que vestía le llegaban a los pies. Pese a que no pude distinguir cuántos mantos llevaba puestos, cada pliegue era perfecto. Sus ropas parecían mecerse al compás de una brisa suave. Iba a aproximarme para abrazarlo cuando el Arcángel Miguel me dijo:

—No puedes acercarte a tu ángel de la guarda, Lorna, aunque a veces parezca lo contrario. Eso sucede porque él te cubre con uno de sus mantos. No puede ocurrir de otra manera; tú no puedes aproximarte, Lorna, sólo él.

—Lo sé —le dije a Miguel con tristeza—; es que me gustaría hacerlo.

Mi ángel de la guarda me sonrió, pero no dijo nada. Para mí, era un gigante. De repente abrió las alas y me envolvió con ellas; eran de plumas doradas de todas las formas y tamaños. Vi cada filamento de cada pluma, cada detalle; daba la impresión de que fueran muy suaves. Algunas eran plumas como las que vemos en los pájaros, que vemos y reconocemos todos los días; otras eran círculos, triángulos, cuadrados, cruces y muchas formas más.

El Arcángel Miguel me llamó y mi ángel guardián retiró sus alas con gran delicadeza y las abrió como una puerta. Cuando volteé, el Arcángel Miguel tocaba con las yemas de los dedos algunas de las plumas de mi ángel guardián ¡y se iluminaron! Algunas plumas con forma de símbolos giraron en círculo y casi me tocaron, *sentí* una suave brisa. El Arcángel Miguel apartó el dedo y las plumas dejaron de girar. Pregunté si podía tocarlas.

Fue mi ángel de la guarda quien contestó:

—No.

Pero mientras extendía sus alas permitió que una de las plumas de la punta de su ala derecha rozara mi mano. ¡La sentí tan suave, como si una ola de amor atravesara mi cuerpo! Al mismo tiempo, mi ángel guardián soltó mi mano izquierda.

El Arcángel Miguel dijo que debía marcharse y desapareció.

Me di vuelta hacia mi ángel de la guarda.

—Estoy muy contenta de que tú no tengas que ir a ninguna parte.

Él murmuró en mi oído:

—Siempre estoy contigo, Lorna.

Me llevé una mano a la boca, di un salto atrás y dije:

—¡Ay, se me olvidó decirle al Arcángel Miguel que no tengo permiso de revelarle a nadie tu nombre! Debo mantenerlo en secreto.

Mi ángel de la guarda me dirigió una sonrisa, dijo que ya lo sabía y apuntó hacia las piedras con las que yo jugaba antes de que el Arcángel Miguel llegara. Tomé las que había dejado en la pared del jardín y me puse a hacer de nuevo una casita de palos y piedras.

Los ángeles no son hombres ni mujeres. Simplemente, a veces adoptan una apariencia masculina o femenina, y otras ninguna de las dos. Mi ángel de la guarda ha tenido siempre una apariencia masculina. Nunca antes había hablado de él, porque no tenía permiso para hacerlo. Hasta ahora, mi ángel no cesaba de recordarme que no debía hablar nunca de él ni mencionar su nombre, aunque agregaba que algún día se me permitiría decir un poco; no obstante, jamás tendré permiso de mencionar su nombre ni de revelarte todo sobre él. Cuando se publicó mi primer libro, *Ángeles en mi cabello*, me recordaban constantemente, por medio no sólo de mi ángel guardián sino también de todos los demás ángeles, que no debía contestar ninguna pregunta acerca de él.

Cuando concedía entrevistas en la radio, aparecía en televisión o hacía una presentación personal y el conductor me preguntaba sobre mi ángel guardián, yo me asustaba. Interrogaba a los ángeles ahí presentes:

—¿Qué debo decir?

Mi ángel de la guarda me susurraba al oído:

—Di la verdad.

Yo respiraba hondo y respondía:

—No puedo hablar de él; no tengo permiso para hacerlo.

Aunque en ocasiones un entrevistador intentaba arrancarme una respuesta, yo tenía que decir que no y eso me apenaba.

Capítulo 2

# Mi ángel de la guarda

Cuando tenía doce años, un caluroso día de verano fui a pescar con mi papá y su mejor amigo, Arthur. Ellos eran como hermanos; creo que iban juntos a todas las competencias de pesca que había en el país.

Me encantaba ir a pescar con mi papá. Ese fin de semana él me pidió que dispusiera la fogata en una parte del terraplén donde hubiera muchas piedras. Me dijo que Arthur y él pescarían un rato en una poza río arriba y que después comeríamos todos juntos.

—¡De acuerdo! —exclamé y me dirigí gustosamente al terraplén.

Era como una ensenada, llena de piedras de todos los tamaños; algunas eran tan grandes que uno podía sentarse en ellas. Yo sabía que cuando el nivel del río subiera, todo eso se cubriría de agua, como una parte más del arroyo. Había muchos ángeles conmigo y les pregunté:

—¿Por dónde debo empezar?

—Creo, Lorna, que éste es el lugar más indicado para que dispongas la hoguera —me dijo uno de ellos.

Mi papá me enseñó a hacer una fogata cuando tenía cuatro años. En ese entonces le ayudé a juntar piedras, aunque no era muy buena para eso, porque tendía a juntar piedras pequeñas. No obstante, mi papá las puso alrededor del círculo que hizo para el fuego y me aseguró que había hecho un buen trabajo.

Desde entonces, siempre intentaba recoger piedras más grandes para mi papá, aunque los ángeles a veces me decían:

—No, Lorna, esa piedra es demasiado grande.

Yo les hacía caso y tomaba una más chica.

Ese día dejé mi mochila en el suelo y me puse a juntar piedras para hacer un círculo. Después reuní algunas varas y pedazos de leña de los árboles que el río había arrastrado al crecer. Me dio la impresión de que tuve todo listo en un instante. Abrí la mochila, dentro de la cual estaban los sándwiches, y tomé la cacerola para acercarme al río. Uno de los ángeles me dijo:

—Lorna, no te metas al río con los zapatos puestos.

Me dirigí a él y le dije:

—¡Claro que no! Me los quitaré.

Me sumergí en el agua casi hasta las rodillas. Los ángeles me rodearon todo el tiempo. Llené la cacerola de agua, salí de nuevo y me quité los zapatos y las calcetas. Las piedras estaban calientes y casi todas ellas eran lisas y redondas, así que fue agradable caminar descalza sobre su superficie.

Me senté en una de las rocas que daban al río para disfrutar del sol, escuchar a los pájaros y ver a los ángeles. Uno de ellos en particular estuvo conmigo ese día. De repente, fingió que pescaba en la ribera y me hizo reír cuando pretendió que un pez había mordido el anzuelo de una caña de pescar invisible. Otro fingió que sostenía una red mientras el primero llevaba el pescado a la orilla. Cuando el de la red estaba a punto de ponerla bajo el pescado, el otro aparentó que se resbalaba y que la caña de pescar se le caía. Fingieron que el pez invisible se les escapaba. ¡Fue tan divertido que no paré de reír un largo rato!

Mientras veía las gracias de los ángeles con el pez, una hermosa mano dorada se posó en mi mano izquierda. Mi ángel de la guarda se sentó junto a mí.

—¿Te agrada la excursión, Lorna? —me preguntó.

—Sí —contesté—. ¡Espero que Arthur y mi papá pesquen algo!

—Estoy seguro de que así será, Lorna —dijo.

—A veces no pescan nada y eso me desalienta.

—¿Tu papá parece desanimado cuando no pesca nada?

Lo miré, algo sorprendida por lo que había dicho.

—¡No! Nunca parece decepcionado cuando no pesca nada. Le gusta mucho pescar y estar en el campo. Supongo que no tardarán en regresar.

—No lo harán pronto, Lorna. Ya se olvidaron de la hora y la comida.

—Yo tengo un poco de hambre... —dije—. ¿Tenemos tiempo para platicar?

Mi ángel de la guarda me sonrió.

—Sí, Lorna.

Dije:

—Hay algo que siempre he querido saber. Puede que no contestes mi pregunta, pero la haré de todas formas. Siempre he notado, desde niña (sé que soy pequeña todavía, apenas tengo doce años, casi trece...) nunca he visto que un ángel toque a un ángel guardián o que un ángel guardián toque a otro ángel guardián.

—Voltea hacia el río, Lorna.

Lo hice y vi que los dos ángeles que me habían hecho reír se tendían el brazo uno a otro con mucha delicadeza. Se tocaron ligeramente la mano con las yemas de los dedos. Mientras los miraba, de pronto ellos permitieron que viera sus alas. Me sentí muy privilegiada, como siempre. Fue una gran sorpresa que extendieran un poco las alas y durante un breve segundo, cuando uno de ellos pasó junto al otro y dejó ver que la punta de una de sus alas tocara a su compañero. Vi esto en cámara lenta; no sé de qué otra manera describir el modo en que lo vi.

—¿Te das cuenta, Lorna? —dijo mi ángel de la guarda—. Los ángeles sí se tocan, aunque sólo cuando Dios lo permite.

—¿Y qué hay de los ángeles guardianes? —pregunté.

Mi ángel de la guarda me sonrió y me dijo que Arthur y mi papá ya venían de regreso, así que me levanté de la roca en la que estaba sentada y caminé por donde vendría mi papá. Segundos más tarde los vi y corrí hacia ellos al tiempo que agitaba la mano. Cuando llegué a su lado lo primero que dije fue:

—¿Pescaron algo? —y, con una enorme sonrisa, mi papá sacó de su bolsa de pescar una trucha grande—. ¡Fantástico! —exclamé.

Arthur me dijo que yo había hecho un excelente trabajo en la fogata. El fuego ardió en un minuto y de inmediato el agua hirvió en la cazuela para hacer té. Fue muy agradable para mí sentarme en las piedras, tomar té caliente y comer un sándwich con Arthur, mi papá y todos los ángeles que nos rodeaban. Pescamos el día entero y emprendimos el camino de regreso a casa hasta que comenzó a oscurecer. Sentada en el asiento trasero del coche, hablé sin palabras con mi ángel de la guarda. Quería saber por qué nunca había visto a un ángel guardián tocar a otro.

Él me susurró al oído:

—Cierra los ojos y duerme mientras tu papá te lleva a casa.

Escribí todo eso en la antigua granja, sentada a mi computadora en compañía del Ángel Hosus; había también otros ángeles en la habitación. Aunque la mañana era fría, el sol brillaba en la ventana.

El Ángel Hosus me preguntó:

—¿Qué acaba de pasarte por la mente, Lorna? ¿Por qué te detuviste?

—Hosus —le dije—, pienso en cuando los ángeles se tocan. He visto eso pocas veces y es muy raro. Recuerdo que en una ocasión le pedí al Arcángel Miguel que me explicara más sobre por qué, al parecer, los ángeles no se tocan como lo hacemos los seres humanos. ¿Sabes qué, Hosus? Creo que haré una pausa y bajaré a prepararme una taza de té.

Me levanté de la computadora y bajé a hacer té. Al volver, tomaba unos pequeños sorbos cuando oí que alguien me llamaba por mi nombre. Volteé y ahí estaba el Arcángel Miguel, en lo alto de la escalera.

—¡Buenos días, Lorna! —me dijo.

—¡Buenos días, Miguel! —añadí cuando llegué hasta él—. Me alegra que hayas venido; hay algo de lo que me gustaría hablar contigo.

Él replicó:

—Ya me enteré, por eso estoy aquí.

Entré a la habitación donde trabajaba, tomé asiento y bebí unos sorbos más de mi té. Los ángeles que se hallaban antes ahí ya no estaban; sólo el Ángel Hosus continuaba ahí.

Le dije al Arcángel Miguel:

—Hace muchos años, cuando era niña, tú tenías un libro en la mano y leíste algo relacionado con mi ángel de la guarda. Él nunca me ha dicho nada sobre si los ángeles se tocan. ¿Qué cosas puedo decirle a la gente acerca de los ángeles?

El Arcángel Miguel me dirigió una generosa sonrisa y me tendió la mano. Yo se la estreché al instante, porque mis abuelos me enseñaron que ésa es la manera cortés de comportarse. Esto me llenó de amor y felicidad. La mano del Arcángel Miguel envolvió la mía, la cual se perdió en la suya.

Dijo:

—Los ángeles no se dan la mano, Lorna.

Yo repuse:

—Ya lo sé, pero ¿por qué?

—Porque somos seres creados por Dios. No tenemos ningún deseo, ninguna necesidad de tocarnos; no somos como los seres humanos. Si un ángel toca a otro es sólo porque Dios lo permite. Eso ocurre en ocasiones especiales.

—Sí, Arcángel Miguel, sé que es muy raro; sólo pensaba en eso. Recuerdo que una vez, hace mucho tiempo, vi que un ángel guardián tocaba a un ángel. ¿Podemos hablar de eso? —pregunté.

—Sí, Lorna, te ayudaré a recordarlo —respondió.

Trabajaba con mi papá en la gasolinera de Grosvenor, en Rathmines. Un día le pedí permiso para salir a las dos y tomé el autobús al centro de Dublín. Algo que siempre me fascina de los autobuses es sentarme y escuchar las conversaciones de todas las personas y ver a todos los ángeles a su alrededor, entre ellos a sus ángeles guardianes, desde luego. Ver a los ángeles tan vívidamente como veo a las personas es algo muy común para mí.

Me bajé en uno de los extremos del Puente O'Connell y subí por O'Connell Street; me dirigía a Penneys, al fondo de Mary Street. Había ahorrado algunas libras, así que podría comprar ropa nueva; tenía la expectativa de adquirir una blusa y una falda. Di vuelta en Henry Street y me abrí paso entre la multitud de compradores rumbo a mi destino. Llegué a Moore Street, donde hay un mercado repleto de puestos de frutas y verduras en los que se oye siempre gritar a las mujeres: "¡Se venden manzanas, naranjas, plátanos!".

Me agradaba mucho mirar esa calle, porque en ocasiones los ángeles permitían que la energía de la fruta y la verdura se propagara por todos lados en forma de esferas de luz.

Ese día, una joven compraba algo de fruta, justo en una esquina. Yo me detuve, porque vi que su ángel guardián tendía el brazo; las puntas de sus dedos parecían tocar la mano de un ángel que estaba junto a él.

—¿Es así, Arcángel Miguel? —pregunté—. Cuando el ángel guardián de esa joven le tendió la mano al otro ángel, las puntas de sus dedos parecieron tocarse tan levemente que casi no se tocaron en absoluto.

—Sí, Lorna —dijo—. Podría decirse que no se tocaron en absoluto, aunque sí lo hicieron; fue un roce apenas. Ningún ángel tiene necesidad de tocar a otro. No necesitan abrazarse.

—Arcángel Miguel, ¿los arcángeles se tocan alguna vez?

—Nada más si Dios necesita que eso pase, sólo entonces. Yo no necesito tocar a otro arcángel ni a un ángel. Sin embargo, Dios nos permite que toquemos a los seres humanos, hombres, mujeres y niños aunque, como bien sabes, Lorna, en realidad no hacemos contacto con ellos.

—Sí —confirmé—. De niña, mi ángel de la guarda ponía su mano sobre la mía; la que me tocaba era la luz de su mano, no la mano misma.

Él dijo:

—Es cierto, Lorna.

—Aun cuando tú estrechaste mi mano —le dije—, aun cuando mi mano se perdió en la tuya, no se tocaron. Fue sólo la luz de tu mano lo que estuvo alrededor de la mía. Ese calor, ese amor procedente de ti me permitió sentir tu mano y tus dedos, pese a que no tocaron mi mano.

El Arcángel Miguel dijo:

—¿Qué más recuerdas del ángel guardián de la esquina de Moore Street que tocó con las yemas de los dedos al ángel que estaba junto a él?

Yo contesté:

—¿Cómo explicarlo? Fue como si en el momento en el que

las puntas de los dedos del ángel guardián tocaron al otro ángel, una infusión de luz, una explosión, saliera de los dedos del ángel guardián de la joven. Esa mano parecía más radiante que cualquier ángel guardián que yo haya visto nunca, aunque sólo su mano. Todo sucedió en un momento muy breve. Recuerdo que el ángel guardián de la joven me vio en la calle; llevaba puesta una vestimenta púrpura, verde y dorada. Ese ángel guardián llenó de dicha al otro ángel.

—¿Qué más recuerdas, Lorna? —inquirió el Arcángel Miguel.

Pensé un momento y respondí:

—Le pregunté al ángel guardián por qué había tocado al otro ángel, pero no me contestó.

Vi que la joven pagaba la fruta y se alejaba del puesto. Apenas en ese momento me di cuenta de que el otro ángel había desaparecido.

Le dije al Arcángel Miguel:

—Es un hecho entonces que los ángeles no necesitan un abrazo o el contacto de amor o compañía que los seres humanos buscamos todos los días de nuestra vida. A veces, Arcángel Miguel, no entiendo la conducta de los ángeles. Dan mucho amor a cada hombre, mujer y niño; los ángeles guardianes nos aman incondicionalmente. Ojalá, Arcángel Miguel, nosotros nos amáramos unos a otros como ustedes nos aman.

Él dijo que debía marcharse y desapareció.

Me di vuelta hacia el Ángel Hosus.

—¿Tú también tienes que irte?

—No, Lorna, puedo quedarme.

Tan pronto como dijo eso, otros tres ángeles entraron a la habitación.

Yo sonreí y les dije:

—Espero que me dejen hacer una pausa para comer.

Replicaron simultáneamente:

—A las tres podrás dar un paseo.

—Gracias —contesté, con una sonrisa.

## Capítulo 3

# El dolor del pasado

Vivíamos en Ballymun. Mamá me llevaba siempre a Dublín para que le ayudara a hacer las compras. Yo estaba a cargo del carrito, el cual era como un costal de compras con dos ruedas y una manija. Casi todos en Irlanda lo usaban en ese tiempo; era muy práctico, bastaba con jalarlo detrás de uno. Un sábado por la mañana mamá y yo tomamos el autobús. Ella iba invariablemente de compras a Henry Street y Mary Street y el carrito se llenaba con las frutas y verduras de los puestos de las mujeres de Moore Street. A mí me encantaba caminar por esas calles y mirar tanto bullicio y ajetreo.

En las grandes ocasiones mamá iba a la GPO, que estaba en O'Connell Street. Se trata de una enorme oficina de correos instalada en un famoso edificio histórico de Dublín, donde ocurrieron batallas por la libertad de Irlanda durante la Rebelión de la Pascua de 1916. Yo siempre me sentía nerviosa y emocionada cuando entraba a esa oficina, porque cada vez que iba ahí estaba llena de gente, repleta de filas en cada ventanilla. Los ángeles me mostraban cosas que habían ocurrido en el pasado en ese lugar.

Lo más común era que mi mamá sólo necesitara hablar por teléfono. Después de cruzar las grandes y pesadas puertas, la sala de teléfonos estaba a la izquierda y al dar la vuelta entrábamos a un área sin puerta llena de casetas telefónicas.

Debo haber tenido apenas diez u once años aquel día. Mamá tenía que presentarse en uno de los mostradores y las filas eran muy largas, se formó en una y me paré a su lado. Recuerdo que me puse a contar cuántas personas había en las filas y sonreía en ocasiones, porque entre la gente había ángeles.

Les dije sin palabras:

—¿Podrían hacerse a un lado para que pueda contar?

No lo hicieron.

Mi mamá volteó y me dijo:

—Lorna, creo que estaré mucho tiempo en esta fila. Espérame junto a ese mostrador de la pared del fondo.

—¡Está bien! —le dije y me fui.

Mientras miraba desde allá a todas las personas y a mi alrededor, así como a los ángeles entre el gentío, vi que el Ángel Hosus caminaba hacia mí.

Me dijo:

—Hola, Lorna —le sonreí y él agregó—: quiero que prestes atención; se te permitirá ver algunas cosas que ocurrieron aquí en el pasado.

Suspiré y dije:

—No me gusta ver el pasado, en especial aquí o allá afuera.

Los ángeles ya me habían mostrado las batallas que ocurrieron en el pasado de la GPO. Temía ver a personas armadas y a otras muertas y heridas. El ruido era siempre muy fuerte y aterrador: gritos, alaridos y disparos.

El Ángel Hosus me dijo:

—Estarás bien, Lorna; yo permaneceré a tu lado.

—De acuerdo —suspiré.

En cuestión de segundos la sala cambió. Fue como si yo viera el pasado y el presente juntos; como si viera una película, dos películas al mismo tiempo, una encima de la otra, en la cual el presente predominaba sobre el pasado.

La escena cambió de nuevo un momento después. Ahora me hallaba en la GPO del pasado. Había mucho ruido y el lugar estaba cubierto de polvo, había gritos. Vi que el Ángel Hosus se encontraba junto a mí.

Lo miré y me dijo:

—Presta atención, Lorna.

Así lo hice. Vi que una joven sostenía a un muchacho aparentemente herido. Ella avanzaba con dificultad, casi tenía que cargarlo en su trayecto por la sala. Oí que pedía ayuda y que alguien corría hasta ellos desde detrás de un mostrador. Los oí hablar pero no entendí lo que decían mientras sujetaban al chico. Me sentí muy triste y afligida porque supe que él sufría.

Todo el ruido y polvo que los rodeaban hizo que yo le preguntara al Ángel Hosus:

—¿Qué pasa, Ángel Hosus? Ese joven está herido.

De pronto vi que el presente regresaba y el pasado se desvanecía. La joven y el muchacho desaparecieron entre la muchedumbre y todo volvió a la normalidad. Mi mamá estaba todavía en la fila, aunque algo más cerca de la ventanilla. Yo me sentía muy triste.

El Ángel Hosus se paró frente a mí y me dijo:

—Lorna, eso era la guerra.

—No entiendo —repliqué.

Él dijo:

—Sé que es así. Limítate a rezar. Tu mamá saldrá en poco tiempo.

Volteé y vi que ya sólo había una persona adelante de mi mamá. Minutos después nos marchamos. El Ángel Hosus cruzó la puerta con nosotras. Yo sonreí, consciente de que mi mamá no sabía que él iba a nuestro lado; no sabía nada de los ángeles, ni siquiera que yo podía verlos físicamente igual que la veía a ella. Caminamos hasta Henry Street e hizo las compras. Más tarde tomamos el autobús de vuelta a casa.

Los ángeles me enseñan cosas del pasado para que yo pueda decírselas al mundo a fin de que no repitamos la guerra sin cesar. Si persistimos en ella, no quedará nada, sólo amargura y odio para los niños del futuro. Debemos luchar por la paz. En *Ángeles en mi cabello* conté que el Ángel Hosus me describió a Irlanda del Norte en una ocasión como la piedra angular de la paz en el mundo. Esa nación no experimentó la paz hasta que los bandos opuestos se unieron porque entendieron que tenían que dejar de aniquilarse entre sí para darles a sus hijos la posibilidad de vivir, de tener libertad y paz.

La familia de Joe, mi esposo, participó en la Rebelión de la Pascua de 1916. Su tía Dolly permaneció un tiempo en la GPO. Recuerdo que, una vez, sentada a la mesa de la cocina en compañía de Joe, Dolly nos contó que les llevaba armas y comida a los rebeldes. No paraba de implorar que no la sorprendieran cuando entraba a escondidas a la GPO en medio de los disparos.

En tanto ella me contaba eso, mi ángel de la guarda murmuró:

—Lorna, ¿recuerdas haberla visto cuando te llevamos a aquella época?

Tan pronto como oí eso recordé que había visto a Dolly. Ella era apenas una jovencita y cargaba armas y municiones que entregaba a los jóvenes. Yo tenía catorce años cuando los ángeles me hicieron experimentar espiritualmente ese periodo.

Es horrible que te trasladen al pasado, en especial donde hay guerra y tanto dolor. Yo siento, en cada ocasión, las emociones y el sufrimiento espiritual de todos los hombres y mujeres involucrados, de ambos bandos; eso me destroza.

Debido a que, como escribí en otro libro, mi familia me consideraba retrasada mental, se me permitió ver muchas cosas que mis demás familiares no tuvieron el privilegio de ver. Supongo que creyeron que yo no comprendería o no podría hablar nunca de esas cosas, aunque claro que las comprendía y ahora soy capaz de hablar de ellas. He tenido siempre los mejores maestros del mundo: los ángeles.

Mi papá y yo trabajábamos en la gasolinera de Grosvenor. Cada mañana iba a laborar con él, pero en cierta ocasión siguió otra ruta en lugar de ir directo al trabajo y en el trayecto oí que alguien me llamaba. Volteé hacia el asiento trasero y ahí estaba el Ángel Hosus, quien me dijo:

—Lorna, mientras estés con tu papá, necesitamos que prestes atención, para que puedas recordar todo lo que veas.

Yo le dije sin palabras:

—Está bien.

Mi papá me preguntó:

—¿Necesitas algo del asiento de atrás?

—No, sólo miraba —contesté.

Minutos después él encontró un lugar donde estacionarse junto a una hilera de tiendas. Pese a que podría decir el nombre de esa área, creo que es mejor que no lo haga, porque es probable que lo que vi con mi papá esté ahí todavía.

Bajamos del coche, cruzamos la avenida y avanzamos por una calle de antiguas casas georgianas. Cuando ya estábamos cerca de nuestro destino, vi que el Ángel Hosus se hallaba junto a dos coches estacionados afuera de una de esas casas.

Me dijo:

—Lorna, los policías que ocupan estos coches están armados —yo respiré hondo y él añadió—: no te pongas nerviosa —y caminó para estar junto a mí.

Mi papá no vio a los policías en los coches. Titubeó un momento en el portón y dijo:

—Creo que éste es el lugar.

Atravesamos el portón y subimos los escalones hasta la puerta. Aunque desde afuera parecía una casa georgiana ordinaria, cuando la puerta se abrió vi que no tenía nada de ordinaria.

Un vigilante armado nos abrió. Papá le dijo su nombre y nos dejó pasar. Cuando entramos vimos que había más vigilantes armados en el pasillo y que la puerta del vestíbulo no era una puerta normal, a pesar de que lo parecía desde afuera; por dentro tenía fijada una puerta de acero.

Recorrimos el pasillo y entramos a una oficina. Era el despacho de mi abuelo; yo no lo supe hasta que lo vi sentado en una silla detrás del escritorio. No era una oficina común y corriente. El escritorio y la silla de mi abuelo Cruthers eran inmensos, pero lo más extraño era que la oficina estaba llena de armas.

Mi abuelo recibió a mi papá con los brazos abiertos. Me saludó y me sonrió; yo le sonreí en respuesta.

Le dijo a mi papá:

—Jim, déjame mostrarte este lugar.

Los seguí. El Ángel Hosus me explicó que un día ellos habían conversado sobre el pasado de Irlanda, sobre el Ejército Republicano Irlandés (ERI) y la ocupación inglesa. Mi abuelo escuchó ese día a su ángel guardián y compartió con mi papá un secreto que fue la causa de que él lo visitara en su lugar de trabajo.

Le dije al Ángel Hosus sin palabras:

—No hiciste esto nada más por mi papá. ¿También lo hiciste por mí?

Él respondió:

—Sí, Lorna, fue principalmente para que prestes atención.

Salimos de la oficina de mi abuelo, acompañados todo el tiempo por dos vigilantes. Yo no estaba acostumbrada a ver agentes armados, porque en las calles de Dublín los policías no portaban armas. Era algo de miedo.

Mientras pasábamos de una sala a otra, noté que todas las puertas estaban reforzadas con acero y que cada sala contenía gran cantidad de armas de todo tipo. Las salas estaban a oscuras. Había muebles y todas las paredes estaban llenas de armas también. Nunca en mi vida he visto tantas como ese día. Mientras avanzaba con ellos, me sentí abrumada. Fue para mí muy aterrador, porque sabía que las armas matan a personas y animales. A veces, cuando miraba todos esos fusiles a mi alrededor, veía al Ángel Hosus en una esquina; él me dirigía una enorme sonrisa y eso me tranquilizaba. No quería que mi papá y mi abuelo se dieran cuenta de que estaba nerviosa.

Regresamos a la oficina de mi abuelo y nos sentamos. Él habló con mi papá como si yo no estuviera ahí. Todo el tiempo había vigilantes con nosotros; algunos vestían como policías y otros de civil. Mi abuelo le contó a mi papá que había traficado armas para el ERI, pero que cuando la República de Irlanda obtuvo su libertad y estableció su gobierno, se convirtió en proveedor de armas de nuestro país. Supongo que se refería al ejército y la policía irlandeses.

Nunca olvidaré cuando mi abuelo murió. Lo sepultaron cubierto con la bandera irlandesa y a su entierro asistieron muchos oficiales del ejército. Seis soldados dispararon varias salvas en su honor encima de su ataúd.

Capítulo 4

# Hacerle un lugar a Dios

Hay algo que no te he comentado todavía sobre mi ángel de la guarda. Sé que les he dicho a todos que su ángel guardián nunca los abandona ni un segundo, que les he platicado de las veces en que Dios está conmigo y me alborota el cabello. En *Ángeles en mi cabello* relaté la ocasión en que él atravesó los campos conmigo y nos sentamos junto al río Shannon en un antiguo chalet en Mountshannon, County Clare. Aunque mi ángel de la guarda no me abandona en esos momentos, se hace a un lado y es como si yo estuviera sola con Dios. Siento físicamente la presencia de mi ángel guardián, su energía y su esencia cuando se aleja de mí. Explicártelo no es fácil. Es como si una parte de mí se separara. Nuestro ángel de la guarda está unido a nosotros por un fino hilo de luz y supongo que ésa es la razón por la que yo he sentido eso en diferentes ocasiones. Sólo ocurre cuando estoy en presencia de Dios.

Con frecuencia volteo a la derecha cuando Dios está conmigo y veo que aunque mi ángel de la guarda está a unos metros de mí, parecería estar a un millón de kilómetros. Sé que él debe distanciarse cuando Dios me visita y le agradezco que lo haga siempre con tanta gentileza. Sentir la enorme fuerza de tu ángel de la guarda cuando se aleja es increíble. Sé que no lo explico muy bien, pero cuando tu ángel guardián se aparta, la infusión de su poder a tu alrededor es bienvenida; sientes un gran alivio.

En una ocasión en que volteé a ver a mi ángel guardián y lo encontré ahí parado, Dios me dijo:

—No te preocupes, Lorna; tu ángel de la guarda no podrá dejarte jamás.

—¿Qué pregunta quieres hacerme, Lorna? —me dijo un día el Ángel Hosus, quien seguramente vio que tenía algo en mente.

—¿Cuándo experimentan las personas ese alejamiento de su ángel de la guarda?

—Lo experimentan únicamente cuando mueren, cuando su alma se ha ido al cielo con su ángel. Sólo cuando ya están en el cielo su ángel guardián puede alejarse de su alma, porque cuando ella está en el cielo no necesitan a su ángel todo el tiempo a su lado. Él está en constante oración por los que se quedaron atrás: los seres queridos de las personas y sus descendientes. Un ángel de la guarda no puede ser nunca de nadie más; sólo del alma que Dios le asignó, y está con ella en el cielo para toda la eternidad; aunque pese a todo, no necesitan estar juntos a cada instante.

Yo perdía el tiempo a menudo cuando volvía a casa después de clases. Vivíamos en Ballymun y el camino era largo; aunque había un autobús escolar, yo prefería caminar. Un día me metí en un campo y me puse a cortar flores silvestres, me senté sobre un montón de hierba y esparcí mis flores en el suelo, donde las separé en ramos de margaritas blancas, prímulas amarillas y unas flores silvestres de color púrpura mientras hablaba con mi ángel de la guarda.

En realidad, me quejé de él:

—Te pedí una pluma; ya pasaron tres días y no he visto una sola en ningún lado, ni siquiera en este campo —esperé un minuto y añadí—: ¿No me quieres hablar?

Como no obtuve respuesta me sentí muy apenada. Le dije que lamentaba haberme quejado con motivo de la pluma.

Estaba sentada en la hierba todavía cuando le dije:

—De veras me encantaría que me dieras una pluma que hiciera juego con mis flores. Una de color blanco y negro sería perfecta, aunque no creo que me escuches.

Ordené las flores, me puse de pie y caminé hacia el otro extremo del campo. No había ningún ángel a mi alrededor. Sabía que mi ángel de la guarda estaba ahí pero no estaba muy contenta con él, porque no había recibido la pluma que pedí.

Mientras atravesaba el campo corté más flores. Algunas se me cayeron y cuando me incliné para recogerlas la mano de mi ángel de la guarda apareció sobre la mía.

—¡Aquí estás! —exclamé.

Él respondió emocionado:

—Sí, ¡claro que aquí estoy! ¿De veras quieres una pluma, Lorna?

—Sí.

—Sabes que no puedo darte una de las mías...

Reí y repliqué:

—¡Por supuesto que no!

—Tendré que hacer que un ave ceda una pluma para ti. Acércate al árbol grande de allá.

—¡Bueno! —dije y justo antes de que llegara al árbol hallé una pluma entre la hierba.

¡Salté de alegría! Era de color negro y blanco.

—¿Cómo lo hiciste? —le pregunté a mi ángel—. Una pluma de color negro y blanco no es fácil de encontrar.

—Lo sé, Lorna, pero sabía que hoy volverías a pedir una pluma de ese color. Ayer estuvo aquí un grajo con algunas plumas blancas y negras y perdió una de ellas, que dejó para ti.

—¡Gracias! —le dije, aunque con la esperanza de que eso no quisiera decir que ese pájaro fuese a sentir algo de frío si había perdido una pluma antes de tiempo.

—No te preocupes, Lorna. En su lugar crece otra, no temas que el ave sienta frío.

—Gracias —dije y admiré mi pluma, que levanté contra el sol para soplarle.

Los ángeles me enseñaron que es así como se limpia una pluma para poder ponerla entre flores silvestres. Salté durante casi todo el camino a casa. Le di las flores a mi mamá y ella las puso en la ventana de la cocina; ¡se veían preciosas! Me fascinaba llevar flores a casa para mi mamá.

He visto todo el tiempo que los ángeles le dan plumas a la gente. Ésta es una de las muchas señales que ellos nos dan cuando necesitamos esperanza en nuestra vida; cuando, por ejemplo, pedimos una señal de esperanza después de que fallece un ser querido. A veces pedimos un signo adicional para saber que esa persona está en paz y en el cielo.

Recuerdo con frecuencia que en muchas ocasiones acompañé a mi papá a competencias de pesca en diversos lugares del país, y que una vez los ángeles me dijeron que uno de los participantes, Pat, le había pedido a Dios con insistencia una señal que le infundiera esperanza de que todo estaría bien para él y su familia, de que las cosas darían fruto.

En esa excursión particular papá pescó con otros diez competidores que se desplazaban por la ribera. Cada vez que Pat alzaba su bolsa de pesca para trasladarse a otro sitio, los ángeles le indicaban que había una pluma debajo o a un lado de esa bolsa, y puedo asegurarte que yo miré bien a mi alrededor para ver si había más plumas en otra parte, pero no hallé ninguna. Aunque esto ocurrió varias veces, Pat no se daba cuenta de nada.

Empezó a oscurecer y mi papá dijo:

—Creo que tendremos que volver a casa muy pronto.

Otro participante repuso:

—Hagamos un par de lanzamientos más antes de marcharnos.

Entretanto, yo veía que los ángeles se empeñaban en darle una pluma a ese señor para concederle la esperanza que necesitaba. Pensé que él no lo notaría nunca, pero justo cuando recogió su equipo y alzó su bolsa, dudó un instante, se agachó y tomó la pluma. La miró, no le dijo una palabra a nadie y se la metió al bolsillo. Vi que en ese momento su ángel guardián lo abrazó. Aunque pregunté qué pasaba, no obtuve respuesta; los ángeles no me dijeron nada. Frecuentemente veo que los ángeles le dan plumas a la gente, pero ésta no lo nota casi nunca.

Los ángeles hacen en verdad un gran esfuerzo para darnos señales y no les es fácil. Usan las plumas de las aves, así que estas últimas desempeñan una parte importante también. Ellos tienden a usar plumas porque son ligeras; les cuesta menos trabajo mover las mentes que los objetos. Pese a que en mis libros he descrito manifestaciones físicas de los ángeles —que tocan a la puerta o a la ventana o hacen que el viento sople—, son muy raras.

Cuando pides como señal una pluma, en la mayoría de los casos la hallarás en un sitio poco común, donde no esperarías encontrarla. No había plumas en aquella ribera, sólo una cada vez que Pat recogía su bolsa. Para mí, eso es un milagro. No sé cómo los ángeles lo consiguen. Somos demasiado lentos, incluso yo misma en ocasiones, para reconocer las señales que ellos nos dan; las pasamos por alto.

Una amiga me dijo una vez que le encantaría recibir una pluma de un ángel. Me contó que aunque la había pedido toda la vida, no la había recibido todavía. Los ángeles que la rodeaban ese día me confiaron que ella ya había recibido muchas plumas, pero que no las veía. Aun cuando se las ponían enfrente, ella las menospreciaba; no las atribuía a los ángeles, porque no aparecían en lugares inesperados.

Pedí por ella y seis meses después la volví a ver y me confió:

—Recibí mi pluma, Lorna.

—¡Te lo dije! —exclamé—. ¿Dónde la encontraste?

Ella contestó:

—No lo vas a creer: en un zapato.

—¡Eso es increíble! —y añadí—: ¿Estás feliz ahora?

—Sí —respondió.

¿Cómo lograron los ángeles meter una pluma en uno de los zapatos de esa mujer? No lo sé, pero ellos son así. A veces no hay ninguna explicación de cómo hacen las cosas los ángeles guardianes. Sé que otros ángeles les ayudan y que necesitan también de nuestra cooperación, así que si tu ángel de la guarda pone un pensamiento en tu cabeza, reacciona. Quizás alguien haya pedido una señal y tú debes contribuir a que la reciba. Tal vez se te pida algo muy simple, como hacer una llamada telefónica, escribir una carta, regalar una flor, compartir una sonrisa o ceder tu asiento en el autobús; podría tratarse aun de comprar una taza de té o brindar ayuda, incluso a un desconocido. Una cosa que mi ángel de la guarda y todos los demás ángeles me han enseñado es algo que mi abuela solía decir también.

Ellos me repiten sin cesar estas palabras: "Da de corazón y no esperes nada a cambio".

Una de las veces en que mi mamá estuvo en el hospital, mi hermana y yo nos quedamos en casa de mi abuela. Vivíamos en Ballymun entonces, pero mi abuela no vivía lejos de Old Kilmainham, así que yo conocía el área. En ocasiones ella me mandaba a las tiendas para que hiciera algunas diligencias. A mí me gustaba mucho ir a las tiendas, porque así tenía un poco de tiempo para estar sola y nunca dejaba de hablar con mi ángel de la guarda en el camino, desde luego.

A veces jugaba con él. Uno de nuestros pasatiempos consistía en que yo tratara de pisar sus inmensos pies, aunque nunca lo lograba. Sabía que era imposible, porque él mismo me dijo que eso no estaba permitido, pero lo hacíamos de todas maneras. Cuando yo adelantaba el pie derecho, él adelantaba el suyo. Aunque mi intención era pisarlo, él hacía desaparecer siempre su pie, por muy rápido que yo caminara.

Le decía a menudo:

—¡No es justo! ¡Empecemos de nuevo, pero no hagas trampa!

Él se reía; su risa no era como la del Arcángel Miguel, sino mucho más suave. Decía:

—No hago trampa, no puedo hacerla, es imposible, Lorna.

Yo me detenía y replicaba:

—Bueno, intentemos otra vez: primero el pie derecho, después el izquierdo.

Caminaba lo más rápido posible, casi corría, para tratar de pisar a mi ángel. A veces llegaba tan risueña a las tiendas que tenía que hacer una pausa y respirar hondo para serenarme.

Un día, una señora que cargaba varias bolsas de compras se detuvo y me preguntó:

—¿A qué juegas?

Le sonreí porque no supe qué contestar. Al mismo tiempo hablé en silencio con mi ángel de la guarda, quien me indicó:

—Dile que quieres alcanzar tus pies, pero no puedes porque siempre se te adelantan.

Hice lo que él me dijo y le repetí sus palabras a aquella señora.

Ella dudó un momento antes de decir:

—Tienes razón, es imposible que alcances tus pies. ¡Qué divertido!

Entonces se marchó, con sus bolsas a cuestas.

—¡Le levantaste el ánimo, Lorna! —me dijo mi ángel.

Un día de las vacaciones escolares de verano cuando vivíamos en Edenmore yo jugaba en la calle con otros niños; tenía quizá doce años. Corrí hasta el fondo de una cerrada cuando una vecina me preguntó si quería sacar a pasear a su bebé en la carriola, para que se durmiera. La madre, Catherine, sacó el cochecito por la puerta del jardín y yo me hice cargo de él; paseé al bebé durante al menos una hora.

Tenía por costumbre hacerles favores así a las madres que vivían en mi calle; me encantaba hacerlo. Ese bebé estaba inquieto y lloraba de vez en cuando.

Yo dije:

—Ángeles, ¿pueden ayudar a este niño?

Sus mejillas estaban tan rojas que supe que le estaban saliendo los dientes.

Un ángel se acercó a la carriola cubierto con una larga y suelta túnica dorada y me dijo:

—Detente un momento, Lorna.

Lo hice y él se inclinó sobre la carriola para examinar al pequeño, tras lo cual puso un segundo la mano sobre él. No sé exactamente qué hizo, pero el bebé dejó de llorar, sus ojitos empezaron a cerrarse y se durmió. El ángel volteó y me dirigió una sonrisa; yo le di las gracias y desapareció. Poco después llegaron unas amigas mías y comprobaron que el bebé dormía profundamente en su carriola.

De vuelta a la casa de Catherine crucé el portón justo cuando ella salía por la puerta. Le dije que el pequeño Jack se había quedado profundamente dormido. En su rostro se dibujó una gran sonrisa mientras miraba a su bebé y un sinnúmero de ángeles rodearon la carriola en ese momento. Me despedí y salí a la calle.

Mi ángel guardián me preguntó:

—¿Por qué no vas al bosque, Lorna, y te sientas a la orilla del río?

Hice lo que me dijo y me senté sobre la hierba en la ribera.

El río era apenas un arroyuelo. Se hallaba a las afueras de un conjunto habitacional en la calle principal. Cuando te sentabas en la ribera, nadie te veía desde la avenida, y eso me gustaba porque sentía que estaba sola con los ángeles.

Capítulo 5

# La profundidad de los ángeles

Cuando yo era niña y me sentaba a mirar las aves, a ver correr el río y a observar a los insectos, las mariposas, las libélulas y toda la naturaleza que me rodeaba, a veces me ponía a rezar automática y rítmicamente. De vez en cuando un ángel se paraba frente a mí sin decir nada. Yo sólo lo miraba y minutos después él desaparecía. Permanecía sentada en la ribera hasta que mi ángel de la guarda me decía que me pusiera en pie, que ya era hora de volver a casa.

Voy a describir a un ángel para que sepas más acerca de la apariencia que tienen todos ellos. Nunca me he explayado en el tema de la profundidad de los ángeles. Puedes ver a un ángel, pero no a través de él. Aunque no puedes traspasarlo con la vista, cuando lo ves es como si miraras una habitación, como si pudieras entrar en ella, acceder a esa parte del cuerpo del ángel. Lo llamo cuerpo porque no sé qué otro nombre darle, pues los ángeles jamás me han dado un nombre para su apariencia física, aunque espero que pronto lo hagan.

Imagina que hay otra habitación detrás de la primera, como si la profundidad del cuerpo de un ángel fuera inagotable. Es como si abrieras otra puerta y la profundidad del ángel continuara. Esto me intriga hasta el día de hoy. Siempre miro a un ángel sorprendida y maravillada. Podría decirse que su profundidad es como agua cristalina, tan pura que puedes ver todo lo que hay dentro de él, que parece no acabar nunca.

Cada partícula de un ángel posee esa misma increíble profundidad aun en las yemas de los dedos. La profundidad de las yemas de sus dedos está separada de la profundidad de su uña. Cada parte de un ángel parece estar separada, pese a lo cual su radiante luz es una sola.

Creo que esto tiene que ver con la profundidad del cuerpo de un ángel, aunque no sé si es acertado decir que un ángel tiene cuerpo, porque el suyo no es como el nuestro, como el de los seres humanos. Jamás he visto que un ángel envejezca o se enferme como nosotros.

Los ángeles tienen esa profundidad increíble en cada una de sus partes. El ángel de ese día estaba en la otra orilla del riachuelo y vestía ropas color verde esmeralda excepcional. Su apariencia no era masculina ni femenina. Sólo me miraba y yo a él; veía maravillada cada detalle, cada línea, cada curva, cada movimiento, en especial cuando levantó la mano para despedirse y desapareció.

Un ángel puede usar a veces una capa o manto sobre el cuerpo. Aunque sé que eres capaz de imaginar con facilidad todo eso, nunca te he explicado la profundidad física del cuerpo de un ángel en todas y cada una de sus partes, lo que incluye su ropa. Creo que esto se debe a que no es posible ver al otro lado de un ángel, ni siquiera de su sombra, y sí puede verse lo que yo llamo su profundidad, sea cual sea la parte en la que te concentres.

Un ángel puede hacer que su rostro, sus alas o cualquier otra parte de su cuerpo destaque más que las demás. Esto suele ocurrir cuando te muestra algo. Su cara se vuelve en ocasiones más radiante, sus manos, las alas o la ropa que lo cubre. Cada parte del cuerpo de un ángel está viva en todas las formas imaginables.

Sentada a mi escritorio mientras escribía esto, le pregunté al Ángel Hosus:

—¿Lo he explicado bien?

Él respondió:

—Sí. No lo compliques, Lorna, para que la gente pueda entender más. Recuerda que Dios permite que los ángeles adoptemos una apariencia humana para que la humanidad pueda hacerse una idea de nosotros.

—Bueno —dije—, sé que jamás podré describir la belleza de un ángel, ni siquiera cualquier parte suya, pero sí puedo decir que Dios permite que cada ángel adopte una apariencia humana. ¡Estoy tan contenta, Ángel Hosus! Gracias por estar conmigo y ofrecerme siempre esa conocida apariencia humana. Es como ver un reflejo en el agua quieta. No podría describirte de otra manera.

—Voltea, Lorna —dijo él.

Di una vuelta en mi silla giratoria para ver bien a Hosus. Estaba parado en la puerta de la habitación donde yo trabajaba. Tenía el mismo aspecto de siempre: el de un viejo maestro de escuela con un sombrero gracioso y una toga que a veces ondula y que casi siempre es azul pero que en ocasiones cambia de color.

No pude evitar sonreír y reírme de él, porque por un momento su toga cambió de color, a púrpura por fuera y un hermoso azul por dentro. Los ángeles pueden cambiar de color y, como en este caso, modificar también su atuendo. Nunca he visto que un ángel se vista o desvista; todo indica que su ropa forma parte de la apariencia humana que proyecta. No es como tú y yo, pues nuestro cuerpo humano está separado de la ropa.

Le dije:

—Hasta tu túnica tiene, en apariencia, esa misma profundidad increíble, como si llevaras puestas muchas prendas; como si yo pudiera entrar en una de ellas y caminar kilómetros enteros antes de pasar a la siguiente. La profundidad del aspecto físico de tu túnica es formidable, está llena de vida. Ésta es la parte que no sé cómo describir.

El Ángel Hosus replicó:

—Descríbela como luz.

—De acuerdo, ahí va: es como si uno pudiera ver físicamente la luz, no sólo la que se refleja o ilumina los muebles de una habitación o las flores y árboles de algún jardín, sino la luz misma. ¡Sé que no le hago justicia a esto, Hosus! No soy científica, no sé si la ciencia ha descubierto ya una forma de ver la luz y sólo la luz.

—Usa el sol, Lorna, porque el sol da luz.

—Está bien —repuse—, podría decir que es como ver el sol bajo un microscopio y mirar esa luz llena de vida, una luz que se mueve todo el tiempo dentro de la apariencia física de un ángel. Ésta es, Hosus, una de las razones de que yo querría poner el pie dentro de un ángel, porque sería como entrar a esa profundidad suya, esa luz que está viva.

—Sabes que Dios no permitirá eso, Lorna. Un ángel puede rodearte con sus brazos, incluso con sus alas o su manto, pero ninguno puede permitir que un hombre, mujer o niño entre a la profundidad de su apariencia física.

—Entiendo, Hosus.

—Está nevando, Lorna. Asómate a la ventana —dijo él.

Me asomé por la ventana; nevaba, en efecto.

—¿Crees que el próximo año haga más frío, Hosus?

No me contestó, sólo me dijo que bajara a hacerme otra taza de té y desapareció. Hice lo que me indicó y una hora más tarde regresé a mi recámara, que estaba llena de ángeles. Me decepcionó un poco que el Ángel Hosus no estuviera ahí, aunque apareció poco después y me puse a trabajar de nuevo.

Los ángeles me recuerdan siempre que son seres creados hace mucho tiempo por Dios y que tú y yo somos mil millones de veces más radiantes e importantes que cualquiera de ellos, porque tenemos un alma, que es un rayo de la luz de Dios. A pesar de ser muy pequeño, ese rayo de Dios brilla de tal modo que llena cada parte del cuerpo humano. Nuestra alma es perfecta. Todos nosotros somos hijos de Dios, sin importar cuáles sean nuestras creencias. Ésta es la razón de que tengas un ángel guardián.

Te revelaré algunas cosas de ese rayo de luz de Dios que es nuestra alma. Debes saber que todo lo que te diré fue previamente autorizado por Dios. Esto sucede por lo general a través del Arcángel Miguel, aunque unas veces lo hace otro arcángel; otras, puede hacerlo alguno de los ángeles especiales que Dios puso en mi vida, quienes me ponen al tanto de que puedo dejarte saber más.

En unas vacaciones que pasé con mis papás y mis hermanos, fuimos a la casa de mis abuelos en Mountshannon. A mí me embelesaba el campo que circundaba esa área y con el tiempo llegué a conocerlo muy bien. Cada que podía, vagaba por él en todas direcciones. Sabía que jamás me perdería ni estaría en peligro; era una gran oportunidad de estar sola con Dios y los ángeles y de disfrutar de la naturaleza que me rodeaba. Los ángeles jugaban siempre conmigo y con mi ángel guardián, así que en ningún momento estaba sola.

Un día, en el bosque, ellos me dijeron que me sentara bajo uno de aquellos viejos árboles y rezara. Me senté flexionando rodillas, que rodeé con mis brazos. No sé cuánto tiempo oré. Los ángeles también oraban a mi alrededor, y oí que alguien me llamaba. Me di vuelta y vi que el Arcángel Miguel venía hacia mí por la angosta vereda entre los árboles.

Cuando iba a levantarme, él me dijo:

—Permanece sentada, Lorna.

Se hincó frente a mí sobre una rodilla mientras ponía la mano derecha en el suelo, aunque ninguna parte de él podía tocar la tierra; ningún ángel puede tocar el suelo. Entre el Arcángel Miguel y la tierra se interponían, lo que yo llamo "los cojines del aire".

Me dijo:

—Lorna, me llevaré tu alma. Dios quiere hablar contigo; no tengas miedo —los ángeles me rodearon y cubrieron como si fueran una manta—. Mírame a los ojos —agregó.

Lo miré a los ojos y en ese momento él metió la mano izquierda en mi cuerpo y me quitó la respiración por una fracción de segundo. Al momento siguiente, por un instante, tuve la impresión de que estaba sola, aunque no era así. Había un brillo muy intenso. Todo era de un blanco increíble y entonces vi más ángeles.

Al parecer, ellos atravesaban esa luz blanca e iban vestidos de blanco también. Al mismo tiempo sentí que una mano alborotaba mi cabello y supe dónde estaba. Estaba en el cielo, y supe con quién. Alcé la mirada, Él me tomó de la mano y recorrimos juntos un corto trecho. No sé qué tan lejos llegamos pero Dios se sentó en algo que yo no podía ver porque destellaba demasiado. Él me elevó por los aires y me sentó en su rodilla. Aunque parecía inmenso, lo único que yo sentía era su amor, ese sentimiento apabullante; lo único que quería era fundirme con él.

Me dijo:

—Lorna, te enseñaré cómo nace un alma.

Dios estaba vestido de luz blanca, una luz blanca más pura y brillante que cualquier blanco que hayas visto jamás. Cuando levantó la mano, de sus dedos se derramó luz. Sus mangas le cubrían la palma, como siempre.

Me habló con voz suave, como lo hace un padre con su hijo, y me dijo:

—Observa con atención, Lorna.

Sentada en su rodilla, vi que se llevaba la mano izquierda al pecho y que éste se abría, lo que casi me cegó. Pasado el impacto vi su corazón, y que éste se acercaba. Era de un rojo intenso y radiante. De él salía luz que irradiaba en todas direcciones. Dios tocó su corazón con las puntas de los dedos, tomó una parte ínfima de él, la puso en la palma de su mano izquierda, en el centro de su manga que le cubría la palma y sopló sobre ella. Ésta cobró vida y se convirtió en un niño, un hijo de Dios, el cual sostenía esa alma, un diminuto bebé. Un ángel se paró junto a Dios y éste le dijo:

—Toma a este hijo mío.

El ángel alargó la mano con delicadeza y separó al niño de la palma de Dios.

Capítulo 6

# El cirujano que me envió una paciente

El verano pasado recibí una sorpresiva visita de mi amiga Audrey. Ella y yo intentamos reunirnos de vez en cuando. Algo que les digo sin cesar a los ángeles es que me gustaría pasar más tiempo con mis amigas, ya que no las veo con la frecuencia necesaria. Tengo varios años de conocer a Audrey; en ocasiones puede pasar un año completo o más sin que nos veamos. Recuerdo que aquel día de verano ella estacionó su coche en nuestra entrada y en ese momento el jardín se llenó de ángeles. ¡Fue maravilloso verla! Al paso de los años he visto a su ángel de la guarda varias veces, y ese soleado día, mientras ella se dirigía a la puerta con una gran sonrisa, lo vi de nuevo. En esta ocasión tenía una hermosa apariencia femenina y vestía de un increíble color violeta; era como si de sus ropajes se desprendieran un millón de tonos diferentes de violeta. Su elevada estatura sobresalía de la de Audrey. Sonreí por lo que hizo después, algo que los ángeles guardianes no siempre hacen: abrir poco a poco sus alas. Ellos me permiten ver sus alas sólo en ocasiones especiales, en las que invariablemente me siento privilegiada. Esto fue más especial aún, porque se trataba de las alas del ángel guardián de mi amiga.

Él abrió las alas lenta pero no totalmente. Las movía con tal delicadeza que parecía que no lo hiciera en absoluto. Sonreí porque provocó una ligera brisa en torno a Audrey; vi que un mechón de su cabello se revolvía como agitado por el viento. Es raro que yo vea esto. El ángel guardián de Audrey me dijo que él permitió que la suave brisa de sus alas la tocara.

Le pregunté:

—¿Ella lo sabe?

—No —respondió.

Levantó el brazo izquierdo y rodeó cariñosamente a Audrey. Su bello atuendo la cubrió y la ocultó de mi vista; lo único que veía eran los dedos de sus pies. Cuando él alzó el brazo, la manga de su atuendo se plegó como una cortina. Puso su hermosa y radiante mano sobre el hombro de ella.

Le pregunté entonces sin palabras:

—¿Puedo decírselo a Audrey?

—No —contestó.

Hoy hablé por teléfono con Audrey y cuando colgué el Ángel Hosus estaba a mi lado.

Mi ángel de la guarda me dijo:

—Lorna, tienes permiso del ángel guardián de Audrey para relatar por escrito lo que viste aquel día.

Por eso lo dicto ahora en la computadora: le di la bienvenida a Audrey y nos abrazamos en cuanto ella cruzó las puertas del granero. Me dio un gusto enorme verla. Teníamos mucho de qué hablar, así que conversamos largo y tendido, y comimos en el jardín.

Todo el tiempo les dije a los ángeles:

—Que no llueva, por favor; que el sol no deje de brillar.

Debo decir que me oyeron.

Audrey me contó algo que no me había revelado nunca: que una amiga suya había venido a verme hacía muchos años, antes de que yo escribiera mis libros. Así como puedo ver físicamente a los ángeles como te vería a ti si estuvieras aquí, también puedo oír a los ángeles tan claramente como te oiría a ti si me hablaras. Pero ellos me hablan de diferentes maneras. Aunque a veces lo hacen justo como tú y yo lo haríamos, también pueden hablarme sin palabras, y yo a ellos. Algunos llaman a esto telepatía, yo lo llamo hablar sin palabras. En numerosas ocasiones tres ángeles hablan conmigo, y a veces hasta cinco al mismo tiempo, pese a lo cual yo oigo a cada uno por separado. Puedo sostener una conversación con ellos cuando estoy en compañía de mis amigos o familiares. Esto es posible gracias a que, desde niña, ellos me han enseñado a hacerlo, así que ya lo hago sin pensar.

Audrey me relató que su amiga, a la que llamaremos Hannah, padecía de la espalda y que, sin que yo lo supiera, su especialista en Inglaterra le dijo que debía operarse; lo cual sería muy peligroso, pero era lo único que podía hacerse por ella. La cirugía sería muy delicada. Si todo salía bien, ella dejaría de sufrir y no tendría problemas para caminar y llevar a cabo sus actividades diarias; si salía mal, acabaría en una silla de ruedas y el dolor persistiría. Por eso temía tanto a la operación. El cirujano le pidió que lo pensara, la decisión estaba en sus manos.

Cuando Hannah se disponía a marcharse, el médico le confió:

—Voy a decirle algo que quizá juzgue extraño: me gustaría que fuera a ver a Lorna Byrne en Irlanda. No debemos decir nada de esto a ningún doctor, porque se opondría; tampoco le diga a ella que su cirujano la envió, sólo que sufre de la espalda y piensa operarse. Si ella le dice que lo haga, entonces la cirugía será un éxito y yo la ejecutaré sin vacilar.

Aquella señora vino a verme sin que yo supiera nada de su caso.

Le dije a Audrey:

—Ni siquiera la recuerdo.

Ella repuso:

—Sabía que no la recordarías. Hannah me contó que lo único que te dijo fue que padecía un horrible dolor de espalda, que su médico le había prescrito una operación y que ella tenía mucho miedo de hacérsela. Tú la miraste, rezaste por ella y le dijiste que se operara; que la cirugía sería un éxito y que nunca lo lamentaría. Fue un éxito, Lorna, y *ella* no lo ha lamentado jamás.

Yo le dije:

—¡Qué bueno que no me advirtió nada! No habría querido saberlo; no me gusta que influyan en mí, prefiero ceñirme a lo que veo físicamente. Me alegra que haya hecho lo que el cirujano le dijo, aunque es increíble que un médico tenga tanta fe como para enviarme a una paciente.

Me sentí muy contenta de que Hannah haya recuperado su vida.

—Sí, Lorna —dijo ella—. También me contó que le dijiste que siguiera las instrucciones del médico después de la cirugía y lo hizo. Además, le diste la Oración de Curación de los Ángeles.

Yo repliqué:

—Todos sabemos que esa oración es muy eficaz. Doy gracias a Dios por haber permitido a ese médico tener éxito en una operación tan delicada de la columna; le doy gracias por toda la curación que concedió.

Supe que ese doctor le había pedido a Dios que guiara sus manos durante la cirugía. La sala de operaciones debe haber estado llena de ángeles sanadores. Sé que el ángel guardián de Hannah la protegió y veló todo el tiempo por ella.

Pasé un magnífico día con Audrey; me dio tristeza cuando dijo que tenía que irse. En el momento en que cruzó el portón con su auto, un sinfín de ángeles se precipitaron sobre él.

Yo les dije:

—¡Que llegue a casa sana y salva!

Uno de ellos se volvió y repuso:

—No te preocupes, Lorna, nosotros la cuidaremos.

Pese a que la mayoría de esos ángeles iban vestidos con hermosos colores verde y azul pastel, en ellos predominaba ese increíble color blanco.

Mi vida cambia sin cesar, pero intento compartirla lo más posible con ustedes.

A veces le digo al Arcángel Miguel:

—A la gente no le interesa lo que me pasó.

Justo hoy él me hizo recordar a la señora que un día se me acercó en la tienda y me dijo:

—¡Hola! Me da un gusto inmenso conocerla en persona; le he pedido mucho a mi ángel guardián que esto pasara un día. Muchas gracias; usted ha hecho una gran diferencia en mi vida, hizo que vivir valiera la pena. Es como si la conociera en persona por medio de sus libros.

Siempre me ha impresionado mucho que alguien diga algo como eso. Siento frío al decirlo en este momento; aunque llevo puesto un saco de lana tejida y tengo una cobija sobre las rodillas, tiemblo un poco.

El Ángel Hosus me sugirió que bajara a prepararme un plato de sopa y lo hice. Aproveché para dejar entrar a nuestra pequeña Yorkshire terrier, Holly.

Les dije a los ángeles:

—Tengo frío y supongo que Holly también.

Quizás varios de ustedes hayan visto ya alguna foto de Holly en Facebook o en mi sitio web. El otro día, alrededor de las cuatro, mi ángel de la guarda susurró en mi oído una palabra: "Holly", así que bajé y metí a la perrita.

Cuando ella cruzó la puerta, noté que cojeaba un poco y le di las gracias a mi ángel guardián.

Hice que Holly se echara en la colchoneta y masajeé su pata trasera al tiempo que pedía que se curara. Un ángel se hincó a mi lado y ella levantó la cabeza; supe que veía al ángel arrodillado. En ocasiones, los animales pueden ver a los ángeles; no todo el tiempo, sólo cuando es preciso. Un animal herido guarda la calma gracias precisamente a la presencia de un ángel.

Éste le dijo:

—No pasa nada, tranquila; te ayudaremos.

Ella bajó nuevamente la cabeza y se relajó por completo mientras yo proseguía con el suave masaje de su patita.

El ángel me dijo:

—Se lastimó por correr tanto en el jardín.

Yo hice todo lo posible por mantenerla quieta el resto de la noche.

Le di las gracias al ángel, pero éste desapareció.

## Capítulo 7

# Juan Bautista

Algo que yo le reclamaba siempre a Dios, en especial de niña, era que en ocasiones el Arcángel Miguel, los Ángeles de la Oración u otro ángel le llevaran mi alma. Esto era difícil para mí entonces y lo es aún ahora. Uno siente que se queda sin aliento, lo cual, por un breve instante, es doloroso y aterrador.

Un ángel toma mi alma sólo cuando Dios quiere que vaya al cielo para que esté en su presencia o cuando me concede una visión y me traslada al pasado o al futuro.

Esto último me pasó una vez cuando tenía nueve años. Vivíamos en Ballymun. Teníamos un jardín enorme, pero un gran pajar ocupaba tres cuartas partes de él. Daba la impresión de que no disminuía nunca, porque cuando cortaban la hierba la apilaban ahí. En ocasiones yo lo rodeaba para esconderme detrás de él. Me encantaba sentarme en ese sitio para estar sola con los ángeles. Frente a mí veía la pared del jardín, que tenía dos metros de alto.

Aquel día seguí la ruta a casa de mi amiga Rosaline; subí la escalera y caminé sobre la pared hasta su casa. Mientras lo hacía los ángeles me susurraron al oído que no debía quedarme mucho tiempo con Rosaline; tenía que permanecer apenas unos minutos, saludar y regresar de inmediato.

—De acuerdo —les dije.

Subí la escalera de madera que mi papá había hecho para que los niños pudiéramos trepar a la pared. Caminé a lo largo de ésta, bajé al jardín de Rosaline y entré de prisa a su casa, por la cocina hasta llegar al comedor. Ella estaba sentada a la mesa y hacía un dibujo; me detuve porque la rodeaban tres ángeles, quienes dibujaban en la misma hoja que ella.

Me hizo feliz ver que ellos la ayudaran a dibujar.

—¡Hola, Rosaline! —exclamé.

Alzó la vista y dijo:

—¡Qué bueno que viniste a jugar!

—No —repuse—, regresaré después, sólo quería saber qué hacías. Volveré más tarde para que juguemos, ¡adiós!

Crucé la puerta, corrí por su jardín hasta la esquina, subí la pared y me dirigí a casa con todo cuidado, para lo cual puse un pie frente al otro sobre el muro. Luego bajé por la escalera a mi jardín. La puerta trasera de la casa estaba abierta y vi que mi mamá estaba en la cocina, aunque no vi a ninguno de mis hermanos. Cuando oí que alguien me llamaba, vi al Arcángel Miguel junto al pajar.

—Lorna —me llamó—, ven acá —y corrí hasta él.

—¡Hola! —le dije—. ¿Qué haces aquí? —su presencia me inquietó, porque siempre viene a decirme algo grave, radical o importante para el mundo—. ¿Pasa algo?

Él contestó:

—No, todo está bien, Lorna. ¡Eres muy pequeña aún para que te preocupes tanto!

Durante nuestras conversaciones serias, Miguel asume a veces una apariencia tan humana que otros pueden verlo también, sin darse cuenta de que es un ángel. Ese día vestía con sobriedad; llevaba puestos unos pantalones oscuros y un saco, como mi papá y los papás de mis amigas.

—Dios quiere mostrarte algo. Te concederá una visión y quiere que yo lleve tu alma.

Mi mano se perdió en la suya cuando me la tomó. Él sabía que me agradaba que hiciera eso; su mano me llenaba de amor y hacía que me sintiera segura.

Dijo:

—Siéntate; sé que te gusta sentarte aquí, junto al pajar —estaba tan asustada que supongo que puse cara de tristeza porque él añadió—: No te preocupes, Lorna; vas a estar bien, yo permaneceré a tu lado.

Me senté de espaldas al pajar —en el que me acurruqué un poco— y de cara a la pared del jardín. Él se arrodilló ante mí y dirigió su mano izquierda a mi pecho. Sentí por un segundo que se me iba la respiración, pero un instante después ya estaba en el pasado.

Yo era una niña de la misma edad que en la vida real. Aunque no vi al Arcángel Miguel, sabía que estaba cerca. Me hallaba en un campo árido y polvoriento y recogía piedras que ponía en una canasta; un niño de mi edad me ayudaba y se llevó la canasta en cuanto se llenó. Cuando regresó, me ayudó a seguir metiendo las piedras a la canasta. Cada vez que ésta se llenaba, él la cargaba por un corto trecho y la vaciaba en una tosca estera para que pudiéramos arrastrar las piedras después. Ayudábamos a despejar el campo. Él estaba muy callado; no decía nada y yo tampoco. Una mujer con un manto oscuro nos llamó. Aunque hablaba otro idioma yo la entendía.

El niño dijo:

—¡Corre!

Y yo corrí lo más rápido que pude, pero él me rebasó.

Cuando llegamos donde estaba la mujer, ella lo reprendió:

—Deberías haber dejado que tu amiga ganara, Juan.

Dio a entender así que no había niño más veloz que él. Entramos en la casa; aunque era pequeña, tenía un jardín tapiado. La pared era de baja altura y el jardín muy reducido. Yo me reí de Juan porque hacía gestos. Su mamá le dijo que fuera por su padre, él cruzó la puerta y yo salí detrás de él.

Se detuvo en la pequeña pared del jardín y me dijo:

—Espera aquí hasta que regrese.

Me senté un rato en la pared y luego caminé hasta la puerta de la casa y la abrí lentamente. Oí que la mamá de Juan oraba y cuando me asomé vi que le rezaba a Dios. Estaba de rodillas en el suelo enfrente de una ventanita; tenía las manos juntas y oraba con todo su ser. Le pedía a Dios por su hijo, Juan; oí que mencionaba su nombre muchas veces. No rezaba sola; su ángel de la guarda lo hacía con ella. Él tenía una apariencia masculina, iba vestido de blanco y azul cielo y se inclinaba sobre ella con las manos unidas en oración. Cada vez que la madre de Juan decía la palabra "Dios", el ángel alzaba la vista al cielo y levantaba las manos en actitud de orar.

Me alejé en silencio y le pedí a Dios que cumpliera las peticiones de esa mujer. Me paré de espaldas a la puerta y miraba el campo donde había recogido piedras con Juan cuando sentí que el Arcángel Miguel estaba a mi izquierda. Vestía como algunos de los hombres que conversaban a nuestro alrededor.

Uno de ellos pasó y dijo "Hola".

El Arcángel Miguel me dijo:

—No estés triste, Lorna. Lo que Dios ha escrito sucederá. Juan, tu amigo, es Juan Bautista.

—Lo sé —repuse, lo miré y le dije con lágrimas en los ojos—: ¿Cómo es que ya lo sé?

—Porque, Lorna, Dios y tú tuvieron una conversación en el cielo antes de que nacieras. Él permite que esos recuerdos vuelvan a tu mente. Lo único que hacemos es despertar tu memoria.

—La mamá de Juan lo quiere mucho —le dije y él me tomó de la mano—. Gracias, Arcángel Miguel —añadí.

—Vete ya —replicó.

Corrí a recoger más piedras en el campo. Sentí que habían pasado varias horas cuando vi que Juan y su padre volvían a casa. Llamé a Juan, él corrió hasta mí para jugar a perseguirme; otros niños se nos unieron.

De pronto estaba de regreso en mi jardín, sentada en el pajar. El Arcángel Miguel estaba todavía de rodillas frente a mí y me sonrió.

Lo miré un momento y le pregunté en voz baja:

—¿Quién era ese chico?

Contestó:

—Dios te concedió una visión de Juan Bautista cuando era niño, hace mucho tiempo.

—¿Él hizo algo muy especial por Dios? —pregunté.

—Sí —respondió—, pero fue hace mucho tiempo.

Yo dije:

—Era un buen muchacho. Jugué con él y estuve en su casa; era muy pequeña y juntamos piedras. Su mamá nos dio de comer algo, aunque no recuerdo si fue una galleta o un pedazo de pan; era redondo y tenía buen sabor.

El Arcángel Miguel sonrió y me dijo:

—Quédate sentada y descansa, Lorna.

Lo hice y supongo que me dormí un rato. Ésa fue la primera vez que Dios me concedió una visión de Juan Bautista. Te contaré otras más, pero eso será en otro libro.

Capítulo 8

# Dios se lleva a mi mamá

Dios se llevó al cielo a mi mamá cuando ella tenía cerca de ochenta años. Esto ocurrió hace un año. La echo de menos, y sé que el resto de mi familia también. Supe que su hora estaba cerca y para mi hermana fue una decisión muy difícil internarla en un hogar de ancianos, pero fue lo mejor que hizo por ella. Mamá se adaptó con el tiempo y fue muy feliz ahí. Pese a ello, creo que sus últimas semanas fueron difíciles para todos. Yo iba al hogar de ancianos con tanta frecuencia como podía. El padre John me acompañó en dos ocasiones.

El padre John es un sacerdote, y fue capellán de la cárcel de Limerick. Muchos años antes, él me había enviado una carta que los ángeles me recomendaron guardar y con el paso del tiempo nos hicimos muy amigos.

En una de esas visitas a mi madre, el padre John y yo comimos con ella. Nos sentamos a platicar acerca de todas las cosas que recordaba de su vida. Rio muchas veces, volvió al pasado, se acordó de nosotros cuando éramos niños y recordó a mi papá. Habló de las veces en que se había cambiado de casa. Nunca la había oído hablar tanto; parecía muy feliz.

Había dos ángeles a cada lado. Yo les sonreí, porque no cesaban de frotarle la espalda, que le dolía a menudo, igual que la cadera. Disfruté mucho ese día con mi mamá.

Antes de partir, el padre John le dio la bendición. Yo le dije que regresaría pronto, pero antes de que esto sucediera mi hermana me llamó para decirme que mamá había sufrido otro derrame y no estaba bien.

Recuerdo que hice un accidentado trayecto desde Kilkenny sólo para pasar más tiempo con mi mamá antes de que Dios se la llevara al cielo. Cada vez que yo cruzaba las puertas del hogar de ancianos, dos ángeles me recibían y me abrían paso hasta su pequeña recámara, cuya puerta flanqueaban. Vestían ropajes dorados y sostenían una vela en la palma de ambas manos. Resplandecían con gran intensidad. Esa ocasión, entré a la habitación y vi a mi mamá acostada en su cama, tan débil que su ángel guardián ya sostenía su alma, lo cual estrujó mi corazón. Aunque quise levantarla, estrecharla en mis brazos y mecerla, sabía que no debía hacerlo, porque sólo le causaría más dolor.

En los primeros días tras su último derrame mamá perdía y recuperaba el conocimiento de vez en cuando. Cada vez que eso pasaba, su ángel guardián le murmuraba algo al oído. Imagino que le decía quién estaba en su habitación y mencionaba a mis hermanas y hermanos y a quienes iban de visita.

Su última semana de vida fue muy difícil para todos, porque para ese momento su cuerpo ya no soportaba el dolor. Los médicos lo controlaban, pero no siempre. Sé que la única razón por la que ella sufría era porque su cuerpo ya estaba tan débil que le dolía hasta que alguien la tocara.

¡Cuántas veces le pedí a Dios que su ángel guardián se la llevara al cielo!, pero supongo que su hora no había llegado aún. Es difícil ver morir a alguien que amas. En los últimos días de mamá, vi que las almas de mi padre y mis dos hermanos llegaban a visitarla. Cuando él susurró algo en su oído, vi que ella sonreía levemente; se daba cuenta de que él estaba ahí.

Cuando nos llega la hora, nuestra alma vuelve al cielo y el cuerpo humano muere. Las almas de los seres queridos que se nos adelantaron nos visitan al morir. Al ver que, en el caso de mi madre, esto ocurría varias veces, mi corazón se llenó de alegría. Esto les pasa también a tus seres queridos. En mi última visita a mamá, ella estaba acostada como un recién nacido. Ese día su ángel de la guarda no sostenía su alma; la rodeaba por completo, con las manos entrelazadas. Aunque daba la impresión de que estaba acostado con ella, en realidad no tocaba ninguna parte de su cama.

Él me dijo:

—Esto no tardará mucho, Lorna; me llevaré a tu mamá al cielo.

Eso no es algo que yo vea todos los días. Me sentí muy privilegiada de ver que un ángel guardián sostenía el alma de un agonizante. Permanecí ahí todo el tiempo que pude.

Era ya muy tarde cuando mi ángel de la guarda me susurró al oído:

—Lorna, debes irte a casa.

No quería hacerlo, quería quedarme. Hablé sin palabras con mi ángel; estaba desconsolada, porque sabía que ésa sería la última vez que vería viva a mi mamá. Vacilante, al final cedí a sus insistencias. Sabía que debía marcharme; él me había dicho que no tenía permiso para estar presente cuando el ángel guardián de mi mamá se llevara su alma al cielo. Tenía muchos deseos de quedarme, pero sabía que estaba escrito que no sería así. Me despedí de mamá y le di un beso; luego me despedí de mis hermanas, a las que dejé con ella. Cuando pasé por el corredor le deseé buenas noches a una enfermera, quien me abrió la puerta a mi salida.

Permanecí ahí un instante, aunque quería correr a abrazar a mi mamá.

—No, Lorna —murmuró mi ángel de la guarda.

Estuve ahí un momento más. El hogar de ancianos estaba situado en una colina y contemplé el cielo nocturno al tiempo que pedía por mi mamá. Vi las luces de una parte de la ciudad de Dublín. A pesar de que lucía hermosa, hacía mucho frío. Me hallaba a corta distancia de mi coche; cuando me acerqué, vi que el Ángel Hosus estaba junto a la puerta del conductor.

Me aproximé y le dije:

—Hola.

Le pregunté si manejaría en mi lugar y me contestó:

—No, Lorna.

Lo miré mientras las lágrimas rodaban por mis mejillas y anegaban mis ojos. El Ángel Hosus se acercó para enjugármelas con las yemas de sus dedos. Pese a que no tocó mi cara, las secó de alguna manera.

—No llores, Lorna —me dijo—. Tu mamá sólo irá al cielo.

Yo repuse:

—Lo sé, pero eso no lo hace más fácil.

Subí al coche y vi que él ocupaba el asiento del copiloto.

—Ve a casa, a Kilkenny, Lorna.

Recé y los ángeles rezaron conmigo. Pedí que la muerte de mi mamá fuera tranquila y que mis hermanas experimentaran algo especial en el momento en que su ángel de la guarda se llevara su alma al cielo.

Extraño a mamá. Añoro las visitas que le hacía, y cuando la llevaba a comer y de compras. Sé que la descuidé algunas veces, pero eso se debió a que Dios me tenía ocupada viajando por el mundo para transmitir mensajes de amor y esperanza. Mi hija menor, Megan, me acompañaba con frecuencia a visitar a su abuela, desde luego. También ella la echa de menos.

Todas las ocasiones en que la visitamos están llenas de felices recuerdos. Un día en que fui a visitarla, y mientras tomábamos té con galletas, sentadas a la mesa de su cocina, me dijo que a veces se sentía sola. Ya estaba demasiado vieja para visitar a sus vecinas; eso era algo que le gustaba y añoraba. Disfruté ese día con mamá. Su cocina siempre estaba llena de ángeles y varias veces tuve el privilegio de ver que el alma de mi papá entraba ahí y se paraba cerca de mamá con la pipa en los labios y la gorra de pescar puesta. Me miraba y sonreía.

Ese día, el alma de mi papá atravesó la puerta de la cocina, se paró junto a mamá y echó el humo de su pipa sobre ella. Luego rodeó la mesa y salió por la puerta de atrás.

Mi mamá parecía incómoda y me dijo:

—A veces huelo el tabaco de la pipa de tu papá.

—¿De verdad?

—Sí.

Su ángel guardián me instruyó que olfateara e inhalé.

—Creo que yo también huelo el tabaco de la pipa de mi papá —le dije.

Ella sonrió y su ángel me dijo:

—Tenía miedo de admitirlo francamente ante ti.

Mi hermana me contó que días antes de que mamá sufriera su primer derrame, ambas pasaron un día en Dublín. Fue un día hermoso y soleado, así que salieron de compras. Ésta era una de las cosas que más le gustaban a mamá, así como ir a comer. No me acuerdo dónde comieron, pero ambas se sentaron al sol y mi mamá tuvo un día espléndido.

Siempre es importante que hagamos lo posible por recordar los buenos momentos que pasamos con nuestros seres queridos antes de que se fueran al cielo, pensar en todas las veces que nos hicieron reír, rememorar las anécdotas que nos contaron sobre los acontecimientos de su vida, recuperar los recuerdos de cuando les ayudamos a pintar la casa o a hacer pequeñas labores de jardinería. Es importante que compartamos las pequeñas cosas que nos permiten recuperar todos los recuerdos de ellos. Recordar es esencial y todos lo necesitamos. Aférrate a esos bellos recuerdos y si hay algunos tristes, es importante que también hables de ellos y los compartas con otros para que, con el tiempo, esos malos recuerdos sean menos dolorosos. Esto permitirá que los buenos momentos destaquen sobre los demás. Descubrirás que lo que creíste que era triste o penoso ya no lo es.

Nunca olvides que tus seres queridos te aman y están en el cielo a la espera de que arribes cuando llegue tu hora, no antes. Y que nadie muere solo, porque su ángel guardián está justo ahí para sostener su alma y llevarla al cielo cuando mueren. Al momento de la muerte no hay dolor, sólo alivio, amor y regocijo. Todas las preguntas reciben respuesta.

Nos encontramos con aquellos que se nos adelantaron y nos unimos con ellos en el amor, ese sentimiento increíble que no puedo explicar con palabras porque es el amor de Dios. Cuando el alma retorna a nuestro Padre, en el paraíso, ese amor es tan intenso, tan increíble, que cuando llegamos al cielo no queremos volver, ni siquiera por quienes amamos en la tierra.

## Capítulo 9

# El Arcángel Gabriel y nuestros seres queridos

Un día de septiembre de 2014 yo recogía manzanas en el huerto cuando oí que alguien me llamaba por mi nombre y volteé. No vi nada más que lo agreste del huerto así que dije:

—Pensé que me llamaban ustedes, ángeles, pero debo haberme equivocado.

Justo cuando me disponía a continuar con mi labor una luz muy brillante apareció entre los árboles y dentro de esa luz resplandeciente distinguí el contorno de una puerta. Mientras ésta se abría lentamente, una luz más brillante la atravesó. Un momento después, mientras yo no dejaba de mirar, la puerta se abrió por completo. Vi que otra luz venía hacia mí desde muy lejos, como un millón de kilómetros, y que viajaba hacia la puerta abierta. A medida que se acercaba se volvía más grande y centellante, y como una luna que girara. La luz se detuvo cuando llegó a la puerta y entonces vi que un ángel se hallaba dentro de ella. Supe de inmediato quién era, desde luego.

El Arcángel Gabriel estaba parado casi en la entrada. Reconocí sus extraordinarios ojos y su juvenil apariencia, aunque no se veía tan joven como Rafael. En la puerta abierta lo rodeaba una hermosa luz carmesí como la que circunda a la luna, pero un millón de veces más imponente. Conforme avanzaba para cruzar poco a poco la puerta, la luz carmesí que lo rodeaba destellaba a sus espaldas. Por fin abandonó la puerta y entró a nuestro mundo, en el que adoptó una apariencia más humana; estaba completamente cubierto de cuero negro, como un motociclista.

—¡Hola, Arcángel Gabriel!, no te esperaba. Nadie me avisó que vendrías, ¡qué sorpresa!

—Vine a ayudarte a recoger manzanas y a decirte, Lorna, que pronto verás a otra de las criaturas radiantes de Dios. Sé también que extrañas a tu mamá; quien está en el cielo muy feliz.

—Gracias, Gabriel —le dije—. ¿Puedo hacerte una pregunta?

—¡Claro que sí, Lorna!

—No sé cómo hacerla.

Él replicó:

—Déjame contestarla sin que la hagas.

—Está bien —le dije.

—Muchas veces, cuando alguien agoniza, sea hombre, mujer o niño, Dios le concede tiempo extra para que se reconcilie con sus familiares y amigos. Sé que piensas en alguien específico en este momento.

—Sí —dije—, justo pensaba en él. Aunque se peleó con su familia hace treinta años y dejó de hablarle, ahora que está al borde de la muerte quiere contactar con ella. Ya pidió perdón por haber sido tan tonto en una rencilla muy añeja. Arcángel Gabriel, ha sido maravilloso saber que toda su familia ha ido a verlo. Piénsalo bien; todo lo que él tenía que hacer era pedir perdón, y fue lo que hizo. Su familia le pidió perdón también. Sé que él ya está a la espera, y que Dios permitió que todos sus familiares vayan a despedirse de él.

—Sí, Lorna, todos quieren decirse que se aman y que lo han hecho siempre. Dios le da a la gente esta oportunidad, aun varios años antes del final, pero a veces las familias no se molestan en aprovecharla, en razón del sufrimiento, dolor y enojo que pueden sentir. Las familias deben ponerse en contacto con tíos y primos distanciados cuando se enteran, por otro miembro de la familia, de una diferencia ocurrida tiempo atrás.

—Los primos del hombre del que te hablo no supieron de esa pelea hasta que otros miembros de la familia se los dijeron; ni siquiera sabían que *había* otra parte de la familia. Quisieron saber qué había pasado y fueron a verlo con los brazos abiertos; y el resto de sus familiares los acompañó. Siempre he pensado que es muy triste que una parte de alguna familia se aferre a un rencor por algo que pasó treinta o cincuenta años atrás y que prohíba a las demás volver a mencionar el nombre de la persona involucrada.

—Sí, Lorna, después pasa el tiempo y la familia pierde contacto con uno de sus miembros.

—Arcángel Gabriel, ¿podrías indicarme cuáles son algunas de las cosas que hacen que la gente se distancie?

—Sí, Lorna. A veces eso ocurre a causa de un terreno o un bien, por una cuestión de amor o incluso porque alguien criticó a otro miembro de la familia, al que juzgó mal. Pueden ser muchas cosas, algunas tan simples como olvidar incluir a alguien en un paseo. Me temo, Lorna, que lo que en numerosas ocasiones separa con odio y envidia a los miembros de una familia no es más que una acumulación de pequeñas riña. Pero debo irme ya.

El Arcángel Gabriel desapareció. Yo reanudé la recolección de manzanas y luego entré en la casa e hice varias tartas con ellas. Justo ahora, sentada frente a la computadora; pienso en tartas de manzana con crema. Sería muy agradable disfrutarlas, pero debo volver a escribir. Quiero continuar mi conversación sobre tus seres queridos, trátese de amigos o familiares.

Recuerda que ellos pueden hacer más por ti en el cielo; pueden interceder y pedir por ti al Padre celestial. Tu vínculo con ellos permanece, pese a que se haya perdido aquí en la Tierra.

A menudo me he referido a la importancia de hacer peticiones a tu ángel guardián; pedirles cosas a tus seres queridos es igual de importante. Un ser querido puede interceder por ti en forma muy eficaz. He visto ángeles que se hacen a un lado para permitir que un ser querido llegue hasta el trono de Dios con un ruego sincero.

Veo ángeles todo el tiempo, pero también a los difuntos. Por ejemplo, en mis conferencias veo no sólo al ángel guardián de todos los presentes; ahí hay siempre, también, muchos ángeles desempleados —los ángeles que Dios dispersa del cielo para que nos ayuden en asuntos triviales y ordinarios de nuestra vida— pero muchas veces veo además las almas de sus seres queridos. En ocasiones, éstas son una corriente veloz e interminable y todas hablan al mismo tiempo. Esto suele suceder al principio de una conferencia, cuando entro a la sala y me coloco en el estrado; ocurre en esos momentos, o a veces en la sesión de preguntas y respuestas. El público no lo sabe; nunca antes yo había hablado de la aparición de ese torrente de almas.

Los ángeles me piden con frecuencia que transmita alguno de los simples mensajes que recibo de las almas de nuestros seres queridos. El mensaje más común de esas almas es: "Diles que estamos siempre a su lado cuando nos necesitan y que los amamos". Sé que este mensaje puede estar dirigido a muchas de las personas presentes.

A pesar de que a veces nos cuesta trabajo continuar, ponernos de pie y vivir, tus seres queridos desean que sigas adelante con tu vida. No quieren que llores todo el tiempo, no quieren que te rindas. Saben que llevas un vacío en tu corazón, un frío, esa ausencia, la pena y el dolor de extrañarlos, pero quieren ayudarte a superarlo, a sanar; te aman. Esto no quiere decir que debas olvidarlos, sino solamente no pensar en ellos todo el tiempo. Ellos saben que te duele, pero eso no significa que ya no los amas. Ellos saben que los amas y ellos te aman a ti, pero quieren verte feliz, desean ver llegar a tu vida amor y cosas buenas.

Recuerda que tus seres queridos desean que vivas al máximo. Dios permite que su alma esté contigo un breve momento cuando piensas en ellos, incluso cuando no. Si quieres saber lo que quieren decirte, recuerda la última vez que los recordaste y en lo que pensabas inmediatamente antes de que ellos aparecieran en tu mente.

Dios permite que las almas de tus seres queridos te rodeen porque sabe que las necesitarás en algún momento. Sabe que las necesitas para obtener la curación que requieres y por muchas otras razones. Quizá no sientas su presencia, pero puedo asegurarte que están ahí pese a que también están en el cielo, en paz, felices y un día los verás de nuevo.

Mientras le dicto a la computadora, los ángeles me recuerdan que mencione que si alguien ha perdido a su esposo, esposa o pareja, el alma de este ser querido desea que él haga un lugar en su corazón para que otra persona lo ame y pueda volver a amar. Es tu decisión hacer un lugar en tu corazón; pero eso es lo que tu ser querido desea para ti. No lo dejes para después. Me han dicho que muchos hombres y mujeres dejan pasar la oportunidad de que el amor vuelva a su vida porque en el pasado amaron a alguien muy especial que Dios se llevó al cielo. Ese ser querido desea que te enamores otra vez, que hagas un lugar en tu corazón para que otra persona entre en él, porque tu ser querido en el cielo sabe que anhelarás eso. Él no desea que estés solo.

Les pregunté a los ángeles que me rodeaban:

—¿Lo dije bien?

—Sí —contestaron.

El Ángel Hosus dijo:

—Lorna, eso es lo que Joe quiere para ti y nosotros sabemos que te ha sido muy difícil abrir tu corazón para permitir que otra persona entre en él. Sabemos que lo has intentado.

Giré en mi silla y dije:

—Hice un lugarcito en mi corazón para otra persona, pero Dios se la llevó al cielo también. La verdad es que no me siento animada a hacer otro espacio en mi corazón para otro ser. No creo que un hombre pueda lidiar con mi vida; pienso que lo volvería loco.

El Ángel Hosus sólo se rio y yo le dije:

—Retírate.

Pero no lo hizo.

Sé que el día en que yo me vaya al cielo veré ahí a Joe tomado de la mano de nuestro pequeño hijo Michael y en compañía de mi hermanito Christopher, mi mamá, mi papá y mi hermano Garrett, quienes ya se han marchado al cielo. Veré de nuevo a todos los que ya murieron. Los estrecharé y ellos a mí con amor y con los brazos abiertos. Lo mismo te sucederá a ti algún día; entre tanto, vive lo mejor que puedas. La vida es preciosa, no la des por hecho, es maravillosa. Aun con todos nuestros altibajos recuerda que, pase lo que pase, lo superarás. Después te sorprenderá que hayas estado tan deprimido, así que aprende a disfrutar de estar vivo. Ésta es una de las cosas que los ángeles me han enseñado durante toda la vida. Sé que tu ángel guardián también te enseña siempre a disfrutar de estar vivo, así que no olvides gozar de las cosas sencillas que haces.

Capítulo 10

# Mi vida día a día

Le comenté a Mark, mi editor, que deseaba mantener un tono autobiográfico en este libro y le pareció una brillante idea. Mi vida se ha transformado mucho. Yo no he cambiado, pero ahora sé y aprendo más cuando la gente me hace preguntas que nunca antes me había hecho. Más allá de eso, soy la misma de siempre. Una de las cosas que más me gustan de la vida es la oportunidad de hablar con los niños. Les entusiasma mucho aprender, les intriga el hecho de que tengan un ángel de la guarda y siempre tienen innumerables interrogantes que formular.

Una maestra de una escuela australiana me pidió sostener una sesión en Skype con sus alumnos. Ella se llama Natasha.

Con frecuencia recibo mensajes en Facebook en los que me preguntan cuándo iré a Australia. Lamento decir que no lo sé. Aunque me encantaría ir ahí a dar algunas charlas y presentar mis libros, hasta ahora no he podido hacerlo. Un autor debe ser muy conocido en un país para que sus editores o una organización requieran su presencia allá, de lo contrario no podrá ir, pero espero que me inviten en el futuro. De todas maneras, me da mucho gusto que esos alumnos y su maestra Natasha me hayan pedido hablar con ellos por Skype. ¡Qué chicos más listos son ustedes! Doy gracias a Dios por la tecnología, porque sin ella no tendríamos herramientas como Skype, y yo no habría podido hablar con esos niños australianos sobre sus ángeles de la guarda.

Hubo una pequeña confusión sobre esa llamada por Skype. Toda esa semana los ángeles me repitieron sin tregua:

—Será el jueves, Lorna.

Pero yo replicaba:

—No, el viernes.

Cuando llegó el jueves ellos me dijeron:

—Más vale que dejes encendida la computadora, Lorna.

—Está bien —respondí sin chistar.

A las diez y media de la noche yo me relajaba en la planta baja de la casa con los pies en el sillón cuando mi ángel guardián susurró en mi oído:

—¿No oyes algo, Lorna?

Me levanté del sofá de un salto y subí a toda prisa las escaleras. Le dije a mi ángel:

—¡Alguien llama por Skype!

—Sí —confirmó.

Cuando llegué al descanso de la escalera, el Ángel Hosus me dijo:

—¡Apúrate!

Justo cuando al fin estuve ante la computadora, ésta dejó de sonar. Me senté y le dije al Ángel Hosus:

—Llamaron de la escuela australiana; ¡apuesto que son la maestra Natasha y sus alumnos!

Él dijo:

—Sí, y los niños están muy emocionados, el salón está lleno de ángeles.

Un minuto más tarde Skype sonó de nuevo y contesté. Natasha me dijo:

—¡Hola, Lorna!

A su grupo le encantó que yo tomara la llamada, porque ansiaban hacer preguntas.

Le dije:

—Pensé que la llamada sería mañana viernes, en la noche.

—Hoy es viernes en Australia —repuso.

—¡Aquí es jueves apenas! —ambas reímos.

—Lo siento, Lorna —me dijo—, ¡qué confusión! Tu viernes será nuestro sábado.

Yo repliqué:

—No importa, no pasa nada; digo, si a tus alumnos y a ti no les molesta que esté en bata; ya me había preparado para acostarme.

Ella se volvió hacia sus alumnos y les preguntó si estaba bien que yo estuviera en bata; ellos respondieron:

—¡Sí!

No les importó; estaban muy emocionados de hacer preguntas sobre sus ángeles de la guarda.

Aunque ignoro cuántos niños estaban en ese salón, calculo que tenían entre diez y doce años de edad. Había una gran pantalla en la pared, donde usualmente se ponía el pizarrón, al frente del aula. Uno por uno, los alumnos pasaron a sentarse ante la computadora. Cada uno me dijo su nombre e hizo una pregunta mientras el resto de sus compañeros me veían responderla en la pantalla. Adoro las preguntas de los niños; siempre son simples y van al grano. Todos hicieron lo posible por variarlas, porque sus compañeros escuchaban la respuesta. Intentaré recordarlas para que pueda contártelas; le pedí al Ángel Hosus que me ayudara y me dijo:

—Claro que sí, Lorna.

Varios chicos preguntaron cómo se llamaba su ángel guardián. Les dije que no lo sabía, pero que ellos mismos podían indagarlo. Les pedí que cerraran los ojos junto conmigo y pensaran únicamente en su ángel.

—Relájense y no se esfuercen demasiado. Su ángel de la guarda pondrá en su mente el pensamiento correcto. Éste podría ser algo relacionado con lo que ustedes ven o hacen todos los días, una imagen o incluso una palabra. Haga lo que haga su ángel, básense en eso, porque les ayudará a identificar el nombre de él.

Cuando abrieron los ojos, la mayoría de los niños disponían ya de algo que podían relacionar con el nombre de su ángel. Hablaron entonces acerca del pensamiento, imagen o palabra que había aparecido en su mente.

Cuando una niña me señaló que había visto un narciso, le dije:

—Tu ángel de la guarda te ha hecho saber que puedes llamarlo Narciso. Ésta es sólo una parte de su nombre, porque el nombre de los ángeles guardianes tiene muchas, muchas letras. No creo que nosotros podríamos pronunciarlos ni deletrearlos.

Un chico se acercó a inquirir algo e hizo también ese ejercicio. Cerró los ojos y le preguntó a su ángel cómo se llamaba;

una palabra llegó a su mente y él llamó Jack a su ángel. Esperaba haber acertado. Yo indagué con el Ángel Hosus lo que debía responder; y él me recomendó decirle a ese niño que le preguntara a su ángel si era correcto cuando volviera a su asiento.

Otra interrogante fue:

—¿Qué será de mi ángel de la guarda cuando yo muera?

Contesté:

—Su ángel de la guarda es de ustedes y de nadie más; nunca podrá ser de nadie más. Regresará con ustedes al cielo.

Como otro chico formuló una pregunta semejante, me dio la oportunidad de explicar un poco más:

—Cuando el alma de ustedes estuvo en el cielo, conocieron a su ángel de la guarda. Hablaron con él de muchas cosas y cuando llegó el momento de que estuvieran en el vientre de su mamá, él los acompañó.

Muchos niños y niñas preguntaron cómo son los ángeles de la guarda, así que les hablé un poco más sobre su apariencia. Me habría gustado describir a cada uno de los ángeles, pero no pude hacerlo porque no estábamos en la misma sala. Cuando se lo expliqué a uno de los chicos, dijo:

—Bueno, ¡no importa!

Yo agregué:

—Los ángeles de la guarda no son hombres ni mujeres, aunque a veces tienen una apariencia masculina o femenina y otras no tienen ninguna. Caminan tres pasos atrás de ustedes, pero al mismo tiempo los rodean. Pese a que son muy grandes, pueden parecer de la misma estatura que un ser humano. Un ángel de la guarda es diferente a todos los demás ángeles, debido a la luz que procede de él, la cual es distinta a la que proviene de otros ángeles. ¿Han notado que es posible reconocer a un general entre cientos de soldados? Lo mismo pasa con los ángeles guardianes: son distintos, tienen un poder y autoridad que los demás ángeles no tienen, porque estos últimos son los protectores del alma de la persona a la que acompañan.

Como protectores, ellos guían nuestra alma cuando nacemos y la ayudan a avanzar por esta vida, aunque su deber más importante es llevarnos de vuelta al cielo.

Cuando un niño preguntó: "¿Mi ángel de la guarda está siempre conmigo?", respondí:

—Sí, no te abandona ni un solo segundo, así que nunca estás solo.

Preguntaron:

—¿Todos tenemos un ángel de la guarda?

—Sí —expliqué—. Esto se debe que todos tenemos alma, la cual es un rayo de la luz de Dios y llena cada parte de nuestro cuerpo y nuestro ser. Su ángel de la guarda no puede abandonarlos ni un instante, porque es el guardián de su alma.

Aquellos jóvenes estudiantes hicieron muchas preguntas más y fue maravilloso conversar con ellos. Aunque la conversación por Skype falló una o dos veces, eso no incomodó a los chicos ni a Natasha; ella me llamaba de nuevo y en cuestión de minutos recuperábamos el enlace. Hablé con esos niños unos cuarenta minutos; confío en que mis respuestas los hayan satisfecho. Espero con ansia volver a hablar con los alumnos de Natasha en el futuro. ¡Por favor, dame esa oportunidad, Señor!

Es febrero y dentro de dos días viajaré a Maynooth para asistir a una reunión.

Mi hijo Christopher me llamó para decirme:

—Acabo de enterarme de que vendrás a Maynooth el martes, mamá.

—Así es —confirmé.

Me preguntó si me quedaría a pasar la noche en su casa.

—¿Por qué? —inquirí.

—Hay una excelente película en el cine —contestó—, una comedia — mi hijo pensó que me gustaría ir a verla con él.

—Me encantaría —le dije—, hace mucho que no vamos juntos al cine. ¿A qué hora sales de tu trabajo?

—A las siete —respondió—. ¿Podrías pasar por mí, aunque vaya al cine con ropa de trabajo?

—Desde luego que sí —le dije—, ¡qué ganas de que ya sea martes!

Él insistió en que debía quedarme esa noche allá, porque la película acabaría muy tarde. Le dije que no, que prefería volver a casa. No me molesta manejar de noche; las carreteras están muy tranquilas siempre.

Dos días después asistí a aquella reunión en Maynooth. Que trató de todo lo que sucede respecto a editores, entrevistas, charlas, viajes y tantas otras cosas, y se prolongó varias horas, de tal forma que al final mis hijas, Ruth y Megan; mi hijo Owen, todos los demás involucrados y yo estábamos exhaustos, o al menos yo lo estaba. Tuvimos tanto trabajo ese día que yo no veía la hora de ir al cine con Christopher. Me agrada ver películas con él; siempre elige unas muy dinámicas y emocionantes. Antes yo no veía películas tan seguido, pero ahora me gustan mucho las de acción, sobre todo si tienen también una buena historia. Cuando llegamos al nuevo cine de Liffey Valley, Christopher fue a comprar los boletos, y yo unas palomitas, malteadas y un refresco para compartir.

Mientras estaba en la fila, Christopher se acercó y me dijo:

—No compres nada por ahora; tendremos que esperar a la siguiente función, porque ya no pude conseguir asientos juntos para ésta.

Fuimos entonces a un restaurante que estaba junto a la sala, donde comimos algo, y después entramos a la película de las ocho. ¡Estuvo fabulosa! Christopher me había advertido que quizás era un poco cruda, pero que estaba muy bien producida.

Cuando salimos del cine le dije:

—¡Qué buena estuvo la película, me gustó mucho! —fue de superhéroes y añadí—: ¡Qué gran producción! Me divertí en grande.

Lo llevé a su casa y antes de que se bajara del coche me dijo:

—Mamá, pareces un poco incómoda al manejar.

—Llevo apenas un par de semanas con este coche —le expliqué—. Es un modelo 2008 de diésel; lo he manejado unas cuantas veces, aunque es mucho mejor que mi carro anterior.

Él me dijo:

—Creo que sujetas muy fuerte el volante; quizá no esté en la posición correcta para ti.

Lo ajustó y eso hizo una gran diferencia. También me enseñó cómo regresarlo a la posición anterior si era necesario y nos despedimos; me pidió que no dejara de enviarle un mensaje de texto cuando llegara a casa.

Le dije que no se preocupara:

—Estaré bien.

Ya en Kilkenny atravesé el portón de mi casa a las doce de la noche. Lo primero que hice fue textearle a Christopher para avisarle que había llegado bien y que el ajuste del volante había hecho una gran diferencia.

Pese a que ansío ir de nuevo al cine con él, probablemente pasarán varios meses antes de que pueda hacerlo, porque en un par de días más partiré a África. Nunca he ido a ese continente y estoy muy emocionada, aunque también un poco temerosa, pero los ángeles me han dicho que no hay nada de qué preocuparse. Iré con un grupo con el que haré un documental. No sé cómo saldrá la película, pero espero que mueva el corazón de la gente para que ayude a los niños que sufren a tener una vida mejor y a sonreír. Puse en marcha una institución de beneficencia en favor de esos niños, que se llama Lorna Byrne Children's Foundation, y apoyo además a otras tres instituciones, dos en el extranjero y una en Irlanda. Espero que con la ayuda de todos sea posible incluir a un par de fundaciones más a esa lista, porque eso es lo que Dios y los ángeles me pidieron. Por supuesto que no puedo hacerlo sola, necesito tu ayuda; espero que te acerques a Lorna Byrne Children's Foundation y decidas contribuir. Todos los apoyos hacen una diferencia, sean grandes o pequeños, incluso el más modesto es bienvenido. Ojalá pudieras hacer un donativo cada mes para cambiar la vida de un niño.

Capítulo 11

# El Ángel Hosus se sienta en mi cama con un libro misterioso

En 2016 hice varias presentaciones de libros en Inglaterra; di una charla en Bournemouth, otra en Dorset y una más en Devon. Acababa igualmente de regresar de Etiopía. La mañana del 22 de marzo me sentía exhausta. Estaba acurrucada bajo las cobijas cuando oí que alguien me llamaba con voz muy baja. Me asomé y abrí apenas los ojos. Sólo vi una luz brillante, pero cuando abrí los ojos un poco más vi que el Ángel Hosus estaba "sentado" en lo alto de mi cama, donde estaban mis almohadas, y que veía por la ventana.

Yo no había dormido sobre mis almohadas; me deslicé en la cama durante la noche y me envolví en mis cobijas, sin separarme de ellas.

El Ángel Hosus se volvió, me miró con una sonrisa y me dijo:

—Buenos días, Lorna.

Me di cuenta entonces de que llevaba un libro en la mano. Era imposible no ver el libro que leía, porque era muy grande. Prosiguió su lectura. Verlo leer un libro fue lo que en realidad me despertó, porque incitó mi curiosidad. Aunque estaba sentado en mi cama, no tocaba el colchón ni mis almohadas. Sé que, si tú vieras a un ángel sentado en tu cama, pensarías que está físicamente apoyado en ella como tú, pero Dios me ha permitido ver siempre la diferencia que existe entre nosotros y esos hermosos seres, creados por él, que separa nuestro mundo del suyo. Muchas veces lo he llamado "cojín" y se presenta en todas las formas y tamaños; por eso los pies de los ángeles no tocan el suelo. Me agrada que ellos hagan algo como sentarse aparentemente en tu cama, pararse junto a ella o sentarse en una silla frente a ti.

La siguiente ocasión que te sientes a la mesa de la cocina a tomar un pequeño descanso y sorber una taza de té, dile a tu ángel guardián: "Sería muy grato que un ángel se sentara frente a mí y tú a mi lado".

Quizá podrías involucrar a un ángel maestro o un ángel desempleado. Pese a que no podrás verlos, confía en que harán lo que les pediste.

Así lo hicieron siempre conmigo, desde que era niña, muchas veces, se sentaban en torno a la mesita que estaba frente a la ventana en Old Kilmainham, Dublín.

Esa mañana, mientras retiraba las cobijas de mi cabeza comprendí el motivo de que mi recámara brillara tanto. La primera vez que me asomé pensé que era el sol que entraba por la ventana junto con la luz radiante del Ángel Hosus. Las cobijas me impidieron ver más; ¡qué sorpresa me llevé cuando me las quité y vi que la recámara estaba llena de ángeles! De seguro había unos treinta ahí.

Todos dijeron al unísono:

—Buenos días, Lorna.

Me incorporé en la cama y me incliné, pues tenía curiosidad de ver el libro que el Ángel Hosus llevaba en la mano.

Me dirigí a él y le pregunté:

—¿Qué lees?

Él continuó su lectura; me ignoró simplemente. Me había sentado en la cama, con las rodillas flexionadas y rodeadas por mis brazos, a la espera de que mi permanencia ahí llamara la atención del Ángel Hosus, aunque no obtuve ningún resultado.

Él dijo momentos después:

—Levántate, Lorna; ya es hora de que te pongas a escribir. Llevas mucho tiempo sin hacerlo. Sé que tienes un viaje más por hacer, a Taiwán y Hong Kong, pero a Dios le gustaría que escribieras un poco antes de partir.

Él había dejado el lugar donde se sentó para desplazarse a la cabecera. Yo sonreí, porque cruzó la pierna y sostenía con la mano izquierda el libro que leía, lo que me hizo alegrarme aún más. El libro era de pasta dura, lo sé; era de color blanco con ribetes dorados, pero no pude ver lo que decía en la cubierta.

Alzó la vista y justo cuando iba a indicarme "Levántate, Lorna", yo le dije:

—Está bien, lo sé, me levantaré y me vestiré, pero primero dime por favor qué lees.

Volteó mientras cerraba el libro y lo mantenía cerca de su pecho con la mano izquierda. No volvió su cuerpo hacia mí, sino que estaba sentado en ángulo sobre la cama, así que yo ya no podía ver nada del libro, que sus manos cubrían.

Me dijo:

—Lorna, no puedo decirte lo que leo. Es un libro de la biblioteca de Dios y es muy importante que lo lea, porque él me pidió que trabajara contigo, también a otros muchos ángeles.

Levantó su manto y se guardó el libro del lado izquierdo, al nivel del corazón en un ser humano.

—¿Todos los ángeles deben leer ese libro? —le pregunté.

—No, Lorna; éste debo leerlo yo. Dios me dijo que lo tomara de su biblioteca y lo llevara conmigo en adelante.

Eso es algo en lo que yo no había reparado: que los ángeles llevan consigo ciertas cosas.

El Ángel Hosus respondió antes de que yo pensara en preguntarle si los ángeles portan cosas con frecuencia.

Me sonrió y dijo:

—No muy a menudo.

Yo señalé:

—Sé que el Arcángel Miguel porta siempre su espada y su escudo, aunque se me permite verlos sólo en raras ocasiones.

—No más preguntas. Levántate, Lorna.

En tanto abandonaba la cama pensé un momento y el Ángel Hosus permaneció en su sitio.

Me puse la bata y le dije:

—Por cierto, Ángel Hosus, espero que no te importe que te pregunte esto.

Ignoré lo que me había dicho unos momentos antes y aproveché la oportunidad al ver que seguía sentado en mi cama.

Asintió con la cabeza y dijo:

—De acuerdo, di lo que tienes en la mente, Lorna.

—Es sobre el Arcángel Miguel. Él es un arcángel y se encuentra junto al trono de Dios. Él lo hace presente en mi vida muchas veces, lo mismo que al Arcángel Gabriel y a otros arcángeles. ¿Ellos también tendrán que leer un libro en particular de la biblioteca de Dios porque él los ha puesto a cargo de mi vida? ¿Lo dije bien, Ángel Hosus?

El silencio se prolongó varios minutos. El Ángel Hosus se levantó y fue como si el techo desapareciera un instante. En ese momento, alguien tocó a la puerta. Supe quién era porque, aunque nunca lo he dicho, el Arcángel Miguel tiene la costumbre de tocar. Cuando lo hace, da la impresión de que el ruido viene de un millón de kilómetros, aunque con cada golpe se acerca más. Es como una melodía de notas tan graves como el trueno. Me dirigí hacia la puerta.

El Arcángel Miguel entró. Saludó a los demás ángeles con una inclinación y ellos lo saludaron a su vez, tras lo cual se fueron, excepto el Ángel Hosus, quien permaneció junto a la ventana.

El Arcángel Miguel se acercó, se paró frente a mí y dijo:

—Buenos días, Lorna.

—No te llamé, Arcángel Miguel, pero aquí estás. Me alegra verte, hace mucho que no nos veíamos.

—Tú no me llamaste a mí, Lorna, pero yo a ti sí —dijo mientras me tomaba de la mano y me llenaba de amor y paz—. Dios me envió debido a la pregunta que hiciste, así que di lo que tienes en la mente.

—Arcángel Miguel, Dios le dio al Ángel Hosus un libro de su biblioteca.

Volteé hacia el Ángel Hosus junto a la ventana. Se acercó a nosotros, nos dijo que tenía que irse y desapareció, lo cual me entristeció un poco.

Dije otra vez:

—Arcángel Miguel, Dios le dio al Ángel Hosus un libro de su biblioteca.

Sé que se me quebró un tanto la voz, porque la perdí un segundo. Carraspeé un poco y repetí que Dios le había dado al Ángel Hosus un libro de su biblioteca.

El Arcángel Miguel replicó:

—Sí, Lorna. Dios llamó al Ángel Hosus a su biblioteca para darle un libro particular. Aunque no tengo permiso de decirte más acerca de esto, tú sabes que en muchas ocasiones en que has estado en presencia de Dios él te ha dicho que, esté escrito lo que esté escrito, él puede cambiar de opinión. Eso depende siempre de la humanidad y de cada decisión que toman los líderes del mundo. A veces, si el mundo no responde de la mejor manera a lo que haces y dices, Dios reacciona cambiando sus planes para ti. El libro que el Ángel Hosus tiene ahora en su poder tiene grabada la escritura de Dios en sus páginas sobre los cambios que ya ocurren en el viaje de tu vida y los diferentes caminos que quizá debas recorrer.

—¡Me lo hubieras dicho antes, Arcángel Miguel! No soy tan fuerte como Dios cree. Sé que me llama su Ave de Amor. Con los recientes acontecimientos mundiales, en este momento es alarmante no saber si las cosas cambian para bien. Ruego al cielo que la mayoría de esos cambios sean por el progreso del mundo.

Él me tomó las dos manos y dijo:

—Mírame a los ojos, Lorna. ¿A qué crees que se debe que Dios te haya mandado al mundo en esta época?

—No lo sé —respondí—. Hago todo lo que él me ha pedido, pese a todos los cambios ocurridos a causa de las decisiones que la humanidad toma en nombre del mundo. Sé que aunque él nunca me pedirá nada malo, muchas veces siento que pierdo el tiempo. Es como si yo hablara a oídos sordos y la gente no quisiera escuchar cómo hacer de este mundo un hermoso lugar de amor, cómo crear un futuro lleno de paz, un magnífico destino para las nuevas generaciones. ¿Por qué Dios no escogió a otra persona, Arcángel Miguel? Si yo fuera hombre, creo, en mi corazón, que se me escucharía, se me llamaría a guiar al mundo hacia la dirección correcta, pero como soy mujer se me menosprecia y no me toman en serio. ¿Por qué Dios me hizo mujer? No puedo entenderlo, Arcángel Miguel.

—¿No es acaso la mujer, la madre, la que alimenta y protege a sus hijos, Lorna? Ahora calla y escucha. El libro en poder del Ángel Hosus contiene, entre otras cosas, un mensaje que Dios quiere darte: que debes empezar a escribir ya un libro que se publicará después de tu muerte.

Respiré hondo y dije:

—¿Cómo podré hacer eso, Arcángel Miguel, cuando el día no me alcanza para hacer todas las cosas que Dios me pide? Hay muchas cosas que la gente no sabe ¿y ahora Dios quiere que escriba otro libro, además de los otros que deben publicarse ahora en el mundo, especialmente los libros para niños?

Lágrimas rodaron por mis mejillas. El Arcángel Miguel acercó su mano derecha y vi que sostenía en ella un pañuelo tan blanco como la nieve, o al menos eso es lo que parecía. Brillaba mucho, como una luz. Sentí en mis mejillas la suavidad de seda y terciopelo de la mano del Arcángel Miguel.

Me dijo:

—No llores, Lorna. Recuerda que Dios tiene asignados a ciertos ángeles para que trabajen contigo y recuerda que yo estoy aquí también —eso me hizo sonreír y él continuó—: ¿Qué tienes en la mente, Lorna? No dudes en decirlo.

—Está bien —respondí—. La próxima vez que esté en presencia de Dios, sé que debo preguntarle por el Conciliador.

El Conciliador es un individuo que tendrá un papel vital que desempeñar en el curso de la historia mundial, pero todavía no se me permite hablarte de ese individuo. Confío en que pueda hacerlo pronto.

Pese a que esperé a que el Arcángel Miguel dijera algo, no dijo nada, sólo mantuvo mis manos en las suyas y nos pusimos a orar juntos. El contacto entre mi alma y la suya mientras rezábamos creó en mí una breve armonía con el Arcángel Miguel, quien ocupa un lugar en el trono de Dios.

No sé cuánto tiempo pasó, pero cuando dejé de orar con él, vi que ya había oscurecido. Una vez que estás en oración, el tiempo puede pasar muy rápido, como un parpadeo.

Le dije:

—¿Qué hay de otros arcángeles como tú? ¿Dios les pide también que lean un libro que tiene que ver con mi vida a causa de su presencia directa en ella?

Él contestó:

—No, Lorna, aunque en ocasiones Dios me procura un pergamino sobre ti y lo que sucede en el mundo. Ese pergamino contiene instrucciones que tengo que transmitirte. Todavía debes hablar de la paz y del amor, Lorna. Aún debes hablar de la compasión, la comprensión, la justicia y la libertad y no olvides añadir los derechos inalienables de todos los niños que vienen al mundo.

Le dije:

—¿Debo hacer esto pronto? Todos los niños nacen indefensos e inocentes.

—Escribe en la mañana cuando te levantes, Lorna. Escríbelo entonces; ahora ya es tarde.

Dijo que debía marcharse, me soltó las manos, me sonrió y se dio la vuelta. Fue entonces como si recorriera un camino lleno de luz. Supe que esa luz era del cielo, la que procede de todos los ángeles y las almas de todos nuestros seres queridos.

Me quedé sola en la recámara. El Arcángel Miguel se había ido y sentí algo de frío. Ya había oscurecido. Di gracias a Dios por la visita del Arcángel Miguel.

Mientras bajaba las escaleras dije:

—En realidad no entiendo todo esto, Señor. No creo que sea capaz de comprenderlo todo en vida; sé que cuando vaya al cielo contigo todo será muy claro.

Ya abajo, abrí el refrigerador y saqué un recipiente con una sopa de hongos, lo vacié en una olla que puse sobre la estufa y corté un poco del pan suave que había traído el día anterior; mi cena estuvo lista en un abrir y cerrar de ojos. Entré al granero, como le llamamos a la sala porque era un granero antes de que remodeláramos la casa, puse mi cena en la mesita y encendí la televisión. Transmitían las noticias, llenas de los horrores mundiales de ese día. Cuando me enteré de los bombazos en el aeropuerto y la estación del metro de Bruselas, mi corazón recibió otro golpe. No había palabras para consolar a las familias desgarradas por la pérdida de un ser querido y por las heridas que la gente sufrió aquel día. Pido siempre por todas las personas que sufren agravios y las que han perdido a sus seres queridos. No debemos permitir que el terrorismo se vuelva algo frecuente. Todos los países, todas las nacionalidades, todas las religiones deben unirse, volverse uno, para vencer el mal y devolverle a la gente su libertad a fin de que pueda entrar y salir de cualquier país y trabajar segura, a fin de que los niños puedan ir seguros a la escuela. Piensa en todos los hombres, mujeres y niños que no llegan a su destino, el miedo y la angustia que el terrorismo ha causado. El mundo entero debe unirse como una sola nación por la libertad, la paz y la esperanza, esas cosas que toda la humanidad valora y que llevamos en el corazón.

Al tiempo que veía las noticias, sin embargo, advertí esperanza en medio de los bombazos y el terrorismo. La guerra en cualquier parte del mundo es un error. Siempre debemos buscar medios pacíficos, no debemos rendirnos jamás, debemos mantener encendida la luz de la esperanza, pese a nuestras diferencias. Conozco a personas, no sólo en Europa sino también en otros países, que han presenciado el estallido de bombas y la muerte de muchas familias. En cualquier momento se destrozan vidas. Esto sólo engendra amargura, odio y deseos de venganza. Aquí es cuando, independientemente de nuestra religión o nacionalidad, debemos unirnos para ayudar a los líderes del mundo a buscar soluciones. Debemos unirnos en oración. Mientras escribo esto, sé que se pierden vidas inocentes; hombres, mujeres y niños sufren. Como dijo el Ángel Hosus, la guerra es fácil de hacer, pero la paz es difícil de conservar. Todos debemos orar por la paz y unirnos como una sola nación, como un pueblo unificado que no ha de permitir que el odio y la ira echen raíces en el corazón de nuestros niños, a quienes les afecta lo que hoy sucede en el mundo.

Sé que la gente está conmocionada, pero no debemos cerrar los ojos ni decir: "¿A quién le importa?".

Esto acontece todos los días. No podemos acostumbrarnos al terrorismo, a la guerra o la violencia en ninguna de sus formas. Debemos luchar siempre por la paz, para darles a nuestros hijos un porvenir de amor, justicia y libertad. Tus hijos tienen derecho a un futuro tanto como tú.

Rompí a llorar ahí sentada en el sillón. Se me fue el apetito. El Arcángel Miguel había estado conmigo apenas un rato antes, y me había hablado del amor, la paz y la esperanza. Oramos juntos por todo lo bueno, para que la humanidad haga de este mundo un mejor lugar.

Mi ángel de la guarda me dijo:

—Cambia de canal.

Lo hice y eso me llenó de esperanza. En la pantalla apareció una mujer que cargaba en brazos a su hijo. Sonreía generosamente mientras hablaba con él, quien le respondía con risas, y en ese momento vi todo el bien que hay en el mundo. La humanidad está llena de esperanza y amor. Esa imagen de la madre y su hijo tocó mi corazón. El programa trataba de la vida en familia. En otra escena, un par de niños corrían en un patio detrás de su padre, estaban rebosantes de alegría y felicidad por tener la libertad de ser niños.

Mi ángel de la guarda me dijo:

—Come ahora, Lorna.

Lo hice y disfruté de mi sopa de hongos y mi pan. Había planeado escribir temprano, a la mañana siguiente, sobre los derechos inalienables de todos los niños que vienen al mundo. Le prometí al Arcángel Miguel que así lo haría, pero se me olvidó que mis nietos vendrían a pasar conmigo unos días. Mi ángel guardián me lo recordó y me dijo que más valía que ordenara rápido la casa antes de que ellos llegaran. Esa mañana no tuve ninguna oportunidad de escribir sobre los derechos de los niños, lo que en verdad no pude hacer hasta varias semanas después.

Capítulo 12

# Veo a Joe de nuevo

Acababa de llegar de Londres el 25 de marzo y mi hija Ruth vendría a visitarme con sus hijos al día siguiente. Después de poner rápidamente todo en orden, le llamé y le pregunté a qué hora pensaba llegar a Kilkenny. Me dijo que Billy Bob, su hijo, salía de la escuela a las doce; ella tendría ya todo empacado para esa hora y saldrían de inmediato, así que llegarían como a las dos y media de la tarde. Yo tenía que ir a Kilkenny a que me peinaran, así que me aseguré de que Ruth tuviera una llave de la casa. Cuando estaba en la estética recibí una llamada suya para decirme que aún venían en camino y que me tomara mi tiempo; no teníamos prisa ninguna de las dos. Le dije que me demoraría un rato más; le pregunté si necesitaba algo del supermercado y respondió que no, porque se quedarían sólo una noche.

Al día siguiente fuimos a Dublín, ya que mi hija tenía una cita a las once. Cuando llegamos al poblado de Swords en el condado de Dublín, les dijo a los niños que se portaran bien con su abuelita mientras ella iba a su cita. Estábamos junto a un gran centro comercial, así que dedicamos nuestro tiempo a caminar y ver las cosas de las tiendas. Hacía frío, pero cuando el sol salió detrás de las nubes fue maravilloso sentir su calor. En nuestro recorrido por el centro comercial llevé de la mano a Jessica mientras Billy Bob caminaba a mi lado. Él me recordó que ése era un día importante, porque yo no había visitado su ciudad por un tiempo.

—Es el aniversario de mi abuelo —dijo—. Hay que recordarle a mi mamá que tenemos que ir a Woodies a comprar flores y bolsas de tierra para la tumba del abuelo.

Lo miré y le dije:

—Se lo diremos, aunque quizás antes debamos ir a comer algo, ya que Woodies no está lejos de aquí.

Woodies es una enorme ferretería y tienda de productos de jardinería.

Me conmovió que mi pequeño nieto dijera eso. A pesar de que no conoció a su abuelo, sabía todo acerca de él. Continuamos nuestro camino bajo el sol y en cuanto volvió a hacer frío regresamos a la entrada principal del centro comercial.

Justo cuando íbamos a entrar para mantenernos calientes, los niños gritaron:

—¡Mami!

Ruth había vuelto; ellos corrieron emocionados hasta ella.

Era como si se hubiera ausentado varias horas. Le recordaron a su madre que debíamos ir a Woodies y ella dijo:

—Primero comamos algo.

Los niños insistieron: primero Woodies y después a comer. De este modo, minutos más tarde nos dirigíamos en coche a esa tienda. Los niños ayudaron a escoger las flores que plantaríamos en la tumba de su abuelo. Al terminar estaban muy contentos y nos fuimos a comer. Luego enfilamos hacia

Maynooth, atravesamos la ciudad y llegamos al panteón. Los chicos bajaron del coche muy emocionados y nosotras cargamos todas las cosas. Billy Bob cruzó conmigo el prado hacia el sepulcro de Joe.

—¿Cuál es la tumba del abuelo? —preguntó—. No es fácil distinguirla.

Cuando nos acercamos, miré alrededor del panteón. Vi aproximadamente a veinte ángeles; supe que esperaban a las personas que irían a visitar las tumbas de sus seres queridos. Cuando se visita el sepulcro de un ser querido, siempre hay ángeles a nuestro alrededor que nos consuelan y mitigan nuestro dolor. Jamás he pasado por un panteón sin que vea ángeles en él. Ellos no están ahí por los muertos sino por los vivos. Lo que está sepultado en la tierra es nada más el cuerpo humano; el ángel guardián de cada persona ha llevado su alma amorosamente al cielo.

Una vez que nos reunimos en la tumba de Joe, los niños caminaron entre los blancos guijarros para arrancar la maleza. Yo hice lo mismo, con una palita de mano en las pequeñas secciones donde pondríamos tierra para que las nuevas plantas crecieran y dieran bellas flores. Es preciso que tengamos estos cuidados, que suframos así, que demos muestras del amor que sentimos por nuestros difuntos. A las almas les gusta que hagamos estas cosas, porque saben que nos hace bien.

Mientras yo trabajaba, Billy Bob se acercó, se paró junto a mí y me preguntó:

—¿Quieres que te ayude, abue?

Solté la hierba y él la arrancó. Cuando volteé, vi que mi pequeña nieta se afanaba en quitar la maleza de entre los guijarros blancos. Estaba muy atenta, divirtiéndose, ayudando y sintiendo la importancia de lo que hacía, pese a que era aún muy pequeña.

Nunca he compartido lo siguiente con mi hija ni con ningún otro miembro de mi familia, así que ésta será la primera vez que lo oigan; me fue muy difícil decírselo ese día. Mi corazón sufría y yo estaba muy sensible. Temí romper a llorar si se lo contaba a Ruth, así que ahora diré por fin lo que pasó en el panteón. Acuclillada, Jessica desmalezaba con sus deditos y se sentía muy orgullosa cada vez que sacaba una hierba; la alzaba y la observaba con asombro. Con sus palabras de bebé preguntó qué eran las raíces que tocaba con el dedo; no sabía qué eran esas cosas que colgaban de la hierba, pero su mamá le explicó que eran sus raíces. Ella se quedó mirando la planta que sostenía en la mano, tras lo cual bajó la mirada y movió las piedras. Yo no sabía lo que pensaba o lo que haría después; se acercó al borde de la tumba de su abuelo y lanzó la planta hacia su mamá. A continuación, se agachó otra vez para buscar más hierbas que arrancar. ¡Era muy pequeña! Justo entonces oí que alguien me llamaba por mi nombre.

Volteé y vi que el alma de Joe estaba sobre la lápida. Mi esposo Joe murió en marzo de 2000; tenía apenas cuarenta y seis años. Cuando lo vi en la lápida, lucía joven y sano de nuevo; estaba muy guapo. Posaba un brazo sobre la lápida, ligeramente arrodillado sobre ella, a la que observaba. Después levantó la vista y nos contempló a todos.

Esbozó una enorme sonrisa y dijo:

—¡Hola!

Permaneció ahí unos instantes sin hacer otra cosa que ver

a sus nietos. Fue muy conmovedor porque yo no había pedido verlo en su tumba, aunque supe que de esa forma me hacía saber que cuidaba a los niños. Le hablé en silencio y le dije que quizá nuestros otros dos nietos llegarían más tarde o vendrían otro día.

—No hace falta que vengan —dijo—. Estoy a su lado también.

En lo que se ocupaba de seleccionar las plantas con Billy Bob, Ruth volteó a ver a su hija y le dijo que hacía un gran trabajo. ¡No puedo expresar la amorosa manera en que Joe la miró!

Él se volvió hacia mí y me dijo:

—Dios ha decidido darte una sorpresa, Lorna.

Durante el rato en que Joe permaneció sobre su tumba, ésta estuvo rodeada de ángeles. Todo lo que puedo decir es que una multitud de ángeles nos cercaron, nos resguardaron en un círculo perfecto. El sol lucía cálido y brillante.

Me distraje un momento cuando mi nieto me dijo:

—Aquí hay una flor bonita para plantar, abue.

Se puso en cuclillas para hacer un agujero en la tierra para sembrar esa planta. Yo le ayudé y cuando volteé hacia Joe, ya se había ido. Eso me entristeció.

Mi nieta ayudaba ahora a su mamá a retirar algunas plantas de sus macetas para poder sembrarlas. Todos estábamos muy ocupados, y yo me sentía sumamente conmovida. De vez en cuando miraba la lápida de Joe con la esperanza de que él apareciera de nuevo, pero no fue así. Pensaba en que él había estado en la lápida, mirando a sus nietos y nos había cuidado a todos.

Sé que más tarde tendremos que explicarles a los niños que en realidad su abuelo no está en esa tumba. Su alma se ha ido al cielo. Una tumba es un sitio que podemos visitar para recordar a nuestros seres queridos. Sentimos que los atendemos todavía porque les llevamos flores. Cuidar de un sepulcro favorece el proceso de duelo. Aunque mis nietos no conocieron a Joe, sufren su pérdida a su modo. Ese día pude ver lo importante que fue para ellos desempeñar su parte, ayudar en la tumba de su abuelo. Esto les permitía conocerlo en una forma espiritual, a sabiendas de que él estaba con Dios en el cielo.

Quedaba una sola planta y Billy Bob estaba a punto de dármela cuando su mamá dijo:

—No, esa plantita la llevaremos a la tumba de la bebé Bridget.

Me conmovió mucho que Ruth dijera eso; jamás pensé que se acordara de la tumba de Bridget. Miré a mi derecha hacia la pared del panteón junto a la que estaba estacionado el coche y en el otro extremo vi al Arcángel Miguel, quien estaba en uno de los flancos de la pared.

Me habló sin palabras:

—Lorna, en breve te encontrarás con un ángel que no has visto en mucho tiempo.

Ni siquiera tuve la oportunidad de saludarlo ni de hacer preguntas porque desapareció tan pronto como dejó de hablar. Pese a que no supe a qué se refería, me dio mucho gusto que mi hija pensara en la tumba de Bridget y que reservara una de nuestras flores para que la plantáramos ahí.

Ahora debo contarte algo importante acerca de lo que ocurrió después, algo que no esperaba en absoluto; el ángel al que aludió el Arcángel Miguel fue una completa sorpresa para mí. Permíteme primero contarte algunos antecedentes que traen felicidad y lágrimas a mis ojos, y tocan cuerdas muy sensibles de mi corazón. Te revelaré lo que pasó ese día en el panteón de Maynooth con mi hija y mis nietos, pero sé que debo darte un poco de información previa en un par de frases.

Muchos años atrás, un señor que había sacado a pasear a su perro encontró el cadáver de la bebé Bridget. En *Ángeles en mi cabello* escribí sobre el viaje espiritual de Bridget y lo que sucedió antes de que encontraran su cadáver. Aunque sé que eso te conmoverá mucho, ahora debo regresar al día de mi relato.

Aquel día de marzo de 2016 en el panteón, Ruth recogió un par de cosas del suelo y tomó a Jessica de la mano. Billy Bob cargó la flor con sus dos manos y todos se encaminaron a la tumba de la bebé Bridget. Yo los vi caminar y terminé de limpiar el área donde había plantado las flores en la tumba de Joe.

Ruth me gritó:

—¡Apúrate, mamá!

—¡Ya voy! —dije.

Me agaché, tomé mi bolsa y los seguí. Justo antes de que llegaran a la tumba de Bridget me detuve y miré hacia allá. Vi que ahí estaba un ángel que no había visto desde que lo encontré en el puente de Maynooth, años antes de que Joe muriera. Era el Ángel Árabe. Él es el ángel que, en mi adolescencia, yo iba a buscar todos los días a ese puente cuando me dirigía al poblado de Maynooth. El Ángel Árabe me habló de Bridget antes de que ella naciera. Era alto, esbelto, elegante y más blanco que la nieve, resplandecía como una luz radiante, estaba a la derecha de la lápida de la bebé.

—¡Hola, Lorna! —me dijo.

Lo saludé a mi vez sin palabras. Ruth y los niños ya estaban en la tumba de Bridget.

El Ángel Árabe dijo:

—Ven.

Caminé muy despacio y justo cuando estaba a unos metros de la tumba, el alma de la bebé Bridget —algunos dirían que su espíritu— se asomó detrás del Ángel Árabe. Tenía la apariencia humana de una niña de cuatro años con cabello largo y ondulado sobre los hombros. Llevaba puesto un vestidito azul que refulgía y estaba descalza; reía mientras miraba jugar a Jessica y Billy Bob. Pese a que esto ocurrió en un efímero instante, ver el alma de la bebé Bridget pareció una eternidad.

El Ángel Árabe me habló sin palabras:

—Lorna, debemos irnos ya.

La bebé Bridget me miró en ese momento con una gran sonrisa y su apariencia humana cambió de niña a adolescente y después a una mujer joven; era muy hermosa.

Le pregunté al Ángel Árabe:

—¿Te veré de nuevo?

Él contestó:

—Quizá.

Le pregunté si vería de nuevo a Bridget y dijo:

—No, a menos que Dios cambie de opinión.

Ambos desaparecieron. El cadáver de la bebé Bridget fue encontrado en el canal de Maynooth. A primera hora de la mañana de ese día, los ángeles llevaron su alma a mi casa. En los días previos flanquearon el camino desde el canal y el puente hasta mi puerta para que su alma pudiera alcanzarme. Creo que no fue sólo por mí que el Ángel Árabe apareció ese día en el panteón con Bridget; fue también para que su madre y su familia supieran que ella es feliz y que los ama. Bridget está a salvo en el cielo.

Plantamos la flor en su tumba; mis nietos estaban felices de haberlo hecho. Volvimos juntos a la tumba de Joe, donde recogí toda la maleza y la deposité en el basurero del panteón. Al final abandonamos el mausoleo a toda prisa, porque ya había comenzado a llover.

Esa misma noche volví a casa, en Kilkenny. De camino oré en el coche por la familia de Bridget y pensé en los derechos de todos los niños. Media hora después llegué a mi casa; ya era muy tarde, así que me hice una taza de té y me acosté. Conservo siempre en mi mesa de noche una libreta. Dije mis oraciones y al terminar decidí garabatear en ella algunas ideas antes de dormirme, unas cuantas cosas apenas, ¡claro! Tú no las entenderías si las leyeras, porque estaban en un código que sólo yo comprendo. Como bien sabes, no soy muy buena para la escritura. Dediqué unos minutos a tomar notas y luego me dormí.

En los días siguientes avancé muy poco en la composición de este libro, porque recibí visitas en casa. Escribí en cambio muchas otras cosas —mi boletín, tuits y mensajes para Facebook e Instagram—, me ocupé por supuesto de mi institución de beneficencia Lorna Byrne Children's Foundation, y tuve un buen número de reuniones. Soy sin duda una madre como cualquier otra, que hace el aseo, lava y cuida de su jardín. Aparte de eso, salgo a caminar lo más seguido posible. Los ángeles me acompañan siempre en mis paseos, para mantenerme sana, pero llueve tanto en Irlanda que no salgo muy a menudo.

## Capítulo 13

# Los derechos inalienables de los niños

Calculo que eran las nueve de la noche cuando el Ángel Hosus entró a mi sala y me dijo:

—Lorna, veo que piensas escribir sobre lo que te recordó el Arcángel Miguel: los derechos inalienables de los niños.

Me agradó mucho ver al Ángel Hosus y le dije:

—¡Hola!

—No te limites a pensar, Lorna —contestó—. Sube por tu pluma y tu libreta; tienes que empezar a pensar en voz alta.

Me levanté del sofá de un salto y pasé de prisa junto al Ángel Hosus antes de correr escaleras arriba hasta mi recámara para tomar las cosas de mi mesita de noche, donde tengo también mi Biblia.

Mi ángel de la guarda me dijo entonces:

—Lorna, abre la Biblia.

Mientras me inclinaba para abrirla recité una breve oración, como lo hago siempre:

—Guíame, Señor, hacia donde tú quieres que lea y permite que mi ángel de la guarda me ayude.

Abrí la Biblia, la hojeé y me detuve cuando oí la voz de mi ángel guardián:

—Detente ahí, Lorna.

Unas páginas más resbalaron por mis dedos, aunque eso fue bueno porque la página en la que mi Biblia se abrió era el pasaje del Evangelio de Lucas sobre el nacimiento de Jesús. Mi ángel de la guarda me ayudó a leerlo. Te referiré la parte que se me quedó grabada en la mente; no son las palabras exactas de la Biblia. José y María estaban en Belén; ella estaba embarazada y llegó el momento en que debía dar a luz. Parió un hijo, al que envolvió en harapos y acostó en un pesebre porque no había espacio para ellos en la posada.

Cuando terminé de leer hice una bendición y dije:

—Gracias, Señor.

Me han preguntado varias veces qué es una bendición. Cuando, al final de una ceremonia, un sacerdote le pide a Dios que bendiga a su pueblo, le ruega que lo toque con su amor y lo llene de él a fin de darle fe y fuerza para que regrese al mundo. Una bendición puede transformar a una persona en su totalidad, lo que incluye al cuerpo físico. Cuando yo bendigo a la gente al final de mis conferencias, pasa algo además de eso que, sin embargo, no puedo revelártelo. Si te lo dijera, ¡se formaría frente a mí una fila de millones de personas! Sé que después podrás saber más, porque alguien a quien yo elegí compartirá esa información con el mundo una vez que yo muera.

Bajé apresuradamente las escaleras y cuando entré al granero vi que el Ángel Hosus estaba parado junto a la chimenea.

—Espero que no tengas frío —le dije.

Él rio.

—No, Lorna, no tengo frío.

Dije:

—Sé que tampoco sientes el calor del fuego —añadí—, pero me hizo gracia verte junto a la chimenea e imaginar que tenías frío.

Él me hizo reír porque se sacudió como si temblara y se frotó las manos mientras volvía la cara al fuego como para calentarse. Me dio la espalda y, de repente, sin decir palabra, giró para verme. Cuando lo hizo, su capa se movió en cámara lenta en una espiral como de olas en el aire y cambió de color; en lugar de ser negra por fuera como antes, adquirió el hermoso color dorado y púrpura que la recubría por dentro.

—Me encanta que hagas eso, porque cuando tu capa se mueve así y cuando la haces girar con tu brazo es como si yo viera múltiples capas. Eso es deslumbrante. Cuando haces eso, veo tantos colores como los del arco iris —le dije.

Cada vez que el Ángel Hosus hace eso con su capa me siento privilegiada. No lo hace muy a menudo; quizá lo he visto diez veces en toda mi vida, pero es algo increíble. Así que ya te he dado un poco más de información sobre lo que el Ángel Hosus hace.

Él se apartó del fuego, que pareció arder con más intensidad. Llovía a cántaros y oí que el viento aullaba. Me senté en el sillón mientras el Ángel Hosus permanecía de pie a unos metros de mí. Tenía la libreta y la pluma en mi mano.

Lo miré y le pregunté:

—¿Por dónde debo empezar?

—Lorna, has pensado ya mucho tiempo en los derechos de todos los niños. Piensa ahora en voz alta y garabatea tus pensamientos en la libreta, pero antes que nada oremos un momento —contestó.

Yo le dije:

—La última vez que hice eso con el Arcángel Miguel invertí mucho tiempo.

El Ángel Hosus repuso:

—Hoy sentirás como si durara unos segundos y no te consumirá más que eso, Lorna.

Se acercó, puse la libreta y la pluma en el sillón, se hincó sobre una rodilla, tomó mis manos entre las suyas y nos pusimos a rezar. Cuando terminamos me di cuenta de que él tenía razón; sólo habían pasado sesenta segundos.

Estar en oración es como sumergirse en la eternidad. Esto es algo más que no te había revelado nunca antes. Cuando emerjo de la oración, tengo escasa noción del tiempo transcurrido, porque he estado en un lugar donde no hay tiempo y el alma continúa en oración, aunque yo haya ascendido nuevamente al mundo.

La oración es muy poderosa, pese a que sólo reces un segundo. Jamás te he contado que antes de ponerme a escribir siempre hago una oración y los ángeles que están conmigo la hacen también. Por supuesto que cada vez que rezas, los Ángeles de la Oración te acompañan, junto con tu ángel guardián, así que nunca rezas solo. Es como si una inmensa cascada de ángeles subiera al cielo para favorecer tus oraciones.

Cuando acabamos de rezar, el Ángel Hosus se puso de pie y permaneció así mientras yo expresaba mis pensamientos y los anotaba en mi libreta. Cuando terminé me dijo que debía irse y desapareció. Yo miré todos los garabatos que había hecho, subí y los dejé junto a la computadora; había decidido no hacer más por esa noche.

A la mañana siguiente me senté a la computadora y me puse a leer mis garabatos. Revisé también lo que había escrito noches antes y empecé a dictar en mi computadora; las palabras aparecían en la pantalla frente a mí. La habitación estaba llena de ángeles, aunque no dijeron nada; el Ángel Hosus no estaba entre ellos.

Los derechos inalienables de todos los niños que vienen al mundo.

Más allá de que una familia sea rica o pobre, todos los niños venidos al mundo deben gozar de completa igualdad de condiciones. Deben tener garantizados los derechos siguientes:

1. Todos los niños tienen derecho a la vida.
2. Todos los niños tienen derecho a ser niños.
3. Todos los niños tienen derecho a que se les trate igual.
4. Todos los niños tienen derecho a que no se les discrimine a causa de sus creencias religiosas o su credo.
5. Todos los niños tienen derecho a ser amados y protegidos.
6. Todos los niños tienen derecho a formar parte de una familia.
7. Todos los niños tienen derecho a tener un hogar.
8. Todos los niños tienen derecho a disponer de agua y comida.
9. Todos los niños tienen derecho a disponer de ropa y abrigo.
10. Todos los niños tienen derecho a respirar aire puro.

11. Todos los niños tienen derecho a que la naturaleza exista.
12. Todos los niños tienen derecho a ser felices, reír y jugar en un ambiente seguro.
13. Todos los niños tienen derecho a nacer en un mundo pacífico.
14. Todos los niños tienen derecho a ser libres, no esclavos.
15. Todos los niños tienen derecho a vivir sin el temor ni el terror.
16. Todos los niños tienen derecho a una educación íntegra.
17. Todos los niños tienen derecho a desarrollar al máximo su potencial.
18. Todos los niños tienen derecho a recibir atención médica integral.
19. Todos los niños tienen derecho a participar en los deportes.
20. Todos los niños tienen derecho a ver y tocar árboles, plantas, animales, ríos y lagos y a verlos libres de contaminación.
21. Todos los niños tienen derecho a que sus derechos tengan prioridad sobre el dinero y las cosas materiales, porque cada niño es el bien más grande y preciado de la humanidad.

Sé que la Organización de las Naciones Unidas ha escrito algunos documentos sobre los derechos inalienables de todos los niños que vienen al mundo, pero esos derechos no se cumplen. Hay niños que sufren hoy en todo el mundo. Al parecer, los pequeños no tienen ningún derecho. Se les puede asesinar, se les discrimina de innumerables maneras a causa de su origen y quizá también de las creencias religiosas de su familia, se les rapta y convierte en esclavos sexuales o se permite que mueran de hambre, frío y sed. Se les niegan las cosas básicas de la vida. Los gobiernos y los líderes del mundo los esclavizan en la actualidad. Calculan lo que les costaría reconocer los derechos inalienables de todos los niños que vienen al mundo.

Podríamos comenzar en cualquier momento a reconocer los derechos inalienables de todos los niños a medida que todas las naciones aprendan a actuar en común para que nosotros nos sintamos unidos, como un pueblo global, pero no creo que esto suceda en el futuro próximo; ojalá me equivoque. Sé que es aquí donde las mujeres del mundo entero debemos ponernos de pie y desempeñar el papel que nos corresponde como madres de todos los niños del planeta. Ellos son indefensos e inocentes, no hay una voz que hable por ellos; por eso nosotras debemos defenderlos. Yo aprovecho todas las oportunidades que se me presentan, a través de los libros que escribo y de los medios, para hacer un llamado por la paz, la justicia y la libertad. Llamo ahora a todas las mujeres del mundo a proteger a los niños, a los suyos y los míos. Las llamo para que sean su voz.

En diferentes ocasiones de mi vida en que he estado en presencia de Dios, él me ha recordado el momento en que Jesús fue crucificado. Esto se encuentra en el Evangelio de Mateo. Él me muestra una escena muy pequeña, como si me asomara a una ventana, en la que Jesús es arrastrado y rodeado por los soldados. Jesús ve a un grupo de mujeres que lloran por él y les dice: "No lloren por mí, sino por ustedes y sus hijos".

Eso es todo lo que veo, y aquéllas las únicas palabras que escucho. Los niños son inocentes e indefensos. Todas las mujeres somos madres, tengamos hijos o no. Ruego al cielo que un día todas las mujeres seamos la voz de los niños del mundo. Hice una breve pausa para recitar una oración por la paz del mundo mientras los ángeles me rodeaban. Incliné la cabeza y me sumergí en un estado meditativo de oración.

De repente oí que alguien me hablaba:

—Lorna, ¿puedes oírme?

—Sí —contesté.

Alcé poco a poco la cabeza conforme salía de la oración. Hice la señal de la cruz y abrí los ojos. Era mi ángel de la guarda.

—Dios me pidió que te hablara, Lorna, para decirte que recuerdes que él oye siempre tus oraciones.

Yo le pregunté:

—¿Bajarías a tomar conmigo una taza de té?

Él rio.

—¡Por supuesto que sí, Lorna! Sabes que no puedo dejarte un solo segundo.

—Lo sé —dije—, pero de todas formas es bonito invitarte a tomar conmigo una taza de té.

Así pues, bajamos y preparamos una taza de té.

Salí a tomar el sol y me senté a la mesa del jardín. Ahí no escuchaba siquiera el gorjeo de un ave; el silencio era absoluto. Si hubiera dejado caer un alfiler, lo habría oído. Ni siquiera oía ruido a lo lejos.

Le pregunté a mi ángel de la guarda:

—¿Tú hiciste esto? ¿Apagaste todos los sonidos a mi alrededor?

—Sí —respondió.

Le pregunté por qué y me explicó:

—Porque Dios me dijo que necesitas un poco de quietud.

No dije nada más. Necesitaba a mi ángel de la guarda. Me quedé ahí, en el más completo silencio, mientras el sol brillaba sobre mí, yo sorbía mi té y disfrutaba de cada instante. Media hora después subí y me senté a la computadora. Estaba a punto de empezar a dictar cuando tres ángeles entraron a mi habitación.

—¡Hola! —les dije.

Uno de ellos se acercó y se sentó en la pelota para hacer ejercicio. Tenía una apariencia femenina; los otros dos ángeles no tenían apariencia masculina ni femenina. Todos vestían de plateado.

El que se sentó en la pelota me dijo:

—Lorna, asómate a la ventana.

Sonreí porque su ropa cambió de color adoptando un hermoso rosa que combinaba con el tono de la pelota. Giré en mi silla y miré por la ventana desde la habitación del piso de arriba donde trabajo; Holly, nuestra perrita, les ladraba a dos perros que pasaban en ese momento con su dueño. Siempre se detienen a saludarla y esto le fascina; corre emocionada por todo el jardín y luego se detiene en la puerta a saludar a sus amigos. Ellos hacen siempre lo mismo: sin dejar de menear la cola, hacen leves gruñidos que yo oigo a través de la ventana. En esta ocasión, el dueño de los perros continuó su trayecto, y Holly corrió de nuevo por todo el jardín. Noté que estaba muy contenta. La había llevado a la estética canina el sábado anterior y tenía muy corto el pelo. Reí al tiempo que ella corría, porque vi que un ángel desempleado la perseguía. Le dije a mi ángel de la guarda:

—Todo indica que Holly sabe que un ángel desempleado juega con ella.

Él dijo:

—Sí, Lorna, Holly está al tanto del ángel.

Ella se detuvo y se echó en el pasto. El ángel que jugaba con ella desapareció.

Yo le digo siempre a la gente que los animales no tienen ángeles guardianes propios porque no tienen alma, aunque si tú amas mucho a tu mascota Dios la mantendrá en el cielo para ti. A veces él puede permitir que sientas la presencia de tu mascota. Si pasas por un momento difícil, puede usar a un animal para guiarte hacia las decisiones correctas. Los ángeles acompañan siempre a los animales cuando están en problemas; los reconfortan y los libran de temor. El Ángel Hosus me ha dicho en repetidas ocasiones que nosotros estamos destinados a ser los ángeles guardianes de la naturaleza y de los animales. Dios les pide a los ángeles que nos recuerden una y otra vez que debemos proteger a los animales y la naturaleza, cuidar del planeta. En fechas recientes —en los últimos meses— he visto al Ángel Jimazen casi a diario; esto se debe a que en la actualidad hay más peligro de una catástrofe ambiental. Llamo a ese ángel el protector de la Tierra. Él hace todo lo posible por mantener viva a la Madre Tierra, lo cual es muy difícil porque persiste la contaminación del aire, los ríos y los lagos que destruye la vida del hermoso planeta que nos fue dado como regalo. Si recibes algo gratuitamente, puede que no lo aprecies y lo trates como reemplazable, pero la Tierra es irreemplazable, como la naturaleza, todos los animales y las aves del cielo. La próxima ocasión en que salgas a dar un paseo, te asomes a la ventana, manejes tu coche o te sientes en un autobús, trata de reconocer el hermoso regalo que has recibido y date cuenta de que debes cuidarlo. Esto ayudaría mucho al Ángel Jimazen. Todos debemos alzar la voz y presionar a nuestros líderes y gobiernos en lo relativo al calentamiento global. Todos sentimos sus efectos alrededor del mundo.

Era el 12 de abril y esa mañana el sol brillaba en Irlanda. Era un día fabuloso. Salí al jardín con una taza de té y una rebanada de pan tostado en la mano. Eran las doce y media del día. Paseé por el prado y cuando llegué a la cerca vi que ahí habían florecido un montón de dientes de león, la espléndida flor amarilla que tanto le gusta a mi conejo, Mimsy, así que decidí que en cuanto terminara mi pan tostado y mi té cortaría algunas de esas flores para él. He notado cambios en la planta del diente de león, incluso en época de floración.

Les dije a los ángeles que me rodeaban:

—Espero que esto no se deba al calentamiento global o que algo haya entrado genéticamente en el diente de león y lo haya cambiado.

No me contestaron y yo recogí un puñado. Mi conejito no ha dejado de comerlos, así que ésa es una buena señal.

## Capítulo 14

# Una visita a Sainte-Chapelle

El otro día cuando empecé a quejarme porque no sabía por dónde empezar, el Ángel Hosus me dijo:

—Lorna, nosotros te lo decimos todo el tiempo, pero a veces no nos escuchas. Así se deja sentir esa vena obstinada tuya.

Echó a reír, la habitación se estremeció y eso me hizo reír a mí también.

Él se acercó y se paró con una gran sonrisa junto a mi silla frente a la computadora.

Le dije:

—¡Cuánto gozaste reírte de mí!

No respondió, sólo dijo:

—Presta atención, Lorna: debes llamarle a Megan; acaba de salir de una clase de la universidad. Tienes una llamada perdida suya. Ella te dará aliento, sobre todo porque a nosotros no nos escuchas.

Lo miré y repuse:

—¡Los escucho en todo momento!

—Lorna —replicó con una sonrisa más grande aún y pensé que echaría a reír de nuevo—, te dije muchas veces que escribieras ese relato, pero siempre buscabas pretextos para posponerlo y no hacerlo.

Cada vez que el Ángel Hosus me sonríe provoca también una sonrisa en mí y hace que me sienta feliz. Ahora podía ver el lado divertido de todas las cosas.

—Lorna —preguntó—, ¿cuántas veces has revisado lo que escribiste hace unas semanas?

Sé que lo hago mucho y él me dice siempre que deje de hacerlo.

Tomé mi teléfono móvil, vi la llamada perdida de Megan y le llamé. Le platiqué del Ángel Hosus, le comenté que se había reído de mí y me había dicho que en ocasiones soy muy necia. Le dije incluso que él me había sugerido que le llamara para que me diera un poco de aliento.

Ella también se rio de mí en él teléfono y dijo:

—¡Qué curioso, mamá!, porque el Ángel Hosus tiene razón; a veces eres muy testaruda.

Me comentó lo que iba a hacer ese día. Tenía otra clase a las cuatro y después se reuniría con una amiga.

Hablamos durante diez minutos y luego señaló:

—Mamá, te diré lo que el Ángel Hosus te dice: regresa al trabajo, ¡ponte a escribir!

Ambas reímos en el teléfono y nos despedimos.

Hace varios años, cuando fui a París con Christopher y Megan, una de las capillas que visitamos fue Sainte-Chapelle. Cuando entré a esa iglesia fue como si regresara al pasado, cientos de años atrás. Era hermosa y estaba llena de ángeles, pero también muy fría; fue como entrar a un cubo de hielo.

Los ángeles daban vueltas por la iglesia formando filas, uno detrás de otro, y llevaban unas luces pequeñas semejantes a velas, las cuales encendían al mismo tiempo. Esas velas diminutas, que sostenían en la mano derecha, despedían un hermoso fulgor que titilaba en aquella antigua iglesia. Era un lugar sagrado donde se rezaba, y los ángeles repetían las oraciones del pasado.

Su oración era una especie de canto. Aunque yo no entendía por qué sentía tanto frío, miraba cautivada a esos ángeles imponentes con sus pequeñas velas mientras daban vueltas en esa minúscula iglesia y rezaban. Su rezo era como un coro interminable: relajante y pacífico. Descubrí que yo me sumergía también en un estado meditativo de oración.

Habían pasado quizás unos minutos cuando el ángel que caminaba atrás de mí, justo a la derecha de mi campo visual, me murmuró al oído:

—Lorna, no te hundas por completo en un estado meditativo de oración.

Cuando te encuentras en un estado meditativo de oración, permites un enlace entre tu alma y tu yo humano. Tu cuerpo se vuelve ligero, casi como si no existiera. En ese profundo estado de oración ningún otro pensamiento puede llegar a ti, no puedes oír nada. Nada del exterior puede penetrar ese estado y tú tomas conciencia de que estás en un lugar que ya conoces.

El ángel tocó mi mano y empecé a salir del estado meditativo de oración. Cuando escuché que el ángel susurraba de nueva cuenta en mi oído, él estaba parado detrás de mí. Lenta aunque no completamente, yo salía de ese estado meditativo de oración, cuando volteé a verlo. No pude percibirlo con claridad; y pese a que quise decir algo, descubrí que no podía hacerlo.

Supe que mi alma estaba todavía en oración y el ángel habló:

—Cosas buenas y malas ocurren en los lugares sagrados, Lorna. Siente el amor que también hay aquí, no sólo las cosas malas que sucedieron. Por eso tienes un poco de frío e intranquilidad.

Al escuchar estas palabras me di cuenta de que quien caminaba a mi lado era el Arcángel Miguel y de que iba vestido con una armadura.

A pesar de que quise hacer muchas preguntas, supe que no había necesidad de ello, no en ese momento, por lo menos, porque mi alma estaba en oración todavía; quizá sería más tarde. Mientras avanzaba despacio con el Arcángel Miguel junto a mí seguí a los ángeles de las velas encendidas que recorrían la nave mayor y escuché su canto. Miré también las tallas y símbolos en las paredes. Atravesé la iglesia varias veces, sin aburrirme jamás, pero el Arcángel Miguel susurró para decirme que era hora de bajar a la otra planta. Christopher y Megan me llamaron en ese momento para que los acompañara en su descenso. Cuando bajaba, los ángeles iban adelante de mí. Christopher y Megan habían pasado ya por esos antiguos peldaños. Avanzaba lentamente; sentí de nuevo como si entrara en el pasado y vi que los ángeles caminaban junto a las paredes de esta parte de la iglesia y que llevaban luces igual que en la planta superior.

Iba a seguirlos cuando el Arcángel Miguel me dijo que lo siguiera a él y así lo hice. Se detuvo en un punto y me enseñó que había escalones abajo, cubiertos de losas, que descendían a un lugar sagrado caído en el olvido y perdido en el tiempo. No obstante, los lugareños aún lo frecuentaban para rezar, lo mismo que turistas como nosotros que sentían la sacralidad de ese recinto. Supe que mi alma estaba en constante oración —podía oírla— al tiempo que bajaba con el Arcángel Miguel.

Él dijo:

—Lorna, mira a tu derecha.

Volteé y vi que unas almas del pasado llegaban a esa parte del templo. Algunas de ellas parecían ser soldados por la forma en que vestían. Hacían una genuflexión, oraban un momento y se marchaban. Había también hombres y mujeres civiles, las personas comunes de esta villa que hacía mucho tiempo venían a rezar a esta iglesia. La mayoría de ellos vestían ropa oscura, no sé por qué, y de pronto desaparecieron. El Arcángel Miguel me dijo que avanzara un poco más. Lo hice, me detuve y miré a mi alrededor. Vi que Christopher y Megan conversaban sobre las cosas que veían, tallas de estatuas y símbolos. Hablaban en voz muy baja, con respeto, porque estábamos en una iglesia. Aquél era un lugar de oración y se podía sentir esa paz, tranquilidad y seguridad que un lugar así procura, sea cual sea la religión que se practique ahí.

Caminé otra vez y el Arcángel Miguel avanzó a mi lado. Los ángeles recorrían todavía la iglesia con sus pequeñas velas y su canto cuando volteé la vista porque oí que algo raspaba el suelo. En ese instante la iglesia pareció oscurecerse, como si anocheciera. El ruido que había oído fue producido por un alma del pasado que entraba al templo. No podía verla bien; el Arcángel Miguel tocó mi mano y en ese momento el alma que entró a la iglesia se volvió más brillante. No estoy segura de dónde venía, pero caminó lenta y pesadamente hacia el frente. Era como si su cuerpo humano —cuando vivía— estuviera muy cansado, incluso exhausto, el día en que él entró a esa capilla. El ruido que yo escuché procedía de su espada, que golpeaba contra el suelo. Él llevaba puesta una armadura muy pesada, repleta de correas. Me dio la impresión de que era alto y fornido, aunque quizá se debía a su ropa, de aspecto agobiante y estorboso. A cada paso que daba parecía que llevara un peso enorme y casi insoportable sobre los hombros, de tan difícil que le resultaba. Cuando su alma pasó junto a mí, miré a mi alrededor y caí en la cuenta de que ya no veía a nadie más. Estaba en el pasado con el Arcángel Miguel, quien me tomaba de la mano.

Ahí contemplaba la vida del soldado el día en que entró a esa iglesia. Sentía su dolor y su pena. Su sufrimiento lo quebrantaba, junto con sus horrores y su culpa. Ahora estaba a apenas dos metros de mí y de repente se detuvo y cayó de rodillas. Se agachó como si un dolor inmenso lo oprimiera. Sollozaba desconsoladamente para sí, sacudía todo el cuerpo. Rompió a llorar con estruendo y pedía perdón a Dios por lo que acababa de hacer. Oraba con todo su ser, desde lo más profundo de su alma. La angustia de admitir sus acciones lo desgarraba y trastornaba. Vi que su alma se revelaba un instante y retrocedía después a su cuerpo humano. Vi que ese día, en esa iglesia, le había pedido perdón a Dios.

El dolor que había causado con las cosas horribles que había hecho lo tenía en un estado de shock. Vi que en su mente aparecían imágenes de Jerusalén, de una guerra contra los musulmanes, los rostros de los niños que lo habían mirado aterrados antes de que él acabara despiadadamente con ellos.

Algunas de las palabras que se me permitió oír fueron: "¡Mira nada más lo que he hecho! ¡Mira la sangre en mis manos que no podrá ser borrada jamás!". Aunque buscaba las partes buenas de su vida, le costaba trabajo encontrarlas. Supe que su alma se había revelado y que estas cosas se me mostraban para que pudiera decírtelas y que comprendieras su angustia. Él sabía que en las Cruzadas había matado a muchos y que en todos los casos le había quitado la vida a un ser espiritual, a un hijo de Dios.

Estaba postrado todavía en oración cuando cuatro ángeles se acercaron a él con lo que parecía ser un fino lienzo de seda. Cada uno de ellos lo sostenía en alto de una esquina y parecía relucir. Mientras se aproximaban a él vi que ese lienzo estaba lleno de reflejos. Esos destellos, esas imágenes, correspondían a la vida del soldado y reflejaban todo el amor y bienestar que hubo en ella. Los ángeles permitieron que todo eso descendiera suavemente sobre él y lo envolvieron con la seda para consolarlo. Justo en ese momento él respiró hondo, como si recuperara la vida de golpe. Sin embargo, ahora sentía que el consuelo que Dios le había concedido le daba la fuerza necesaria para remediar sus males.

El soldado se puso de pie con extrema dificultad. Daba la impresión de que cargaba aún algo muy pesado y de que llevaba una cruz enorme sobre los hombros.

Se me dijo que no me moviera cuando él pasó junto a mí y lo oí murmurar:

—¡Perdóname, por favor!

Vi que experimentaba un despertar espiritual; que aunque había hecho cosas horribles, Dios lo perdonaba y él iría al cielo.

Abandonó poco a poco la penumbra y desapareció. Yo sabía que había empezado a oscurecer cuando él entró a la iglesia a pedirle perdón a Dios y que cuando salió todo era tinieblas. En ese momento era de noche para él.

Miré hacia donde él había caído de rodillas para pedirle perdón a Dios y vi que dos ángeles vestidos de dorado oraban ahí.

Le pregunté al Arcángel Miguel:

—¿Por qué ellos están donde el soldado se arrodilló?

Respondió:

—Piden paz. Lo que le sucedió a ese soldado, Lorna, ocurre todavía en el presente. Es importante pedir paz. Dios quiere que tú, Lorna, hables siempre de la paz. Cuando ese soldado murió, Dios lo llevó al cielo.

Justo entonces se acercaron Megan y Christopher. Aunque se preguntaban cuál era el motivo de mi presencia ahí, supe que lo percibían en cierto modo. Algo que todos debemos recordar sobre los grandes sitios sagrados del mundo entero, sitios a los que a veces llamamos lugares espirituales, como Stonehenge o los grandes templos de Grecia y Roma, es que en el pasado la mayoría de ellos se usaban también como centros de juicios y ejecuciones. Aún lo son hoy. Basta con que escuches las noticias para comprobarlo. Los individuos en el poder desean controlar siempre los lugares sagrados.

Recuerda que la oración es muy poderosa, así que ruega por la paz. Añádela sin falta a tus oraciones, cualquiera que sea tu religión. Lucha siempre por la paz más allá de lo que suceda en tu vida o en el mundo.

Mis hijos y yo disfrutamos mucho de nuestros paseos por París. Visitamos algunos de los lugares que Mark, mi editor, nos recomendó. Pasamos días muy buenos ahí. Visitamos numerosos sitios y la gente fue muy amable con nosotros. Christopher y Megan conocieron a algunos franceses. Temo que yo no aprendí una sola palabra de su lengua, aunque lo intenté. Pienso que el francés es un idioma muy bello y para mí tiene el dulce sonido de una suave melodía; cuando oigo hablar a los franceses tengo la impresión de que cantan.

Le dije eso a mi hija Megan y ella rio y me dijo:

—Todos piensan lo mismo del francés. Es famoso por melódico y romántico. ¡Adoro escucharlo!

—Yo también —le dije—. Basta con oírlo para percibir sus notas.

Ojalá algún día pueda volver a París. Me agradaría mucho visitar Sainte-Chapelle una vez más. Cuando estuvimos ahí había muchas reparaciones en proceso, para rescatar todo lo posible de ese lugar sagrado.

Capítulo 15

# ¿Los ángeles se han vuelto triviales y comerciales?

En los últimos años he hablado a menudo con los ángeles acerca de qué incluir en este libro respecto a mi vida, Dios y ellos mismos. En diversas ocasiones he conversado de esto con el Arcángel Miguel, aunque él se ha limitado a recordarme el día en que lo encontré, durante un paseo cierta vez que estaba de vacaciones. Yo subía por un canal que había visitado ya en numerosas ocasiones; era un lugar en el que Joe y yo habíamos estado varias veces. De niña, y aun de adolescente, yo había pescado con frecuencia en ese paraje en compañía de mi papá y de Arthur Mason.

Nunca olvidaré el día que pasé ahí con mi papá y Joe, con quien no me había casado todavía.

Los ángeles me dijeron:

—Lorna, camina canal arriba y deja que tu papá y Joe pesquen solos.

Yo repliqué:

—No puedo irme así nada más. ¿Qué pretexto les daría? —pero ellos no me contestaron—. Bueno —añadí—, les diré que iré a buscar moras.

Fui a la cajuela del coche, saqué un vaso y les dije a Joe y a mi papá:

—Subiré un poco por el canal para buscar moras.

No me hicieron mucho caso; inclinaron levemente la cabeza mientras proseguían en la preparación de sus cañas de pescar y murmuraron "Sí".

Me marché. Después de caminar un corto trecho, me detuve y volteé. Vi que mi papá charlaba con Joe y que ambos tenían la caña de pescar en las manos, listos para lanzarla. Oí entonces que alguien me llamaba, así que seguí caminando. No sé cuánto caminé cuando de pronto tropecé con unos arbolitos y los ángeles me dijeron que aguardara ahí. Mientras esperaba me puse a buscar moras, sin consultárselo a los ángeles. Unos minutos más tarde oí que alguien me llamaba otra vez entre los árboles y me di vuelta. Sonreí cuando el Arcángel Miguel salió de la arboleda y se acercó a la orilla del canal.

A veces se vestía como pescador y eso me encantaba. Sonreí y le dije:

—¿Sabes qué, Miguel? Ya no necesitarás esas grandes botas; ahora ningún pescador tiene que meterse al agua.

Él dijo:

—Lo sé, Lorna.

Sus botas desaparecieron en un instante y en su lugar apareció un viejo par de zapatos maltrechos y descuidados.

—Ojalá yo pudiera modificar mi atuendo así de rápido —le dije—; de seguro sería muy práctico.

No me contestó, sólo dijo:

—Lorna —y se dirigió a la orilla del canal con una caña de pescar en la mano—, estoy aquí para recordarte que un día deberás escribir sobre Dios y nosotros.

Yo repuse:

—Espero que en realidad no te refieras a mí.

—Lorna, cuando digo tú, Dios y nosotros me refiero a Dios, a nosotros los ángeles y, sí, a ti y tu vida. Pero Dios quiere que te dé otro mensaje: llegará el momento en que él te permitirá ver a través de sus ojos. Y quizás alguna vez te permita revelar esto al mundo.

Le pregunté:

—¿Qué quieres decir? —sus palabras me habían sacudido tanto que agregué en un susurro—: ¿ver a través de los ojos de Dios?

—Sí —contestó, me sonrió y tocó mi mano, lo que me llenó de paz y amor.

Estaba a punto de hacerle otra pregunta cuando dijo que tenía que marcharse y justo antes de que desapareciera me recordó que debía orar.

Desde aquel día he rezado pensando mucho en ese mensaje que el Arcángel Miguel me dio. Supongo que me aterré y temí que Dios me permitiera ver a través de sus ojos.

Volví despacio al lado de Joe y papá y encontré algunas moras en el camino. Joe había atrapado un pequeño lucio y estaba muy orgulloso de ello. Aunque tengo permiso para confiarte algunas de las cosas que Dios me ha permitido ver a través de sus ojos, no te las revelaré todavía. Tendrás que esperar.

Hace dos años estaba sola en casa; Megan había ido con su hermana a Dublín.

Planchaba en el piso de arriba, a fin de ponerme al corriente en mis deberes, cuando un ángel se asomó por la puerta, me dijo: "¡Hola, Lorna!", y desapareció.

Sucedió muy rápido. Yo no estaba segura de que hubiera reconocido al ángel y continué con mi tarea. Media hora después, al terminar de planchar, decidí que merecía una taza de té y bajé por ella.

Cuando entré al granero con la taza de té en la mano, me llevé una enorme sorpresa: sentados a la mesa estaban el Ángel Hosus, el Ángel Elías y el Ángel Bloema (el Ángel Bloema tiene siempre una apariencia femenina y viste una hermosa seda azul cielo. Suele acompañar a los demás ángeles que están siempre presentes en mi vida. Aunque participa con frecuencia en la conversación, nunca le he preguntado por qué está conmigo).

—¡Hola, Lorna! —dijeron simultáneamente.

—¡Vaya sorpresa! —contesté—. ¿Qué hacen aquí?

—Vinimos a hablar contigo sobre nosotros.

—¿Sobre ustedes los ángeles?

—Sí —respondió el Ángel Hosus, así que yo jalé una silla, me senté a la mesa con ellos y sorbí mi taza de té.

Cuando reparé en que no les había ofrecido té, les dije:

—¡Ay, perdón!, ¿gustan una taza de té? Si hubiera sabido que iban a venir, habría sacado unas tazas como lo hice hace unos años, aunque sé que ustedes no toman té.

Todos sacudieron la cabeza, dijeron "No, Lorna, gracias" y me dirigieron una generosa sonrisa. El Ángel Hosus me hizo reír cuando frente a él apareció una taza que fingió llevarse a la boca.

—Lorna —me dijo—, comenzarás a escribir tu libro dentro de uno o dos años.

—Espero que así sea —repliqué.

—Hay algo que te preocupa constantemente, algo que sabemos que a últimas fechas ha estado particularmente en tu mente.

—Sí —le dije— y es esto: ¿por qué a los ángeles no se les reconoce ni se les toma en serio? —pregunté entre risitas—. Me avergüenza mucho decir esto, pero a ustedes se les considera triviales y me duele decírselos.

Sentí en ese instante que una mano se posaba en mi hombro. Era el Arcángel Miguel.

—¡Hola, Lorna! —me dijo.

—¡Hola, Miguel! —contesté—. Me alegra que estés aquí.

—Queremos que hables de esto, Lorna, y te ayudaremos a hacerlo.

—¡Ay, Miguel, no sabes cómo me avergüenza saber que millones de personas en todo el mundo piensan eso de los ángeles! Y sé que se debe a que les da pena admitir que tienen un ángel guardián o cualquier otro ángel, porque temen que se les ridiculice y que ellas terminen burlándose de sí mismas. Sé que yo sentía lo mismo; supongo que tenía miedo de hablar acerca de Dios y de ustedes.

—Escribe lo que acabas de decir, Lorna.

El Arcángel Miguel indicó entonces que debía marcharse y desapareció.

Les pregunté a los demás ángeles que estaban en la mesa:

—¿Ustedes tienen que irse también?

—No —respondieron—, podemos quedarnos otro rato, para continuar nuestra charla contigo.

El Ángel Elías dijo:

—Escribe sobre lo bueno y lo malo de que los ángeles hayan sido comercializados.

El Ángel Hosus me habló a continuación de algunas de las formas en que se utiliza a los ángeles como símbolos y de cómo éstos se han comercializado hasta el punto de convertirse en un gran negocio, como la religión misma, que se ha comercializado por igual. Conversamos otro rato y luego ellos también dijeron que tenían que irse y desaparecieron.

Dos años después, sentada frente a mi computadora me pregunto cómo puedo tocar ese tema. No quiero ofender a nadie. Tampoco esta vez estoy sola en la habitación; los ángeles están conmigo y hoy es un día frío y húmedo. Cuando me asomo a la ventana veo que hay neblina en las montañas. He visto ovejas en los campos en compañía de sus pequeños corderos y eso ha llenado de alegría mi corazón, el solo hecho de ver que los corderitos separan las cuatro patas del suelo. Para descansar de escribir, hago labores domésticas como lavar los trastes o lavar ropa y, desde luego, tomo muchas tazas de té.

Quizá la cuestión por formular sea por qué los ángeles fueron comercializados y trivializados. El Arcángel Miguel está de nuevo conmigo el día de hoy y ya le hice esa pregunta.

—Lorna, la humanidad está menos vinculada en los tiempos modernos que en el pasado, por diversas razones. Debo decir que la gente estaba antes más unida a la naturaleza y a su lado espiritual. Cuando la sociedad se industrializó, la gente se levantó contra la injusticia y a favor de la igualdad y su mente se volvió más abierta. La humanidad quería aprender más, descubrir, pero empezó a desconocer su lado espiritual, su alma. ¿Sabes qué, Lorna? Pese a todo, la humanidad tiene todavía hambre y sed de saber más. Recuerda lo que Dios te dijo.

—Sí, recuerdo que la gente tiene hambre y sed de conocimiento, de saber que hay algo más alto en la vida, que tiene un alma, que vivirá por siempre y que el cuerpo es lo único que muere y se convierte en polvo. La gente vive gracias a su alma, Arcángel Miguel. Hoy vemos que se venden muchas imágenes de Jesús, María, los santos y los ángeles. Sé que en muchos destinos turísticos, por ejemplo, se venden imágenes de ángeles y que hay tiendas que comercian hermosas imágenes y libros de ángeles.

"Sé también —continué— que hay quienes ven con malos ojos esas cosas, pero yo no tengo nada contra ellas. He visto preciosas tarjetas y carteles con bellas imágenes de ángeles. Sé que el hombre jamás podrá estampar en una imagen la belleza de un ángel, porque Dios no ha permitido que eso suceda; aunque espero que esto cambie en el futuro.

"Arcángel Miguel —añadí y miré a los demás ángeles que me acompañaban—, es probable que, en cierto sentido, muchas tiendas modernas de los centros comerciales saquen provecho de que la gente desea tener imágenes de ángeles, pero éstas la consuelan y le dan esperanza. Yo veo pequeños prendedores con figuras de ángeles. Son muy bonitos, y muchas personas los usan porque las hacen sentir seguras y protegidas. Reconocen, en cierto modo, que tienen un ángel de la guarda y para mí eso es bueno, Miguel.

"Creo que la comercialización de los ángeles contribuye más bien a que la humanidad recupere su espiritualidad y comprenda que somos mucho más que seres de carne y hueso, que tenemos un alma, que somos capaces de hacer cosas increíbles y maravillosas gracias al alma, si permitimos que nuestra espiritualidad se desarrolle. Arcángel Miguel, ojalá la humanidad no temiera ese lado de sí misma, es parte de su propia evolución. ¿Por qué la humanidad no despierta?

—Tú ayudas a la humanidad a despertar, Lorna. Haces justo lo que Dios te ha pedido —respondió.

Yo he visto que hombres y mujeres de negocios con un alto nivel de estudios, personas que asistieron a las mejores universidades, creen estar por encima de la espiritualidad. He visto esta idea en pequeñas empresas, grandes compañías multinacionales, gobiernos y otras instituciones de liderazgo en el mundo entero. Mientras que los líderes, las personas con poder, deberían guiar a la gente hacia el camino correcto, lo cierto es que no escuchan lo suficiente la voz interior del lado espiritual de sí mismos, esa voz que los anima a ser éticos y justos y a luchar por remediar los males del mundo en beneficio de todos; a dar amor y paz para que todos podamos tener un futuro.

—Arcángel Miguel, pido sin cesar por los líderes del mundo y las personas con poder para que tomen un poco más de conciencia de que deben pedir orientación a Dios y sus ángeles guardianes, porque, si lo hicieran, el mundo sería muy diferente.

La humanidad ha dado un giro equivocado en numerosas ocasiones a lo largo de la historia, como cuando empezó a desconocer que los seres humanos tenemos alma. Si fuera un poco más espiritual y creyera que existe algo que la rebasa, nuestro planeta no languidecería a causa de la contaminación y no tendríamos guerras ni grandes desplazamientos de hombres, mujeres y niños que sufren todos los días. Si los seres humanos creyéramos realmente en Dios y supiéramos que tenemos un alma y un ángel guardián, no nos provocaríamos tanto dolor unos a otros. No permitiríamos que los niños del mundo sufrieran y murieran de hambre, de sed y de frío. Las personas que tienen el poder en las instituciones religiosas no usarían la fe como un arma letal con la que autorizan matar y destruir. Si hubiéramos permitido que nuestro desarrollo espiritual avanzara durante la Revolución Industrial, veríamos la luz del alma en cada niño, lucharíamos por la igualdad en todos los ámbitos y la vida no se reduciría a la economía y el dinero, sino que consistiría en crecer espiritualmente, en lograr que el alma se entrelace con el cuerpo humano.

Como ya dije páginas atrás, el alma reside en nuestro interior y llena cada parte de nosotros, pero está aparte. Leer mis libros ayuda a menudo a la gente a reconocer esto, aun cuando no siempre sea de un modo plenamente consciente. Leer mis libros hace a las personas cambiar porque alienta al alma a avanzar, nos ayuda a reconocer que la poseemos y la aceptamos. Cuando el alma progresa, nuestra relación con Dios se fortalece. Podemos sumergirnos en un profundo estado de oración y contribuir de esta manera al proceso de vinculación del alma con el cuerpo, a fin de que éste se transforme, sea más ligero y más espiritual y no vuelva a padecer nunca más. Así es como la humanidad está destinada a evolucionar ahora.

Le dije al Arcángel Miguel:

—¡Si hubiéramos permitido que eso pasara, quizás ahora estaríamos en la etapa en que muchas madres y padres serían capaces de ver el ángel de la guarda de sus hijos!

—Sí, Lorna —respondió—, esa etapa estaría mucho más cerca, no tan lejos como me temo que se encuentra ahora.

—¿Quieres decir, Arcángel Miguel, que el hombre ha comercializado a los ángeles sólo porque la humanidad teme y en un nivel profundo sabe que obra mal? Otra manera de decirlo es que la humanidad huye de sí misma.

—Sí, Lorna, aunque a veces el hombre usa a Dios como pretexto para obrar mal. Diversas religiones temen que la gente establezca contacto con Dios y sus ángeles; temen perder el control de sus fieles, mientras que los ángeles de Dios se empeñan en lograr que la gente vuelva a él. No olvides, Lorna, que a muchas personas les interesa lo sobrenatural y persiguen fantasmas.

—Sí, lo sé, Miguel. Se obsesionan con lo sobrenatural, atraídas por la idea de buscar fantasmas y casas embrujadas. Esto tiene que ver con la esperanza de encontrar otro lado de la vida, más allá de lo material, pero esa búsqueda tiende a ser dañina. La Ouija es muy peligrosa, lo mismo que consumir drogas para tener experiencias espirituales. Es demasiado fácil fascinarse con el otro lado, con el diablo.

El Arcángel Miguel dijo:

—Sí.

Debía irse entonces y desapareció.

Aunque muchas personas consumen drogas para tener experiencias espirituales, deben recordar que esas experiencias no son reales. Están contaminadas por "el otro lado"; entiendo éste como el lado malo, que muchos llaman el diablo. Consumir drogas en busca de experiencias espirituales puede trastocar tu mente. Puede ser muy divertido en el momento, pero yo te recomendaría que no lo hagas. Al paso de los años he conocido a personas que lo han hecho y que acabaron en el colapso mental y con numerosas dificultades en la vida. No necesitas consumir drogas para tener experiencias espirituales verdaderas. Medita sin drogas, sumérgete en un profundo estado de oración, pide a tu ángel de la guarda que te ayude a abrirte y que te permita notar las cosas espirituales que ocurren en tu vida diaria. Podrás decir entonces que has tenido una experiencia espiritual verdadera, no contaminada por esa fuerza del mal a la que le gusta timar y engañar al mundo.

Ya oscureció. Ahora hay dos ángeles conmigo en la habitación; todos los demás se han marchado, incluso el Ángel Hosus. Uno de ellos está en la entrada. Aunque su apariencia no es masculina ni femenina, lleva puesto un hermoso y suelto manto verde y es de aspecto muy masculino. Le sonrío al otro, que aparentemente está sentado en la impresora, aunque no la toca; si en verdad estuviera sentado en ella la rompería, la aplastaría. Él sólo me sonríe mientras digo esto y un micrófono recoge cada una de mis palabras y las reproduce en la pantalla. Este ángel está vestido de muchos colores.

Me dicen entonces que debo terminar pronto y yo replico:

—De acuerdo; permítanme nada más escribir un poco más.

Escribiré ahora de la época en que nació mi primer hijo, Christopher. Un día soleado, mi mamá llegó a visitarnos. La carriola estaba en el jardín y el bebé dormía. A mí me dio mucho gusto ver a mamá; hice una taza de té y nos sentamos en la puerta a conversar un rato. Ella dijo que tenía un regalo para Christopher y sacó de su bolsa un botón con un alfiler: era una imagen del Arcángel Miguel.

—Es para que proteja a Christopher —me explicó.

Sonreí y le dije:

—Gracias.

Era muy bonito. Cuando me aproximé a la carriola para fijar el botón en el toldillo, el ángel guardián de Christopher contempló a mi hijo con mucho amor. Yo miré a mamá sentada en la puerta sorbiendo su té y comiéndose una galleta. Mi papá no estaba ahí; había dejado a mi madre en la entrada porque tenía que ir a visitar a alguien que vivía cerca.

Me dije entonces que me agradaría mucho poder revelarle a mamá que veía a su ángel de la guarda así como la veía a ella, ahí sentada en la puerta, pero mi ángel me susurró al oído:

—No, Lorna; sabes que debes mantener el secreto.

Ese día el ángel guardián de mi mamá tenía una apariencia femenina, estaba vestido de dorado y cubría a mi madre con sus brazos. En sus manos había una luz blanca y radiante. Se veía precioso mientras rodeaba a mamá con una bella luz.

Cuando me senté junto a ella le di las gracias al ángel.

Al terminar su té, mamá me preguntó si podía llevar a Christopher a dar un paseo a la calle antes de que mi papá regresara.

—¡Por supuesto! —le dije y sacó la carriola.

Una vez que partió, yo fui a tomar del huerto algunas verduras y las metí en una bolsa para regalárselas. Esperaba con ansia su retorno; cuando oí el rodar de la carriola en la calle fui a abrir la puerta. Mi mamá se veía feliz.

Tenía unos cuantos minutos de haber regresado cuando llegó mi papá. Saqué a Christopher de la carriola y lo llevé al coche. Mi papá preguntó:

—¿Te dio tu mamá el pequeño presente para Christopher?

—Sí —contesté—, ya lo fijé en su carriola.

Él tocó con un dedo la mejilla de Christopher y dijo que lamentaba no haber podido acompañarnos. Mamá se despidió, subió al coche y le enseñó a papá la bolsa de verduras. Se marcharon un momento después.

Supongo que si no hubiera sido por la comercialización de las imágenes de los ángeles, mi mamá no habría podido obsequiarme ese pequeño prendedor del Arcángel Miguel. No sé dónde lo compró, quizás en una tienda católica. Muchos abuelos, amigos, tías, tíos y hasta niños compran objetos relativos a los ángeles para regalárselos a quienes aman. Algunos de ellos son como el mío, un botoncito con la figura de un ángel. Veo que personas de todas las edades los llevan en el saco o el abrigo. En ocasiones, alguien me dice que adquirió un presente de un ángel y me enseña un prendedor o una medalla.

Cuando hacemos a alguien un obsequio con la imagen de un ángel, le ayudamos a recordar a su ángel de la guarda y a todos los ángeles que Dios ha puesto en el mundo. Esto nos ayuda a recordar que no estamos solos.

En el pasado, antes incluso de que se construyera la Sainte-Chapelle, la Iglesia católica ya obtenía dinero de la venta de imágenes religiosas, como medallas de Nuestra Señora, Jesús y el Arcángel Miguel, así que esto ocurre desde hace mucho tiempo. Si los ángeles no fueran comercializados en nuestros días, no podríamos hacerles esos pequeños presentes a quienes amamos y a nuestros amigos. Yo llevo con frecuencia en mi bolso un ángel que me regaló un desconocido; es una cuenta transparente, lisa y redonda con un ángel adentro, y tenerla en la mano me brinda una sensación reconfortante. Conozco a mucha gente en todo el mundo que porta símbolos de ángeles, sea en su persona o en sus pertenencias, así que a quienquiera que haya iniciado la comercialización de los ángeles *yo le doy las gracias*. Esto nos recuerda nuestro lado espiritual y que somos mucho más que sólo seres de carne y hueso.

Hace unos cuatro años conocí a un joven cuando paseaba por un pequeño parque de Londres. Él llevaba a su pequeña hija en una carriola y su esposa caminaba a su lado.

Se acercaron a mí y él me preguntó:

—Usted es Lorna Byrne, ¿verdad?

Sonreí y contesté:

—Sí.

Me dijo que se llamaba Stephen, me presentó a su esposa, Joan, y me explicó que su hija se llamaba Lisa. Luego me contó que cinco años atrás no creía en los ángeles, en Dios ni en nada de eso; que si alguien le hubiera dicho que había visto a un ángel, él se habría reído y respondido: "Estás borracho o drogado". Me explicó que había pasado por un momento difícil en el que todo le salía mal, así que un amigo suyo, llamado Paul, le regaló una pequeña imagen de un ángel.

Le dijo a su amigo:

—¡No la quiero!

Paul insistió:

—Tu ángel puede ayudarte.

Stephen se rio de su amigo, quien de todas formas le metió el ángel a la bolsa. Días después, al subir a su coche para volver a casa, Stephen buscó dinero en su bolsa y encontró esa pequeña imagen. La miró, pensó en los ángeles y se preguntó si acaso él tenía uno.

Le dijo:

—¡Ayúdame!

Acto seguido la arrojó al tablero del coche y no volvió a pensar en eso, pero días más tarde descubrió que no podía dejar de pensar en aquella imagen. ¿Y si efectivamente él tenía un ángel de la guarda? No paró de pedirle ayuda, y notó que las cosas empezaban a cambiar en su vida. Conoció a su bella esposa y dos años después tuvieron una hija.

Tras conversar un rato, justo antes de que se fueran les dije:

—Fijen un ángel en la carriola de su hija, donde ella no pueda alcanzarlo, para que les recuerde lo afortunados que son; tienen una hijita preciosa —luego nos despedimos.

Éste es un ejemplo de cómo la comercialización del símbolo de los ángeles —una pequeña imagen, un botón o una medalla— nos ayuda a tomar conciencia una vez más de que los ángeles nos rodean. Nos recuerda que tenemos un lado espiritual, un lado del que aún pareceríamos temer que tenga hambre y sed de saber más. Estamos siempre en busca de una fuerza sobrenatural que nos recuerde lo que realmente somos: hijos de Dios.

Los ángeles son un eslabón que él mismo nos ha dado, un eslabón entre él y nosotros como seres humanos: nuestra alma. A veces nos resulta más fácil creer en los ángeles que en Dios, porque lo culpamos de todo lo malo que hay en el mundo. Sé que si Dios no hubiera permitido que sus ángeles se comercializaran, ningún editor habría aceptado mis libros. Yo no habría podido hacer lo que él me pide; habría sido rechazada. La comercialización de los ángeles abrió una puerta que Dios quiso que yo atravesara para que pudiera conocer el eslabón entre los ángeles y tú. Esta relación pasa por tu alma, el vínculo entre Dios y tú.

Si los ángeles no hubieran sido comercializados hace mucho por la Iglesia católica y otros credos, yo no habría tenido dinero para hacer todo lo que hago, porque en el mundo actual todo cuesta. Me alegra mucho que Dios haya permitido que los ángeles se comercializaran para que yo pudiera llevar a cabo la labor que él me encomendó. Si la gente me cree o no, no importa, siempre que yo haga lo que Dios quiere. A ti te corresponde decidir.

Capítulo 16

# Ángeles todos los días

En ocasiones, la gente me dice que siente curiosidad por saber cómo interactúo con los ángeles día a día, aun en materias relativamente carentes de importancia, así que eso es lo que describiré ahora.

Hoy viernes me pasaron muchas cosas, de modo que te contaré algunas de las que formaron parte de mi día. Había planeado escribir el día entero y no salir de casa, pero me temo que Dios y los ángeles tenían otros planes.

La mañana fue fría y llovió toda la tarde. Cuando el Ángel Hosus me dijo: "Lorna, ¿no crees que deberías parar y tomarte un descanso?", yo contesté:

—No, acabemos esto, es muy temprano aún.

Él repuso:

—Lorna, los ángeles te conocemos bien; no tomarás un descanso a menos que hagamos algo al respecto.

Me encogí de hombros, no le hice caso y continué con mi trabajo.

Cuando mi hija Ruth llamó por Skype, apagué el Dragon Net —mi programa de dictado— para poder hablar con ella.

Le dije al Ángel Hosus:

—Al fin te las ingeniaste para que hiciera una pausa.

Para mi asombro, el Skype no funcionaba bien; mi hija me oía con claridad pero yo a ella no. Por más que intenté, no pude resolver el asunto así que le dije a Ruth:

—Tendré que llamarle a mi amigo para que repare mi computadora.

Replicó:

—¡No puedes llamarle hasta por el menor detalle, mamá!

Trató de ayudarme a arreglar el Skype pero no pudo, así que se rindió. Nos despedimos a través de mi móvil. Yo vi la hora; eran más de las doce.

Me dirigí al Ángel Hosus y le dije:

—¡Podrías haber ayudado! Sabes que tengo programada una entrevista con la escuela de Australia; muchos niños ansían hablar conmigo.

—Llámale a Gavin —él comentó.

Lo hice y mi amigo me dijo que haría todo lo posible por venir a casa a hacer la reparación.

El Ángel Hosus me recordó entonces que debía ir a Kilkenny porque no tenía cargador para mi teléfono; lo había dejado en Cork. A esas alturas yo estaba ya muy estresada y protesté:

—¡No es justo! Hoy quería hacer muchas cosas.

El Ángel Hosus se rio de mí en silencio; tengo que reconocer que no hizo alharaca. Cuando hablé por teléfono con mi amigo Gavin le avisé que tenía que ir a Kilkenny; él me pidió que le llamara al regresar para que se presentara a resolver mi problema.

Me fui a Kilkenny. El coche estaba lleno de ángeles y el Ángel Hosus iba sentado en el asiento del copiloto. No le dije una palabra; recé mientras manejaba. Justo a las afueras de Kilkenny hice escala en la gasolinera, pues decidí que era buena idea llenar el tanque porque a la mañana siguiente saldría para Dublín a las siete y media. Había cambiado de auto recientemente; mi yerno y mi hija Ruth me dieron el suyo. Era un coche decente y me advirtieron que no cometiera el error de ponerle gasolina, porque era de diésel, por tanto distinto a mi antiguo coche. Yo estaba muy consciente de eso, así que cuando bajé del auto me fijé en las bombas; pese a que creí que hacía lo correcto, al parecer no fue así.

El Ángel Hosus me dijo:

—Lorna, ésa es la bomba equivocada.

—No, no lo es —reclamé—. Quiero hacer esto sola. Tengo que aprender a no ponerle el combustible equivocado a este coche, así que déjame en paz y permíteme que lo haga sola.

Retiré otra vez la mano de la bomba de gasolina y miré, pero el Ángel Hosus sacudía aún la cabeza en señal de negación.

Dije de repente en voz alta:

—Sé que estoy haciendo lo correcto.

Por supuesto que los ángeles no me han dado nunca información equivocada, pero soy muy testaruda y enojona, y a veces quiero aprender a hacer las cosas sin su ayuda.

Tomé una de las bombas y la metí en el tanque de combustible. El Ángel Hosus gritó:

—¡No! ¡Detente, Lorna! Ésa es la bomba equivocada.

Como no me detuve de inmediato, en el coche entró un poco de gasolina.

Interrogué al Ángel Hosus:

—¿Cómo fue que cometí ese error?

Él me tranquilizó:

—No te preocupes, todo va a estar bien. No cayó demasiada gasolina en el tanque de diésel.

—¡Detesto ser disléxica —le dije— y ver todo al revés! Aunque una bomba es negra y la otra verde, tomé la incorrecta; sé que debí tomar la negra.

Hosus dijo:

—Llámale a tu mecánico.

Así lo hice y él contestó. Me sentí muy aliviada, porque también él dijo que no debía preocuparme; todo estaría bien, concluyó después de hacerme muchas preguntas.

Me indicó:

—Ahora llene el tanque con diésel y confirme que utiliza la manguera correcta.

—Adiós y gracias —le dije.

Le pedí al Ángel Hosus:

—¿Podrías poner tu mano en la bomba que debo usar, por favor?

—Claro que sí, Lorna —contestó.

Llené el coche con diésel.

Cuando fui a pagar, el señor del mostrador me comentó:

—Parece que cometió un error; espero que no le haya puesto a su auto mucha gasolina.

Le dije cuánto le había puesto y él también aseguró que no era nada y se rio de mí, aunque en forma muy comprensiva. Recé mientras volvía al coche y cuando llegué el Ángel Hosus ya estaba sentado en el asiento del copiloto. No le dije una sola palabra, sólo encendí el motor y arrancó sin problemas. Fui a la ciudad de Kilkenny y compré un cargador para mi teléfono.

Caminaba de regreso al auto aún en compañía del Ángel Hosus cuando dijo:

—¿No quieres ir a tu restaurante favorito a tomar una taza de té y comer algo? No has comido en todo el día y ya son las dos.

Respiré hondo y contesté:

—Sí, de acuerdo.

Comí algo y me relajé un rato en el restaurante, tras lo cual me encaminé a casa. En cuanto llegué le llamé a Gavin y le dije que ya estaba en mi hogar; me dijo que saldría de Kilkenny de inmediato para venir a verme. Lo hizo y reparó el Skype.

Cuando se fue le dije al Ángel Hosus:

—No sé para qué hago planes si ustedes y Dios me los cambian siempre. Ya debería saberlo a estas alturas.

Media hora después él cubrió la pantalla con su mano y le dije:

—Puedo ver que tu mano se interpone en mi camino.

Repuso:

—Mira el otro monitor, Lorna; la cámara de seguridad.

Lo hice y vi que una camioneta blanca llegaba frente a mi portón. Reconocí al hombre que bajó, quien abrió la puerta.

Me paré y me quejé con el Ángel Hosus:

—¿Qué traman ustedes ahora?

Él respondió:

—Necesitas un descanso.

Bajé. El señor que acababa de llegar estaba atrás de la casa; y aunque no sé cómo se llama, lo he visto muchas veces al cabo de los años. Tomaba la lectura del medidor de electricidad; estaba lloviznando y había una brisa muy fuerte. Fui a saludarlo y, para protegernos, pasamos juntos a la parte techada de la casa, donde platicamos unos diez minutos. En un momento dado no pude evitar sonreír, porque vi que un grupo de ángeles llegaba hasta la camioneta blanca y cruzaban el portón. Se acercaron y se pararon frente a nosotros. Yo sabía que el señor no podía verlos; y que ellos escribían todo lo que él decía. Me acompañaron al portón, donde me despedí de él; algunos ángeles se fueron con el señor, otros se quedaron y me siguieron a la casa. Le pedí a Dios que protegiera la salud de aquel hombre; yo sabía que tenía muchos malestares.

Volví arriba; el Ángel Hosus estaba sentado en mi silla y le dije:

—Ya descansé y tomé un poco de aire fresco, aunque hacía frío y llovía. ¿Ahora me devuelves mi silla, Ángel Hosus? —giró en ella y sonreí—. Siempre eres muy bueno para levantarme el ánimo.

—Eso es parte de mi trabajo —dijo.

Aquel día ocurrieron muchas otras cosas y lo único que puedo decir es que no sé cómo me las arreglé para escribir de todos modos casi seis mil palabras. Debo escribir cien mil o más, de tal forma que aún me falta un largo camino por recorrer.

Al final el Ángel Hosus dijo:

—Lorna, apaga tu computadora; ya hiciste suficiente.

Así, sólo me resta desearles buenas noches a todos.

¡Hola! Sí, te hablo a ti, sea que estés sentado en una silla, en tu cama o en una banca del parque; quizás estés de vacaciones y hayas decidido leer este libro. Sí, te hablo a *ti*. Muchas personas me han hecho una pregunta que podría estar ahora en el fondo de tu mente: quieren saber cómo pueden sentir la presencia de su ángel de la guarda. Respondo siempre eso de diferente manera, porque cada persona experimenta esa comunicación en una forma diferente. Cada ángel guardián se comunica con su protegido en distintos niveles. Dios encomendó a tu ángel guardián que cuidara de tu hermosa alma. Ésta atrae a tu ángel hacia ti. Muchos ya saben que si piden ayuda en la oración —porque les preocupa una entrevista de trabajo, por ejemplo—, sienten en respuesta un cosquilleo o una brisa fresca en la cara o en la mano, o experimentan una breve sensación de paz, o comezón en el dedo meñique. Es su ángel guardián el que se deja sentir de ese modo. Tu ángel podría provocarte esas sensaciones para que aprendas a reconocerlas como una manifestación de su presencia. Pero algo que quizá no sepas y que podría ser contrario a la norma o a las expectativas de todos, es que ningún ser humano en el mundo, hombre, mujer o niño, siente la presencia de su ángel guardián exactamente igual que otro. Cuando veo que un ángel guardián hace sentir su presencia a su protegido, él me dice siempre, incluso si hace algo tan simple como soplar suavemente en la cara de esa persona, que su soplo produce una sensación distinta al soplo de todos los demás ángeles. Creo que eso es increíble.

Desde que yo era niña he practicado siempre un juego con mi ángel de la guarda. Aún de adulta lo practico, y sé que tú puedes hacer lo mismo con tu ángel guardián; todos podemos. Quiero que aproveches este libro lo más posible. Digo esto porque tu ángel de la guarda quiere ayudarte a que sientas su presencia a tu lado. Se me ha pedido recordarte que 99.9 por ciento de las veces sientes más la presencia del alma de un ser querido que la de tu ángel guardián, pero él puede ayudarte a sentirlo de numerosas formas. Muchos saben ya que puede ser una sensación de cosquilleo o una brisa fresca. Hay muchas otras sensaciones que tu ángel de la guarda puede ofrecerte para que experimentes su presencia y sepas que está contigo. Puedes practicar con él este juego en cualquier momento.

Hace poco salí a dar una vuelta a la calle, le dije a mi ángel de la guarda:

—Juguemos el juego de la punta de los dedos.

Éstas son las palabras que he usado siempre desde niña, porque son las que mi ángel me dijo entonces:

—Juguemos algo, Lorna.

(Aunque en cierto sentido yo no necesitaba aprender un juego como ése, terminé por darme cuenta de que los ángeles me lo enseñaron para que yo pudiera enseñárselo a los demás.)

—¿Qué? —pregunté.

Mientras levantaba su mano dorada y movía los dedos en cámara lenta, contestó:

—El juego de la punta de los dedos.

Repetí sus palabras:

—El juego de la punta de los dedos —me reí—: ¡Qué nombre tan gracioso!

Es el mismo juego que practiqué el otro día con mi ángel de la guarda cuando paseaba por la calle.

Le pregunté:

—¿Cómo puedo explicarles esto a los lectores?

—Diles que se paren frente al espejo —respondió— y saluden a su ángel de la guarda.

—Ésa es buena idea —dije—, que usen el espejo.

Eso es justo lo que quiero que hagas: que te pares frente al espejo, listo para mover tu mano izquierda o derecha, con la que escribes. Mira tu reflejo en el espejo. Ahora alza la mano. Extiéndela y abre un poco los dedos para que no se toquen entre sí. Mira tu reflejo en el espejo e imagina que es tu ángel de la guarda el que te mira y tiene su mano al mismo nivel que la tuya.

Lo primero que tu ángel quiere que hagas es que acerques lentamente la mano al espejo, lo suficiente para que toques tu reflejo con la punta de los dedos y sientas su suave contacto con el espejo. Mueve cada dedo y mantén la punta en el espejo un momento, o el tiempo que quieras. Toca el reflejo de las puntas de tus dedos pero imagina que son las de tu ángel de la guarda. Quizá tengas que practicar este juego muchas veces. Luego de ciertas repeticiones, es probable que tu ángel guardián empiece a procurarte alguna sensación que te haga sentir su presencia.

Cuando estés listo, deja de practicar este juego frente al espejo. El siguiente paso es que le pidas a tu ángel de la guarda que se pare frente a ti y él lo hará. Imagínalo de pie ahí, igual que cuando imaginaste que tu reflejo en el espejo era tu ángel guardián. Mantén con él la misma distancia que guardaste con el espejo. Él se parará frente a ti. Tan pronto como alces la mano, tu ángel de la guarda pondrá su mano ante la tuya. Siente entonces sus dedos. Aunque quizá no sientas nada al principio, te aseguro que con el tiempo, al golpetear la punta de un dedo de tu ángel con tu propia punta, experimentarás alguna sensación, y tal vez algo más que una sensación. Permanece así un momento; permítete hacer ese contacto. Después retira ese dedo y golpetea con el siguiente. No te olvides del pulgar. Puedes comenzar indistintamente con el dedo meñique, medio o pulgar; a tu ángel no le importa cuál uses. Éste es un juego maravilloso. Puede ser que te descubras sonriendo o que un pensamiento gracioso llegue a tu mente. Todas estas son reacciones posibles porque, al golpetear tus dedos con los de tu ángel de la guarda, él te ayudará a tomar conciencia de tus sentidos para que puedas experimentar su presencia.

Algunas de las sensaciones que tu ángel guardián puede procurarte para que experimentes su presencia son un cosquilleo o una leve carga eléctrica, muy suave o muy fuerte, tanto que podría hacerte saltar.

Si esto sucede, dale las gracias a tu ángel.

Habla con él y dile: "Juguemos de nuevo".

Puedes pedirle que sea un poco más delicado o un poco más claro. Recuerda que la forma en que él se comunica contigo podría parecerte igual que la de otra persona pero, como ya dije, no es así. Siempre me río cuando mi ángel de la guarda me da un choque eléctrico muy fuerte, que llega a la punta de mi dedo desde la suya. No duele. Conforme avances y hagas esto con las puntas de los dedos podrás sentir como si tocaras algo tan suave que no puedes explicarlo o tan caliente que quema, como si pasaras el dedo por la flama de una vela o tocaras un cubo de hielo.

Pese a que son muchas las sensaciones que tu ángel de la guarda puede depararte, la que te destine será exclusivamente para ti, como ya dije. Ningún otro hombre, mujer o niño puede experimentar esa sensación igual que tú. Deberás conocerla muy bien, entenderla a la perfección, para que puedas sentir en verdad la presencia de tu ángel. Éste no es un juego para practicarse en una sola ocasión. Tu ángel de la guarda te ayudará a trabajar en esa sensación, a intensificarla, a sentir su presencia: la de tu ángel de la guarda y de ningún otro.

Cuando moví el ratón de mi computadora, mi ángel de la guarda puso su hermosa mano sobre la mía y me murmuró al oído:

—No olvides, Lorna, que la gente debe hacer esto durante toda su vida. El ángel guardián de cada quien puede enseñarle muchas cosas para ayudarnos a transitar por la vida.

Yo le dije:

—¿Crees que los lectores puedan hacerlo?

—Sí, Lorna. Sé que te consta que todos tus lectores pueden hacerlo y que no tienes la menor duda de eso. Sabes que su ángel guardián es tan real como ellos y por eso pueden hacerlo.

—Sí, sí pueden —confirmé mientras él alejaba poco a poco su mano de la mía.

Él dijo:

—Lorna, di el pensamiento que acaba de cruzar por tu mente. Díselo personalmente a los lectores.

—Está bien, esto es para los lectores: sé que todos ustedes pueden hacerlo; no me cabe la menor duda. Su ángel de la guarda es tan real como ustedes y por eso pueden percibirlo. Su propio ángel no cesará de intentarlo. Pueden aprender a sentir la presencia de su ángel de la guarda. Recuerden que él no puede ser el ángel de nadie más, sólo de ustedes. Su ángel de la guarda les pertenece exclusivamente.

Capítulo 17

# Una oración para aprender a escuchar

El otro día yo estaba en el huerto y reparé en las flores que empezaban a brotar. Aunque hacía frío, brillaba el sol. Me senté en un tronco, oré un rato y de pronto oí que alguien me llamaba. Abrí los ojos y cuando alcé la mirada vi que el Arcángel Miguel venía hacia mí. Sonreí porque él vestía muy ordinariamente, de jeans y chamarra tipo esquimal, aunque lucía tan guapo como siempre; es imposible confundirlo con cualquier otra cosa que no sea un ángel.

Le dije:

—¡Hola! Estoy muy contenta de verte.

Él respondió:

—Continúa con tu rezo, Lorna; yo rezaré contigo.

Se paró junto a mí, yo cerré los ojos y proseguí con mi oración.

Los ángeles nos acompañan todo el tiempo cuando rezamos. Aunque tu ángel de la guarda reza siempre contigo, y lo mismo hacen los Ángeles de la Oración, a mí me fascinan las ocasiones especiales en las que el Arcángel Miguel reza conmigo. He preguntado si puedo revelar más sobre lo que ocurre cuando él reza conmigo, pero se me ha dicho que no. Quizás en otro momento; Dios no me lo ha permitido aún. Pese a que no sé cuánto tiempo rezó conmigo ese día el Arcángel Miguel, cuando él me tocó supe que era hora de detenerme. Al momento en que abrí los ojos, el sol ya se había puesto y sentí frío.

El Arcángel Miguel caminó hacia la casa conmigo y mientras tanto conversamos un poco. Me habló de las personas que se dan por vencidas con demasiada facilidad. Dijo que no se esfuerzan lo suficiente cuando quieren ponerse en contacto con su ángel de la guarda. Olvidan que él puede oír todos sus pensamientos y sabe qué hay en su mente antes siquiera de que ellas lo expresen.

Yo repuse:

—Eso es lo que me molesta de ustedes en ocasiones, que me pregunten qué sucede y yo se los diga aunque ya lo sepan.

El Arcángel Miguel sonrió y me dijo:

—Lorna, eso se debe a que es bueno que compartas, así como es importante que todos los seres humanos hablen con su ángel de la guarda y con Dios. Esto ayuda a las personas, sean hombres, mujeres o niños, a comunicarse entre sí. Eso es muy importante, Lorna, y la gente más abierta, que escucha a los demás y es más empática puede tomar conciencia de los ángeles con mayor facilidad. En cierto sentido, hablar con otras personas es más importante que comunicarte con tu ángel de la guarda, porque si no puedes comunicarte con tus semejantes ¿cómo esperas poder hablar con tu ángel?

—Arcángel Miguel —le dije—, pienso que ése es un gran problema en el mundo de hoy. La gente es tímida y teme sentarse a platicar con los demás; prefiere hacerlo a larga distancia. Cuando se encuentra con otros, no puede decirles ni dos palabras —y añadí mientras proseguíamos nuestro camino hacia mi casa—: Una cosa sí sé: que yo no puedo guardarte ningún secreto, ningún pensamiento que me pase por la mente.

Él replicó:

—Todo eso nos lo podrías decir en voz alta también, Lorna, porque bien sabes que, sin importar qué pienses o digas, eso nunca ofenderá a un ángel.

En tanto abría la puerta dije:

—Eso es algo que a veces me resulta difícil de entender, más allá de lo que se me haya enseñado sobre Dios y sobre ti, Arcángel Miguel, y sobre todos los arcángeles y los ángeles del cielo. Todavía no lo entiendo y creo que escapará siempre a la comprensión del hombre hasta que llegue el día en que nuestras almas se entretejan con el cuerpo humano y se vuelvan uno con él, cuando crezcamos espiritualmente. Sé que todos recurrimos a los ángeles cuando sentimos que las cosas no marchan como queremos, y hacemos lo mismo con Dios; sé que yo lo hago. Acudo siempre a Dios, pero ahora que lo pienso, no recurro muy a menudo a ustedes, los ángeles. No entendemos por qué nuestro ángel guardián no permite milagrosamente que nos suceda algo cuando así lo deseamos.

Dios tiene planes diferentes para todos a cada momento, en algunos instantes decisivos en nuestra vida y también tiene planes menores. El problema es que a menudo no advertimos sus planes y en ocasiones creemos que lo que se nos ofrece no es digno de nosotros. Deberíamos escuchar tanto como pedimos. La oración es un proceso recíproco.

Intenta escuchar. Escribí la oración que aparece más adelante para que aprendas a escuchar, a descubrir los planes y las bendiciones que Dios ha preparado para ti.

Cuanto más rezamos, más avanza nuestra alma y empieza a entretejerse con nuestro cuerpo; tomamos conciencia de los ángeles y de nuestros seres queridos. Cuanto más vivimos en armonía con ellos, más conocimiento tenemos de las intenciones amorosas de Dios para el mundo.

Cuando pedimos algo en nuestras oraciones, a veces creemos saber qué necesitamos, y si no recibimos lo que pedimos nos enfadamos. Tiempo después, cuando volvemos la vista atrás, ¡quizá nos alegra no haber recibido lo que pedimos! Sólo Dios sabe lo que necesitamos en verdad.

Y Dios siempre nos da en abundancia, más de lo que necesitamos, incluso más de lo que queremos, aunque no necesariamente percibimos las bendiciones que se nos dan.

Dios tiene siempre preparadas para nosotros, pequeñas y grandes bendiciones, quiere otorgar a cada individuo importantes y trascendentales designios, comenzando por el nacimiento y continuando, por ejemplo, con conocer a una pareja, casarse, mudarse a una gran ciudad, tener hijos, regresar a su país de origen y poner un negocio exitoso. Podría haber una asociación de bendiciones entre dos individuos, para que si no advierten de inmediato que están destinados a estar juntos, Dios los una constantemente en diferentes formas y momentos. Dios puede querer que recibamos algo muy especial y hacer todo para que suceda, como efectivamente ocurre, pero nunca infringirá el libre albedrío de un individuo.

Antes de nacer, todos conocemos las bendiciones que recibiremos en la vida: nuestros padres, las decisiones que tendremos que tomar, buenas y malas. Cuando el alma llega del cielo, Dios no quiere que la chispa de sí mismo, el alma que puso en nosotros, interfiera con el libre albedrío, pese a lo cual nos ha dado a cada uno un ángel de la guarda para que nos ayude a ser más espirituales, a percibir nuestras bendiciones, a soportar cargas pesadas y a tomar las decisiones correctas.

Todos sufrimos cosas malas en la vida, suceden todo el tiempo. En cierto sentido, todos aceptamos esos acontecimientos y afrontamos cada prueba a la que nos someten. Dios observa las decisiones que todo el mundo toma, y desde luego no siempre son las correctas, lo que conduce a las guerras, la pobreza, la enfermedad y las catástrofes ambientales.

Por eso es importante que todos pidamos por nuestros líderes, para que tomen las decisiones más adecuadas.

Pese a que la gente le sorprende todas las pruebas que he sufrido en la vida, yo no sería quien soy si no hubiera sufrido todos esos altibajos. Los desafortunados hechos de nuestra vida nos ayudan a crecer y a aprender a ser mejores, a afianzar la certeza del bien que reside en nosotros. Por ejemplo, si ves una pelea en la calle y te arriesgas a intervenir en ella para librar a alguien de una paliza, ésta es una oportunidad que Dios te da de convertirte en un héroe, en un conciliador, y tú puedes aprovecharla.

A veces, lo malo que nos ocurre nos ayuda a ser más atentos y compasivos o puede motivarnos a pedir ayuda mediante la oración y a darnos cuenta de que tenemos un alma y de que todo el tiempo recibimos mensajes de nuestro ángel guardián y nuestros seres queridos. Algo maravilloso de toda oración —sea una sola palabra o un rezo más profundo— es que vincula al alma y al cuerpo para que tomemos conciencia de nuestra parte espiritual, que es puro amor, y de los seres espirituales que tratan de comunicarse con nosotros y ayudarnos.

Como es más fácil pedir que escuchar, a veces nuestras oraciones se inclinan tanto a pedir cosas que olvidamos escuchar lo que Dios, los ángeles y nuestros seres queridos desean decirnos. He aquí una breve oración para que aprendamos a escuchar.

*Querido ángel de la guarda:*

*Doy gracias a Dios por todas sus bendiciones,*
*pero en este momento estoy confundido y no sé qué hacer.*
*Me cuesta mucho trabajo escuchar.*
*Ayúdame a guardar silencio y a escucharte*
*y escuchar a mis seres queridos*
*que me dicen cuáles son los planes que Dios*
*tiene en este momento para mí...*

[*Guarda silencio y escucha durante un par de minutos.*]

*Gracias por ayudarme a escuchar.*
*Amén.*

Capítulo 18

# Un bebé radiante

El Arcángel Miguel entró conmigo a la casa y subimos. Él se adelantó. Cuando hace algo como esto, pienso que es hermoso. Mientras él subía las escaleras, cada peldaño se convertía en una luz brillante, para volver después a su estado normal de escalón de madera. Como ya dije, los pies del Arcángel Miguel no tocaban los escalones; sé que aquella luz es lo que yo llamo "cojín de aire" que existe entre cada ángel y la tierra. Cuando llegamos a mi lugar de trabajo, él se paró junto a mí y yo me senté en la silla frente a mi computadora.

—Escribe ahora acerca de todo lo que hablamos —dijo.

Empecé a hacerlo y media hora después sonó el teléfono; vi que era el padre John. El Arcángel Miguel desapareció en ese momento; ni siquiera dijo que tenía que irse, sólo se marchó.

Le comenté esto al padre John en el teléfono y me dijo:

—Lo siento, Lorna; pediré que cuando acabemos de hablar el Arcángel Miguel regrese y continúe su labor contigo.

—No se preocupe —repuse—. Él vendrá únicamente cuando Dios lo envíe.

Tuve que sonreír para mí mientras hablaba con el padre John. Habían transcurrido varios años desde la última vez que el Arcángel Miguel desapareció de la misma forma, sin decir que tenía que partir.

El padre John me pidió que rezara por una familia que acababa de perder a su hija, de veintitrés años de edad, quien había muerto luego de una larga enfermedad. Aunque le dije que lo haría, le pedí que le dijera a esa familia que el ángel guardián de su hermosa hija se había llevado su alma directo al cielo y que ella estaba ahora feliz y en paz. Le dije que rogaría para que la familia superara ese trance difícil, pero que era importante que recordara todos los instantes felices que pasó con su hija, no sólo los momentos tristes. Minutos después me despedí del padre John.

No sé cómo contarte la siguiente historia, porque es muy emotiva para mí. Está llena de amor y regocijo.

Fue aproximadamente hace un año. Desde que esa mañana desperté y abandoné la cama, los ángeles me dijeron que en el transcurso del día vería a un niño pequeño. Recordé también que el año anterior el Arcángel Miguel me había dicho en el huerto que pronto vería a otro bebé radiante.

Un bebé radiante es un ser que ha evolucionado espiritualmente. Dios no les permite a esos bebés permanecer mucho tiempo en el mundo, porque no estamos preparados para ellos. Se quedan con nosotros por un corto periodo para que podamos experimentar su amor ilimitado. Dios los envía de vez en cuando para que nos ayuden a evolucionar con mayor rapidez. Ya he escrito en el pasado sobre los bebés radiantes, primero en *Ángeles en mi cabello* y luego en *Un camino al cielo*.

Me encontraba en Dublín con mi hija Megan; teníamos muchas cosas que hacer. A última hora de la tarde le dije:

—Creo que deberíamos ir a comprar la despensa y algo para cenar.

Así, minutos después íbamos ya en el coche hacia el supermercado. Megan me platicaba, entre tanto, las cosas que una joven le dice normalmente a su madre y conversamos también sobre algunos temas que se mencionaron en la radio. Cuando estábamos a cinco minutos de llegar, mi ángel de la guarda balbuceó en mi oído, mientras Megan no paraba de hablar, que muy pronto vería al niño anunciado.

Mi hija me dijo:

—Mamá, no me estás poniendo atención.

Le dije que lo sentía mucho, pero que estaba distraída.

Megan sabe exactamente qué significa esto y señaló:

—Ojalá que los ángeles no hicieran eso, sobre todo cuando yo te hablo.

Al llegar al estacionamiento del supermercado, yo estaba muy consciente de que me encontraría con ese niño, aunque no tenía idea de qué esperar. Debo señalar que tenía un poco de miedo, porque, por lo general, los ángeles me comunican cosas previas al asunto. Cuando atravesé la puerta del supermercado, un grupo de seis ángeles se adelantó. Vi al Ángel Hosus junto a los anaqueles de verduras.

—¡Hola, Lorna! —exclamó.

Me acerqué a él y metí algunas verduras al carrito.

—Me da gusto verte —le dije.

Él replicó:

—Lorna, hay un niño en los pasillos. Míralo.

Le pregunté:

—¿Tengo que detenerme y mirarlo?

—Sí —contestó.

Mi hija me arrebató el carrito y comentó que iría a hacer las compras.

—Excelente idea —le dije.

Sonreí porque sabía que ella había escuchado a su ángel de la guarda y no había hecho preguntas. Hizo simplemente lo que su ángel guardián le pidió: "Ayuda a mamá a hacer las compras". Yo tomé un paquete de zanahorias y una lechuga para mi conejito Mimsy.

Cuando me moví de mi lugar, vi al niño. Había tres espléndidos ángeles a su alrededor. Él tenía unos dos años y medio y era muy bello, estaba lleno de vida, tenía una enorme sonrisa mientras retozaba, divertido consigo mismo y con su independencia. Este niño resplandecía, brillaba, era un bebé apenas, uno de esos seres especiales que vienen al mundo de vez en cuando. Irradiaba amor, refulgía. Supe que veía a los ángeles tan claramente como yo, jugaba con ellos y les hablaba. Cuando unas personas pasaron junto a él, lo miraron y se mostraron confundidas. Se sintieron atraídas por él y quisieron levantarlo y cargarlo en brazos, pero Dios no lo permitió. Los ángeles jugaban con él, lo hacían reír y ponían una sonrisa increíble en su hermoso rostro. Yo podía verlo sólo de lado, así que no percibía su rostro completo. Veía sólo la mitad de esa linda sonrisa.

El Ángel Hosus iba junto a mí y me dijo:

—Lorna, cuando pases junto al niño dile: "¡Hola, precioso!".

—Bueno —respondí; eso me pareció bien y agregué—: Es muy lindo. Me pregunto de dónde serán sus padres.

Él señaló:

—Si volteas, verás a su mamá.

Ella estaba a cierta distancia y vi también al padre, al fondo del pasillo, un poco más cerca. Aunque no entendí por qué ellos no estaban junto a su pequeño, supe que debía haber una razón. Pensé que quizá sabían que le encantaba tener la libertad de ser inquisitivo en el supermercado. Vi que estaban atentos a él de todas formas. Los ángeles que lo rodeaban me dijeron que me apresurara a hacer lo que el Ángel Hosus me había indicado.

Pasé junto al niño y le dije:

—¡Hola, precioso!

Se detuvo, volteó a verme y me dedicó una gran sonrisa. Dio una especie de salto, agitó un poco los pies y echó a correr hacia mí.

Los ángeles que lo rodeaban me dijeron:

—Lorna, vete ya.

Caminé lo más rápido que pude por el pasillo. Oí la risa del niño y supe que los ángeles jugaban con él y lo tenían muy contento.

¿Cómo puedo explicártelo? Ese niño tenía características especiales, lo cual saltó a la vista cuando vi todo su rostro. Su pequeño cuerpo estaba encorvado y su rostro parecía totalmente fuera de proporción. Sólo yo podía ver su belleza. Él era un bebé radiante; pasaron muchos años desde la última vez que yo vi uno. Pensar que ese niño vive en nuestro país tiene un significado muy especial para mí. Sé que ver a ese niño representa esperanza para el mundo. Al tiempo que recorría el pasillo, comprendí que hoy el mundo necesita esperanza. Los bebés radiantes son niños muy especiales, un millón de veces más evolucionados en lo espiritual que cualquiera de nosotros. No es común que Dios les permita crecer. Se los lleva al cielo porque nosotros, como humanidad, no estamos preparados para aceptarlos; no hemos evolucionado espiritualmente tanto como sería necesario.

Megan se acercó y me dijo:

—Mamá, ven acá. ¿Crees que es buena idea llevar algo de sopa y pan con ajo?

Respondí que sería fantástico y tomé un poco de sopa del anaquel; Megan iría por el pan con ajo. Cuando volteé, el Ángel Hosus me esperaba al final del pasillo, así que le dije a mi hija:

—Creo que veré si hay queso del que me gusta.

Ella dijo que iba a buscar champú y yo me encaminé hacia donde estaba el Ángel Hosus.

—Recorre el pasillo —me dijo— y finge que buscas algo. Después gira y vuelve sobre tus pasos. Tómate tu tiempo, Lorna, no hay prisa.

Me tomé mi tiempo, en efecto, y cuando llegué al fondo del pasillo me di la vuelta.

El niño estaba en el mismo pasillo que yo. Caminaba hacia mí y miraba a la vez a los ángeles a su alrededor.

Le dije al Ángel Hosus:

—He notado que, esté donde esté, hay muy pocas personas junto a este niño.

El pasillo estaba casi vacío, excepto por los padres del niño y dos señoras que lo atravesaban con sus carritos. Fingí que buscaba algo en los estantes y las dos señoras se acercaron al niño. Aunque él les sonrió, ellas se alzaron de hombros con desdén.

Oí que una de ellas murmuraba entre dientes:

—¡Qué niño tan feo!

Sólo yo podía ver su belleza y le dije una vez más:

—¡Hola, precioso!

El niño me dirigió una enorme sonrisa. Sus padres estaban muy cerca en ese momento, así que me oyeron. Les llenó de alegría que alguien dijera que su hijo era hermoso.

El padre se acercó rápidamente junto al niño, lo levantó y le dio un fuerte abrazo. Me miró con lágrimas en los ojos y me dijo:

—¡Gracias!

La madre llegó en ese instante. Los tres se abrazaron con amor.

Mientras rodeaban a la familia, los ángeles me dijeron:

—Márchate ya, Lorna.

Les sonreí y volví sobre mis pasos. Mi hija me llamó para que le ayudara.

Cuando terminé de hacer las compras con ella, me preguntó:

—¿Qué sucede?

—Nada, estoy bien —respondí.

Le hablé sin palabras al Ángel Hosus:

—¿Ésta es la primera vez que los padres de ese niño oyen que alguien dice que es hermoso?

Él contestó:

—Sí, nadie lo había dicho nunca, sólo le habían dicho cosas horribles.

Ruego por esos padres y su hijo, porque ese niño es un bebé radiante. Sé que está aquí por un periodo corto. Es muy triste pensar que cuando miramos a un niño, vemos únicamente su apariencia física. Deberíamos ver siempre la belleza y la bondad de cada niño, cualquiera que sea su aspecto. Pienso que las palabras que los ángeles me dieron para que se las dijera al niño estaban en realidad destinadas a sus padres.

Cuando di una charla en el extranjero, justo antes de esa Navidad, conté una pequeña parte de esta historia y sé que conmovió a la gente. Ayúdalos, Señor, a pensar dos veces las cosas.

Durante la bendición final, unos jóvenes me dijeron:

—¡Hola, preciosa!

Lo único que pude hacer fue reír y proseguir con mis bendiciones para todas las personas que estaban frente a mí.

Capítulo 19

# Mi último año en la escuela y mi encuentro con san Francisco

La madre de Jesús se ha aparecido en el mundo entero. Nuestra Señora es la Reina del Cielo, la Soberana de los Ángeles, la Emperatriz de las Almas, es la madre de todos nosotros. Yo soy católica y cuando iba a la escuela me dijeron que debía llamarla Nuestra Señora.

Una ocasión en que una maestra nos habló de ella, vi que el salón se llenaba de ángeles. Hay cierta clase de ángeles que aparecen en situaciones como ésa, los Ángeles de la Oración, porque cuando hablamos de Dios, de Nuestra Señora o incluso de otros ángeles estamos en realidad en oración. Ver que esos ángeles aparecían me hizo sonreír y sentir feliz en mi pupitre, que estaba por lo general al fondo del salón. Sin embargo, no siempre estaba tan alegre.

La escuela de Edenmore estaba a tiro de piedra de la casa donde viví durante muchos años, a cinco minutos a pie, pero yo tardaba siempre mucho más, porque caminaba dando pasitos de bebé. Quería demorar lo más posible mi llegada. Aunque a veces intentaba regresar a casa, los ángeles no me permitían retroceder demasiado; tres o cuatro de ellos formaban una hilera en el camino para bloquearme el paso.

Yo protestaba:

—¡La maestra ni siquiera se da cuenta de que estoy en el salón! —y azotaba los pies.

Ellos decían:

—No, Lorna, debes ir a la escuela.

Pese a todo, nunca me apresuraba; me tomaba mi tiempo en cada ocasión.

Cuando llegaba tarde a la escuela, todos los demás niños ya estaban en el salón. Tan pronto como cruzaba el portón del plantel los ángeles me decían que me apurara, así que corría a abrir las enormes y pesadas puertas de la escuela.

Me encantaba subir las escaleras. Les decía a los ángeles.

—¡Miren qué rápida puedo ser! —y subía los escalones de dos en dos en tanto me apoyaba en el pasamanos a lo largo de todo el trayecto. Mi salón estaba en el piso más alto.

Nunca me dijeron nada por llegar tarde a clases. Cuando entraba al salón y me dirigía a mi pupitre, la maestra estaba junto al de otro niño o niña; y me miraba, pero no decía una palabra. Otras veces, cuando entraba al salón y me sentaba en mi pupitre era como si fuera invisible. A veces los ángeles me escondían, para que la maestra no se diera cuenta de que había llegado tarde. Esto siempre me hacía sonreír.

Un día, durante mi último año en la escuela, cuando tenía doce años, mi maestra, que era monja, nos aplicó una prueba de ortografía. Yo sabía que, a pesar de que había hecho mi mejor esfuerzo, todas mis respuestas eran incorrectas, así que me quejé con mi ángel de la guarda y los demás ángeles que me rodeaban:

—¿Por qué no me ayudaron un poco? ¡Me esforcé mucho!

Me dijeron que lo había hecho bien y yo sentí algo de comezón entre los omóplatos. Me libré de ella de una sacudida, aunque sabía que los ángeles sólo querían levantarme el ánimo. La hermana escribió entonces en el pizarrón las palabras que había dictado y nos dio unos minutos para revisar si nuestra ortografía era correcta. Yo no veía bien el pizarrón, las letras no dejaban de moverse y le pedí ayuda a mi ángel de la guarda.

Me dijo:

—La cuarta palabra es correcta, Lorna.

Me puse feliz de haber acertado al menos en una palabra de la prueba.

La hermana cerró el libro que estaba sobre su escritorio y se puso de pie. Nos dijo que guardáramos nuestras plumas y cuadernos de ejercicios y de su escritorio tomó otro libro, negro y con una cruz al frente. Supe de qué libro se trataba; era la Biblia. Ella preguntó si alguno de nosotros podía decirle qué libro era ése. Miré a mi alrededor y vi que los demás niños tenían una mirada inexpresiva. Una de las niñas de la fila de enfrente gritó:

—¡No, hermana!

Yo alcé tímidamente la mano y ella me miró sorprendida, tras lo cual me ignoró, se volteó y regresó a su escritorio. Dejó el libro sobre la mesa, tomó un gis y se puso a escribir en el pizarrón.

Mi ángel de la guarda me susurró lo que ella había escrito:

—Santa Biblia: la palabra de Dios.

—Ya lo sé; reconozco la palabra Biblia —le dije.

La hermana no me había pedido que respondiera. Siguió adelante y leyó las palabras del pizarrón. Eso me desilusionó y les dije a los ángeles:

—¿Esta monja cree que no sé nada?

Mi ángel de la guarda murmuró en mi oído:

—Recuerda, Lorna, que ella no lo sabe.

La hermana preguntó si los padres de alguien tenían una Biblia en casa, pero nadie levantó la mano. Justo entonces el Ángel Hosus entró al salón, pese que la puerta estaba cerrada. Me sentí feliz cuando lo vi. Mientras él cruzaba el salón hacia el escritorio de la monja, su capa se movió como si la agitara una fuerte brisa. Aunque el interior de su capa era de un titilante color dorado, era negra por fuera, ya que el Ángel Hosus iba vestido como un viejo maestro de escuela.

Le pregunté sin palabras:

—¿Debo decirle a la hermana que mi abuelo tiene una Biblia? Lo he visto leerla muchas veces.

Él me contestó:

—No, Lorna, no es buena idea. La hermana Ann se molestaría contigo.

Esto me entristeció. El Ángel Hosus caminó entre los pupitres; se detenía en ocasiones para sonreírles a los niños sentados en ellos. Había olvidado decirte que había dos niños en cada pupitre.

Cuando llegó al mío, puso su mano sobre mi hombro y me dijo:

—No estés triste, Lorna. ¿Acaso no has disfrutado siempre cuando el Arcángel Miguel te lee la Biblia?

Lo miré, le dije:

—Sí —y le pregunté—: ¿el Arcángel Miguel vendrá hoy a leerme la Biblia?

—No, hoy no, Lorna; en unos días.

La hermana gritó de repente:

—¡Tú, allá, la del fondo!, ¿no estás poniendo atención?

Me asusté, por lo común ella me ignoraba, así que di un salto.

El Ángel Hosus me dijo:

—Párate, Lorna, y contesta sus preguntas.

Me levanté nerviosamente y respondí:

—Sí, maestra.

Ella me preguntó:

—Qué acabo de decir.

—Hablaba de Nuestra Señora, la madre del niño Jesús, hermana.

Pareció muy contrariada. Una mirada de cólera atravesó su rostro y se dispuso a ir hacia mi escritorio, al fondo del salón.

De pronto el Ángel Hosus ya no estaba junto a mí, sino frente a la hermana Ann, cuya mano tocó por un momento al tiempo que su ángel de la guarda le hablaba al oído.

Ella se contuvo y dijo:

—Siéntate. No me obligues a llamarte la atención otra vez.

Le di las gracias a su ángel guardián y después a ella por haberlo escuchado y hacer lo que él le había dicho. Claro que dije todo eso en silencio. Pese a que la hermana no me oyó, su ángel guardián me dirigió una gran sonrisa.

El Ángel Hosus caminaba ahora entre los pupitres y su capa silbaba como si hubiera una brisa muy fuerte, aunque desde luego no había ninguna brisa en el salón. Era encantador ver cómo su capa tocaba algunos pupitres. Supe que no tocaba ninguno en realidad, ya que sólo en muy raras ocasiones los ángeles tocan físicamente algo de nuestro mundo, pero daba la impresión de que así era.

Como ya mencioné, existe un espacio entre los ángeles y las cosas físicas, incluso si todo está muy estrecho. Ahora el salón estaba repleto de ángeles y a todos los niños los acompañaba su ángel de la guarda, a pesar de lo cual había espacio suficiente.

Cuando el Ángel Hosus se acercó de nuevo hasta mi pupitre y me dijo que debía irse.

Mientras me despedía, caminó hacia el escritorio de la monja y desapareció a unos metros de él. La hermana continuó su discurso sobre Nuestra Señora, José —su esposo— y el niño Jesús.

Cuando terminaron las clases, decidí que no volvería directamente a casa. Seguí la ruta de la unidad habitacional y caminé por una de las carreteras rurales. Subí a la ribera que se extendía junto a los arbustos. Me encantaba caminar por la orilla del río, porque me hacía sentir muy alta. Un petirrojo descendió ante mí. Estuve a punto de pisarlo, pero él saltó para ponerse a salvo. Reí, el pequeño petirrojo se detuvo y voló hacia unas flores silvestres, de cuyos tallos, justo bajo las hojas y los capullos, extrajo unos pulgones. Lo contemplé un minuto, luego me despedí de él y voló al seto. Oí que alguien me llamaba y cuando volteé vi que el Ángel Elías caminaba hacia mí. Aunque parecía estar muy lejos, yo sabía que no era así.

La primera vez que vi al Ángel Elías, cuando tenía diez años, él caminó sobre el agua. Aun hoy, ese recuerdo me fascina.

Él me enseñó a Joe, mi futuro esposo, a quien amé y quien murió joven. El Ángel Elías es el profeta Elías; un ángel habita en su alma. Por eso era humano en la tierra. Su alma y el ángel siguen enlazados; Dios no los ha separado nunca.

En cuestión de segundos él estaba frente a mí. Pensé en la ocasión anterior que lo vi y caminó sobre el agua y cruzó el río.

Pasaron dos años y él no había cambiado un ápice. Inmóvil, vi que se acercaba a mí en la ribera e imaginé que había agua bajo sus pies. Todo lo que tiene que ver con el Ángel Elías es inmenso y color ámbar, todos los matices que puedas visualizar: el material de su ropa, incluso sus manos y su cara. Estoy segura de que por eso me gusta tanto el color ámbar.

Lo miré y le dije:

—¡Hola, Elías!

Jamás podía pronunciar correctamente su nombre. Sonaba muy gracioso, porque no podía pronunciar la palabra Elías, pero a él parecía no importarle.

—Sígueme Lorna —me indicó. Volvió sobre sus pasos en la ribera, llegó a una puerta y agregó—: entremos aquí.

Yo tuve que treparme en ella, pero el Ángel Elías no tuvo que hacerlo, por supuesto, sencillamente apareció del otro lado.

—No es justo —le dije.

Aquél era un campo en el que yo había estado muchas veces, sola en ocasiones, salvo porque los ángeles siempre estaban conmigo, ¡claro! Otras veces me acompañaba el perro de los vecinos, un pastor alemán llamado Shane.

En tanto caminábamos, el Ángel Elías me dijo:

—Lorna, no te preocupes. No he venido para decirte algo agridulce como antes.

Me detuve frente a él; era en verdad un gigante.

—Temí que lo hicieras; en ese entonces tenía apenas diez años —repuse—. Recuerdo todo lo que dijiste. Ahora tengo doce, casi trece.

—El Arcángel Miguel me pidió que te diera un mensaje. Ésa es la única razón por la que estoy aquí, Lorna. El mensaje es: conocerás a un santo.

Repliqué:

—En la escuela me han hablado de santos como santa Brígida; cada año hacemos la cruz de paja de santa Brígida.

—Lorna, conocerás a san Francisco y habrá otro ángel contigo —y como empezó a lloviznar añadió—: debes estar en casa antes de que llueva más fuerte.

Yo le pregunté:

—¿No puedes decirme ahora algo sobre san Francisco?

—No —contestó.

Trepé de nuevo encima de la puerta. El Ángel Elías ya estaba en la ribera y me dijo que me apresurara. Cuando subí hasta él, me tendió la mano para ayudarme.

—Gracias, Ángel Elías —le sonreí y él me sonrió en respuesta. Le dije—: tus piernas son mucho más largas que las mías, caminas más rápido que yo.

Sonrió de nuevo, y caminó sin que sus pies tocaran el suelo. Lo seguí. Cuando se detuvo bajé de la orilla y crucé la calle de vuelta a la unidad habitacional. Él me dijo que debía marcharse y desapareció. Esto sucedió en febrero; yo cumpliría trece años al mes siguiente.

En el curso de las vacaciones de verano de ese año me olvidé de lo que el Ángel Elías me había dicho acerca de que conocería a san Francisco, pero un día mi papá me llevó a pescar con su mejor amigo, Arthur. Subieron a pescar por la ribera; yo permanecí donde estaba, porque junto a la orilla crecía un gran número de margaritas y botones de oro. Quería hacer un collar de margaritas; pensé que los botones de oro lucirían muy bien con ellas.

—No tardes mucho —me dijo papá.

Le contesté a medias, porque ya estaba embebida en cortar las margaritas y los botones; estaba en mi propio mundo. Minutos después miré hacia la orilla y no vi a mi papá ni a Arthur. Decidí quedarme sentada otro rato para terminar el collar de flores. Apareció un ángel y se paró ante mí; era como una espiral de plata, de tan suave, elegante y esbelto. Al principio no me di cuenta de que estaba ahí; sólo volteé cuando oí que el Arcángel Miguel me llamaba. Noté que la luz me rodeaba, y las margaritas y botones de oro, brillaban mucho más, aunque en realidad no percibí nada hasta que el Arcángel Miguel me llamó.

—¡Hola! —lo miré y me cubrí los ojos con la mano, porque su luz era demasiado fuerte.

—Lorna —me dijo—, conocerás a san Francisco. Volveremos al pasado —iba a levantarme, pero él me dijo—: no, Lorna, sigue sentada —se arrodilló frente a mí, acercó su mano derecha y añadió—: no tengas miedo.

Más tardó en decirlo que todo en cambiar. Yo aún estaba sentada junto a un río, sólo que era un arroyuelo. El campo era muy diferente, montañoso. Vi que un joven caminaba hacia mí y le sonreí; supe que era san Francisco. Se acercó y se sentó a mi lado. Distinguí que era él porque llevaba muchos botones de oro en la mano. Los puso sobre algunas de las margaritas que yo tenía y comenzó a ordenarlos: un botón de oro, luego una margarita. Lo miré; tenía un rostro joven.

Me sonrió y dijo:

—¡Hola, Lorna!

—Hola —contesté tímidamente y le sonreí en respuesta.

De cerca su piel era áspera, como si viviera a la intemperie. Sus prendas lucían viejas y gastadas, aunque estaban limpias. Era bajo de estatura y delgado de aspecto. Era muy huesudo, pensé, mientras estaba sentada junto a él. Tenía las manos rojas e irritadas. Me dijo que hiciéramos el collar de margaritas y botones de oro. No hablaba en inglés, pero yo le entendía. Rodeó mi cuello con un gran collar de botones y margaritas y mi muñeca con una pulsera, tras lo cual se puso de pie y echó a andar. Lo seguí. Tuve que correr un poco para alcanzarlo; caminaba muy rápido pese a que era bajito. El hermoso ángel en forma de espiral nos acompañó. Yo no estaba ya junto a un río. De camino noté que san Francisco llevaba una vara. Bueno, lo que podría llamarse un bastón, aunque hecho con la rama de un árbol. Vi que se dirigía a una aldea; algunos dirían que un pequeño pueblo.

Cuando llegamos yo caminaba a su derecha. El hermoso ángel de espiral de plata tenía una apariencia femenina y caminaba atrás de nosotros. No era el ángel guardián de san Francisco; era un ángel cuyo papel consistía en acompañarme en este otro viaje.

Durante el rato que pasé con san Francisco, él ángel jugó con los niños del poblado. Parecía que lo apreciaban. Cuando vio que una mujer apilaba atados de paja sobre unos arbustos no dudó en ayudarla, y una vez terminada la labor se retiró sin haber dicho nada. En nuestro recorrido por el pueblo algunas personas lo recibían con gusto, otras no. Algunas le arrojaron piedras o le gritaban. Una piedra le dio en el pie e hizo que le sangrara un dedo, pues iba descalzo; aunque él no lo notó. No me dijo una palabra mientras paseábamos por el poblado.

Justo cuando llegamos al final de la aldea, se acercó a una construcción muy pequeña, una especie de cobertizo de techo plano. Se sentó sobre una pieza de madera a unos metros de la casita.

Me dirigí al ángel de espiral de plata y le dije:

—No creo que san Francisco sepa que todavía estoy con él.

—Sí, Lorna, tienes razón —contestó—. Cree que sigues en la ribera, ocupada aún en los collares de margaritas y botones de oro. Nadie puede verte.

—¿No se dio cuenta de que corrí tras él?

—No, Lorna —respondió el ángel de espiral de plata.

Me entristeció un poco que san Francisco no supiera que estaba a su lado. Cuando la puerta de la casita se abrió, la mujer que salió lo invitó a pasar. Caminé tras él. La casita estaba repleta de adultos y niños; había un poco de pan en la mesa y una pequeña hoguera estaba encendida. Sus vacilantes llamas eran al parecer la única luz en el lugar, que estaba muy oscuro. Vi los rostros de los hombres y las mujeres cuando el resplandor del fuego tituló. Había niños sentados en una esquina en el suelo; jugaban en silencio. Nadie decía gran cosa. Pensé que quizás estaban muy cansados luego de un arduo día de trabajo. San Francisco pronunció algunas palabras; aunque no lo oí bien, parecían graciosas. Atravesó la habitación mientras murmuraba algo. Me di cuenta de que cantaba porque su voz se hizo más fuerte y todos escuchaban. Minutos después oí risas; san Francisco reía también.

Le dije al ángel de espiral de plata:

—Ahora entiendo por qué es un santo; hace sentir feliz a la gente.

No me contestó. Al momento siguiente yo estaba sentada de nuevo en la ribera. Miré el collar y la pulsera de margaritas y botones de oro que san Francisco me había ayudado a hacer.

Me levanté y caminé por la ribera para buscar a mi papá; en ese momento, el Arcángel Miguel salió de detrás de uno de los árboles y me dijo:

—¡Hola!

Yo le dije:

—Conocí a san Francisco.

—Lo sé, Lorna —contestó—, estuve ahí contigo.

—Pero no te vi —repliqué.

—No estaba escrito que me vieras, Lorna.

—¿Por qué no? —pregunté.

—No hagas más preguntas —respondió.

—¡Sólo una más, Arcángel Miguel, por favor! —supliqué mientras admiraba los botones de oro y margaritas alrededor de mi cuello—. ¿Veré de nuevo a san Francisco alguna vez?

El Arcángel Miguel dijo que sí y añadió que tenía que irse.

Cuando yo tenía quince años, vivíamos en Leixlip y trabajaba con mi papá en la gasolinera de Rathmines. Usualmente laboraba de lunes a viernes, pero en ocasiones mi papá me pedía que fuera el sábado y me daba un día libre durante la semana. Una vez decidí tomarme el miércoles. Le ayudé a mi mamá en la casa a pasar la aspiradora y pulir los muebles de la sala, limpié el baño y a las dos salí a dar un paseo.

Fui a la iglesia de Leixlip. Luego de cruzar la puerta principal, vi que la iglesia estaba vacía; no había nadie, excepto los ángeles que pedían a Dios por nosotros. Avancé hasta medio pasillo y me senté en una banca de la izquierda. Minutos después oí que alguien me llamaba y cuando volteé vi que el Arcángel Miguel recorría el pasillo hacia mí.

—¡Hola, Miguel! —le dije—. ¿Viniste a rezar conmigo?

—No, Lorna; volverás al pasado para encontrarte otra vez con san Francisco. Siéntate bien.

Hice lo que me dijo y me puse a rezar. En ese momento el Arcángel Miguel tomó mi alma con su mano derecha. En un instante como ése, siempre siento que se me corta la respiración, aunque un momento después ya caminaba colina arriba por una vereda. Me detuve y volteé; el hermoso ángel de espiral de plata caminaba detrás de mí. Lo saludé y él inclinó la cabeza; caminé de nuevo. Había recorrido una corta distancia cuando me detuve para mirar a mi alrededor. Estaba en la cima de la colina y vi que san Francisco se encontraba a lo lejos.

El ángel de espiral de plata me dijo:

—Lorna, observa con atención.

Permanecí inmóvil. Temía perturbar al santo, el cual estaba sentado en una roca junto al camino. No era un camino como los que tenemos ahora; estaba cubierto de polvo, era de piedras y arcilla. San Francisco tomaba un descanso. Mientras lo miraba, dos pequeños gorriones se posaron en su hombro; me quedé atónita. A su alrededor comenzaron a volar mariposas también; daba la impresión de que habían surgido de la nada. Él se metió la mano a la bolsa como si buscara migajas para las aves, pero no encontró nada. Tomó entonces las semillas de la hierba que crecía a su lado. Sin levantarse de la roca, cerró el puño, con las semillas en la palma derecha. Se lo llevó al pecho y lo juntó con su mano izquierda. En ese momento vi que los Ángeles de la Oración ascendían al cielo en tanto que él pedía algo relacionado con las semillas en su poder. Cuando abrió las manos, en su palma no apareció un conjunto de pequeñas semillas, sino algo que para mí tenía el aspecto de un pastel.

El ángel de espiral de plata me dijo:

—No, Lorna, no es un pastel; es pan.

San Francisco cortó el pan a la mitad y se metió a la bolsa una de las piezas. Después hizo migajas la otra mitad, tendió las palmas y los dos pájaros se posaron en ellas y se pusieron a comer.

En unos segundos lo rodearon muchos pájaros más. Sonreí, porque san Francisco empezó a cantar y las aves piaban como si cantaran con él mientras mantenía extendidas las manos. Las aves no cesaban de alimentarse con esas migajas que no parecían acabarse nunca, por rápido que los pájaros las comieran. San Francisco dejó de cantar y se levantó, metió de nuevo la mano a la bolsa y sacó la otra pieza de pan, la hizo migajas y esparció éstas por el suelo. Esta vez lo rodearon diversas criaturas de la naturaleza: conejos, ratones, erizos, un zorro y otras criaturas muy pequeñas que no reconocí. A veces una mariposa descendía sobre su cabeza y luego echaba a volar, sólo para ser reemplazada por otra. Los pájaros no perseguían a las mariposas ni a las abejas que volaban a su alrededor. Toda la naturaleza estaba en armonía y todas las criaturas vivas sentían la compasión, el atento cuidado y amor que residía en aquel hombre. Dios lo había hecho entrar en mi vida para que yo pudiera decirles a todos lo importante que es que despertemos y cuidemos el hermoso planeta que se nos ha dado.

San Francisco miró un momento hacia mí y sonrió.

Le pregunté al ángel de espiral de plata:

—¿Sabe que estoy aquí? ¿Puede verme?

El ángel respondió:

—No, no lo sabe, pero piensa en ti. Te recuerda en la ribera el día que se sentó a entretenerse a tu lado.

De repente las aves volaron y todas las criaturas corrieron por doquier. Oí entonces el ruido del viento. Me di cuenta de lo silencioso que todo había estado antes y de que Dios me había permitido oír sólo los sonidos de las criaturas que rodearon a san Francisco.

Él se puso de pie y se sacudió la ropa, como si quisiera lucir respetable.

El ángel de espiral de plata me dijo:

—Acércate ahora, Lorna.

Caminé lentamente hacia él, que miraba hacia el otro lado. A lo lejos, un grupo de muchachos lo saludaron; san Francisco apuró el paso hacia ellos, quienes lo rodearon. Los oí hablar. Hasta donde percibí, san Francisco estaba nervioso. Volvió la mirada adonde yo estaba; supe que no podía verme. No tuve que preguntárselo a los ángeles, porque sabía que pensaba en mí por alguna razón, así que pedí que la persona con la que iba a reunirse, fuera quien fuera, lo tratara con amabilidad. Cuando el Arcángel Miguel apareció a mi lado, el ángel de espiral de plata se desvaneció.

El Arcángel Miguel me dijo:

—Necesita que pidas por él, Lorna, porque es su padre quien mandó a buscarlo. A su padre él no le agrada su tipo de vida; no comprende lo cerca que está de Dios.

El Arcángel Miguel me tomó de la mano.

Un momento después estaba sentada en la iglesia, que aún se encontraba vacía. No había entrado nadie a recitar una plegaria, aunque los ángeles continuaban en oración. El Arcángel Miguel estaba en el pasillo junto a mí cuando dijo:

—Toma, Lorna; es un regalo de san Francisco.

Por un breve momento, el collar y la pulsera de margaritas y botones de oro aparecieron en mi cuello y mi muñeca. Fue una gran sorpresa; no supe qué decir.

Toqué con cuidado las margaritas y los botones para que las flores amarillas y las pequeñas margaritas no se quebraran;

se diría que yo acababa de cortarlas. El Arcángel Miguel tocó mi hombro y me dijo:

—Son un regalo de san Francisco, pero van a desaparecer, Lorna.

Sonreí y dije:

—¡Gracias, Francisco!

Le pregunté al Arcángel Miguel si san Francisco podía oírme y contestó:

—Sí, porque está con Dios en el cielo.

En ese instante las margaritas y los botones de oro resplandecieron como una luz radiante y luego se evaporaron, en medio de una chispa.

—Tengo que irme ahora, Lorna —dijo el Arcángel Miguel y desapareció. No tuve la oportunidad de hacerle otra pregunta.

Permanecí unos minutos más en la iglesia para pedir por todo el mundo. Justo cuando yo salía, un hombre cruzó la puerta y se arrodilló a orar. Al pasar junto a él, pedí a Dios que le enviara toda la ayuda que necesitaba y que él no la rechazara. Ésa fue mi oración por él. Mientras salía de la iglesia, una mujer pasó junto a mí; iba a rezar también.

Los ángeles me pidieron que compartiera contigo un momento más en que me encontré con san Francisco. Fue hace más de un año, en 2015. Estaba en el huerto de mi casa y hacía algo de limpieza; el Ángel Hosus estaba sentado en un tocón.

—Sería muy bueno que me ayudaras —le dije.

Él contestó:

—Lo haré, sentado aquí contigo.

Esto me hizo reír y luego el Ángel Hosus dijo:

—Tenemos compañía.

Volteé y vi que el Arcángel Miguel caminaba hacia nosotros, procedente del viejo pajar.

—Buenas tardes, Lorna —me dijo.

—Hola —respondí—. ¿Viniste a ayudarme?

—No —señaló—, vine por otra razón: te llevaré a visitar a san Francisco de nuevo; será sólo un momento.

Me senté en una de las piedras de la orilla, con las filas de árboles a mis espaldas, y los ángeles me rodearon para cubrirme con su manto espiritual. El Arcángel Miguel se hincó ante mí y tocó mi alma.

Instantáneamente era de noche y él y yo caminábamos hacia un grupo de casitas. Vi que el ángel de espiral de plata irradiaba luz parado junto a la ventana de una de esas casas. Todo estaba tan oscuro que, de no haber sido por el ángel de espiral de plata, no habría nada de luz.

Él me reconoció y me dijo:

—¡Hola!

Cuando llegamos a unos metros de la ventana, un hombre que estaba dentro de la casa abrió el pequeño postigo. Tras acercarnos a la casa, el Arcángel Miguel y yo nos asomamos por la ventanita. Vi que san Francisco estaba acostado en una cama. Se veía muy enfermo y dos hombres lo atendían, uno joven y otro viejo; el Arcángel Miguel me dijo que eran sus seguidores. El joven, que estaba tan delgado como el santo, ponía repetidamente un paño húmedo sobre su cabeza y lo enjuagaba después en un pequeño recipiente de agua, reemplazándolo. El otro, mucho más viejo, era de aspecto más pesado y fornido; no supe qué hacía, ya que el lugar estaba casi a oscuras, salvo por la titilante luz de la vela junto a la cama de san Francisco. El viejo salía de vez en cuando y regresaba con cobijas; quitaba de la cama las usadas y ponía las nuevas.

Le dije al Arcángel Miguel en un susurro:

—Si son seguidores de san Francisco, ¿son monjes también? —olvidé que nadie podía oírme, sólo él.

—Sí, Lorna, son algunos de sus primeros seguidores.

—Me gustaría poder ayudarlo.

—Se recuperará, Lorna. Es más fuerte de lo que crees pero sí está muy enfermo, tiene fiebre.

El ángel guardián de san Francisco lo miraba con cariño. Tenía una apariencia masculina y en ocasiones se inclinaba por completo sobre él y lo cubría; llevaba puesto un hermoso ropaje púrpura y dorado. Miró hacia la pequeña ventana y nos sonrió, aunque yo estaba muy triste por ver tan enfermo a san Francisco.

El Arcángel Miguel me dijo:

—Debemos irnos ya, Lorna.

Al momento siguiente estaba de vuelta en el huerto, sentada en la roca, con el Arcángel Miguel frente a mí. Me dio la mano, lo miré y la tomé; se veía muy grande, como un gigante parado ante mí. Su mano era enorme; cuando tomas la mano de un ángel, la tuya parece perderse en él. Sentí el amor que procedía del Arcángel Miguel cuando me ayudó a pararme.

—Creo que ya deberías meterte a tu casa, Lorna, para hacer té —me dijo—. El Ángel Hosus te acompañará un rato.

—Así lo haré, Arcángel Miguel —respondí.

Dijo que tenía que marcharse, se encaminó hacia los árboles que estaban a mi derecha y desapareció.

El Ángel Hosus abandonó conmigo el huerto y me siguió dentro de la casa. Mientras preparaba un poco de té, le hice automáticamente un lugar en la gran mesa de madera del granero.

Le dije:

—¿Te gustaría acompañarme?

—Sí, Lorna, aunque sólo podré quedarme un momento.

Se sentó a la mesa. Así como los pies de los ángeles no tocan nunca el suelo, ellos no tocan tampoco las cosas físicas. El Ángel Hosus no tocó la mesa ni la silla en la que se sentó. No parecía estar sentado en ella porque, como ya expliqué, siempre veo lo que llamo "el cojín entre los ángeles y el mundo físico". Ellos tienen permiso para tocar físicamente algo sólo si Dios lo autoriza.

Hablamos de san Francisco en tanto yo sorbía mi té. El Ángel Hosus fingía que tomaba té a veces y hacía caras graciosas, como si no le gustara. Minutos después dijo que tenía que irse, salió por la puerta, abierta de par en par, y atravesó el jardín antes de desaparecer.

Después de que se marchó recibí un mensaje de texto de mi hija Ruth en el que preguntaba si había podido imprimir algunas páginas. Le mandé un mensaje para decirle que no; mi impresora se había quedado sin tinta.

Tuve que ir a Kilkenny a comprar tinta y hacer también otras pequeñas diligencias. Dejé el coche en el estacionamiento de Dunnes Stores, junto al río, y recorrí las calles de Kilkenny. Ésta es una hermosa ciudad medieval; es muy pequeña pero me encanta. Puedo atravesarla de un extremo a otro en cuarenta minutos. Vi a los ángeles guardianes de todas las personas a mi alrededor y, desde luego, que los increíbles ángeles desempleados salían de un callejón a la calle principal.

Una señora avanzaba adelante de mí. Caminaba muy extraño; sé que un niño se habría reído al preguntarse por qué caminaba de esa forma. Me maravilló ver a dos ángeles desempleados a sus costados, quienes la ayudaban a mantener el equilibrio cuando cada uno de sus pies tocaba el suelo. Lo que volvía gracioso su andar es que no podía doblar las rodillas.

El ángel desempleado a su izquierda me dijo sin palabras:

—Tampoco le funciona bien la cadera, pero está muy contenta y llena de vida porque puede caminar.

Ella dio la vuelta en una tienda y yo continué mi camino. Mientras veía pasar a mi lado a hombres, mujeres y niños, pensé en lo afortunados que éramos todos nosotros de poder caminar, y en la inmensa libertad que eso nos daba.

Volví a casa horas más tarde. Cuando entré y apagué la alarma, la sentí muy vacía. No vi a ningún ángel, así que decidí subir y escribir un poco más sobre san Francisco. Cuando abrí la puerta de mi lugar de trabajo, lo hallé repleto de ángeles.

Les dije:

—¡Hola!, ¿vinieron a ayudarme?

Aunque respondieron simultáneamente, oí por separado a cada uno. No sé cómo puedo hacer eso; aunque muchos de ellos hablen al mismo tiempo, los oigo por separado y en conjunto.

Me acerqué al escritorio, jalé la silla y encendí la computadora y el Dragon Net. Antes de ponerme a escribir me asomé por la ventanita a mi derecha. A lo largo de la pared del jardín hay unos rosales y vi a tres ángeles ahí; dos de ellos cargaban canastas y el otro tenía en la mano una especie de tijeras con las que cortaba delicadamente algunas flores, que depositaba en las canastas. Al hacerlo, la rosa aparecía en la mano del ángel y al mismo tiempo en el rosal. Todas las flores de los arbustos centellaban. Los ángeles miraron a la ventana; me saludaron con un ademán, aunque sin decir una palabra. Cosas como ésta me ocurren todos los días.

Les dije en voz alta a los que estaban conmigo:

—Cuando termine, saldré a cortar unas rosas yo también.

Me he encontrado con san Francisco en varias ocasiones y todo lo que puedo decirte es que fue un santo que estaba muy cerca de Dios. Esto lo acercaba a la naturaleza. Estaba lleno de amor y aunque la gente a veces lo trataba mal, él sólo tenía amor para ella. Su vida fue muy dura, pero estuvo llena de felicidad y alegría porque él seguía los pasos de Jesús. Desde el día en que el Arcángel Miguel me dijo en la iglesia de Leixlip que el collar de margaritas y botones de oro era un regalo de san Francisco; y aquel otro día de primavera y durante todo el verano, cada vez que veo las margaritas y botones de oro asomar entre la hierba me acuerdo de san Francisco y de su amor.

Como sabes, viajo mucho alrededor del mundo para dar charlas en centros comunitarios, hoteles, iglesias y otros centros de culto de diferentes credos. En ocasiones tengo la oportunidad de que alguien me lleve a visitar un sitio especial, un lugar sagrado donde se apareció Nuestra Señora, la Reina de los Ángeles, la madre de Jesús, nuestra madre.

No sé si sepas que el Arcángel Miguel también se ha aparecido en muchos lugares del mundo entero. Dondequiera que lo ha hecho se han construido centros de culto que se convierten en lugares sagrados, lugares de oración. Yo no sabía que se hubiera aparecido en tantos sitios del mundo entero. Aunque le he preguntado varias veces por qué no me lo había dicho, nunca me contesta; supongo que era algo que yo debía descubrir por mí misma. Cuando he estado en uno de esos sitios en los que el Arcángel Miguel, o Nuestra Señora, se han aparecido, a veces me siento algo confundida por el hecho de que él no me lo haya contado. Quizás algún día él hable de eso conmigo, no lo sé; jamás puedes decirles a Dios ni a los ángeles qué hacer, sólo puedes preguntar. Cuando hago una consulta sobre algo que me concierne en el mundo, lo más común es que no se me responda en ese momento; esto puede ocurrir muchos años después. Así, conservo la esperanza de que un día el Arcángel Miguel me explique por qué no me contó antes que se ha aparecido en diversos lugares del mundo.

Capítulo 20

# Lugares sagrados y prueba de manejo

Cierta vez me hallaba en Heede, una ciudad de Alemania, y fui a un lugar sagrado donde Nuestra Señora se les había aparecido a dos niños. Gente iba y venía sin parar en ese sitio para hacer sus rezos. Los Ángeles de la Oración también estaban ahí, por supuesto. Recuerdo que entré a la cueva donde la gente coloca entre las rocas los papelitos con su petición a Nuestra Señora. Me detuve un momento en la entrada porque el Ángel Hosus estaba ahí.

Me dijo:

—Observa, Lorna.

Me asomé a la cueva, dentro de ella serpenteaba un angosto sendero.

Una vez que la gente desapareció de mi vista, vi almas además de ángeles, y cuando el Ángel Hosus me dijo: "Ya puedes entrar", vi que esas almas, seguidas por los ángeles, recogían todos los papelitos de entre las rocas. En ocasiones, la mano de un ángel desaparecía entre ellas y otras veces era la mano de un alma, pero cuando una mano se apartaba de las rocas yo veía que había recogido una nota resplandeciente. Las hojitas eran a veces muy pequeñas, y algunas estaban demasiado arrugadas o enrolladas. Cuando un alma retiró de las rocas una petición, ésta pareció caer y flotar, pese a que nunca tocó el suelo, ya que el alma metió la mano y la hoja cayó en su palma como una pluma. Aunque en ese momento me miró, no dijo una palabra; continuó su tarea de retirar peticiones. Mientras un señor y una señora introducían las suyas en las rocas de la cueva, vi que los Ángeles de la Oración ascendían en su increíble cascada invertida rebosante de luz angélica.

Tuve que detenerme un momento para que la pareja pudiera pasar y le pregunté al Ángel Hosus:

—¿Quiénes son esas almas que toman las peticiones de entre las rocas?

—Son santos alemanes —contestó él.

Pronunció algunos nombres en alemán, pero no los entendí, así que no puedo citarlos. Una de aquellas almas, de esos santos, me miró y caminó hacia mí. Titubeé y permanecí en mi sitio cuando extendió sus manos llenas de peticiones y me pidió que las tocara.

El Ángel Hosus me dijo:

—Tócalas, Lorna.

Cuando lo hice, todas desaparecieron y el alma habló en alemán.

Aunque no entendí lo que dijo, el Ángel Hosus me explicó:

—Lorna, esas peticiones fueron llevadas directamente al cielo por los Ángeles de la Oración y ahora se hallan a los pies de Dios.

—Espero que Dios las cumpla y dé amor y esperanza a quienes las escribieron. Confío en que sus oraciones serán atendidas —le dije en silencio.

—Lorna, todas las oraciones son depositadas a los pies de Dios. Él las conoce antes siquiera de que alguien las escriba o las piense. Todos los ángeles y las almas piden por la humanidad, sea cual fuere la religión de cada quién o si cree en Dios o no. Dios ama a todos y quiere que el ángel guardián de cada uno lleve de regreso su alma al cielo, pero sólo cuando ha llegado la hora de que su cuerpo humano muera. Dios es el padre de todos los hombres, mujeres y niños; quiere que todos disfruten del don de la vida.

—Yo disfruto del don de la vida —le dije.

Él replicó:

—No siempre, Lorna; a veces se te olvida hacerlo en medio de los altibajos de la existencia. Es importante disfrutar del don de la vida, ser capaz de amar, emocionarse, tener compasión, permitirse sentir paz en el corazón y captar todos los dones que nos rodean. Es importante darse cuenta de que uno es amado incondicionalmente. Todos los seres humanos son hijos de Dios. Por eso, en este sitio los ángeles ayudan a la humanidad a crecer en lo espiritual, a despertar a fin de que sienta paz y amor en los lugares sagrados.

Estos lugares ejercen influencia y atraen a la gente aun si no siempre son reconocidos. Recuerdo que en Alemania vi un lugar de oración donde el velo entre el mundo material y el espiritual era inusualmente fino. Aunque no parecía especial, atraía a muchas personas deseosas de absorber su peculiar atmósfera.

—¿Quiere decir, Ángel Hosus, que los lugares sagrados, los lugares de oración, son para todos, sea cual sea nuestra fe o religión e incluso si no creemos en Dios o en que hay vida después de la muerte?

—Lorna, tú sabes que hay vida después de la muerte, porque Dios te ha permitido ver a todos sus ángeles y las almas de los vivos y de los muertos. Sabes que Dios es real porque lo has visto.

—Ángel Hosus, yo transmito ese mensaje, el mensaje que Dios me pidió difundir de decirle a la gente en todo el mundo, de todas las religiones y a quienes no creen en Dios que él es real.

Mientras salía poco a poco de la cueva a la luz del sol, hablé sin palabras con el Ángel Hosus. Él me dijo de repente que tenía que irse y pasó junto a mí.

Hoy está en mi lugar de trabajo. Se encuentra a mi lado en la computadora y me ayuda a escribir justo las palabras que debo.

Le dije:

—Los lugares sagrados son muy importantes, sean una iglesia católica o presbiteriana, una mezquita, una sinagoga, un campo a descubierto, debajo de un árbol, una cueva o la cima de una montaña. No es indispensable que haya una construcción. Lo que importa es que la gente se reúna una y otra vez a hacer oración en ese sitio por generaciones. Cualquier lugar puede volverse sagrado, un centro de oración, lleno de paz, amor y unidad.

Dejé de dictar en la computadora y me asomé por la ventana.

El Ángel Hosus me dijo:

—Lorna, no mires por la ventana; todavía no es hora de que descanses. En unos minutos más podrás bajar y prepararte una taza de té. Pensamientos que Dios ha puesto en ti fluyen por tu mente en este instante. No dejes de dictarle a la computadora, porque hoy dices cosas correctas.

Giré en mi silla para ver la computadora y continué mi dictado. Ni siquiera miré al Ángel Hosus; hice lo que me dijo y comencé a hablar de nuevo. Todos los lugares de oración son sagrados y la humanidad debe sentirse segura en ellos, todos debemos sentirnos protegidos ahí. Debemos respetar esos sitios porque son sagrados, cualquiera que sea la religión a la que pertenezcan. En realidad nos pertenecen a todos, porque todos somos hijos de Dios más allá de nuestra fe, nacionalidad, color de piel o de si somos ricos o pobres. Cuanto más reces en tu hogar, más apacible y lleno de amor estará, aunque en ciertos momentos de nuestra vida debemos acudir a un centro de oración, a uno de esos lugares sagrados cerca de nosotros para rezar. Todas las religiones disponen de temporadas sagradas cada año y piden a la gente asistir durante ellas a los lugares de oración. Cuando un sitio se convierte en un lugar sagrado, un centro de oración, siempre hay ángeles ahí, aun si las personas o la religión cambian y dejan de considerarlo un sitio sagrado. Esto se debe a que los ángeles orarán siempre ahí, sin interrupción.

En mis viajes se me han señalado lugares donde la gente rezó por generaciones, pero a los que ya no se les considera lugares de oración porque un grupo religioso los desautorizó, pero debo decir que yo he visto siempre que los ángeles rezan en esos sitios. No creo que sea posible anular la sacralidad de un lugar santo, en especial cuando Dios ha permitido que se le reconozca como tal. Un lugar santo no deja de serlo nunca, aunque se olvide por generaciones o cientos de años. Dios me ha mostrado que un día todos nos ampararemos bajo la misma bóveda como una sola nación, un solo pueblo mundial; que todos oraremos juntos. Aunque no veo la hora de que llegue ese día. Hoy, en 2016, en el mundo actual, eso parece estar muy lejos. La humanidad usa aún a Dios como arma para justificar la maldad en el mundo; para respaldar la guerra, el terrorismo y el odio. Debemos poner fin a esto y dejar de despreciarnos unos a otros, de buscar venganza y tener en cambio amor y compasión. Tenemos que empezar a perdonar, a amar, a proteger, a luchar por la justicia, la paz y la libertad y por el derecho a amar, a vivir, a formar una familia. Debemos ver la luz de la esperanza. Pese a que Dios hace que la luz de la esperanza brille intensamente en el mundo de hoy, la humanidad parece haberse vuelto ciega a ella.

Cuando dejé de escribir, le dije al Ángel Hosus:

—Creo que haré un poco de té y quizás un sándwich, y luego saldré a dar un paseo.

Él me indicó que debía irse y desapareció.

Bajé y me hice un sándwich de jitomate con cebolla y un poco de queso que asé en la parrilla. ¡Estaba riquísimo! No imaginé que tuviera tanta hambre, pero ya eran las siete y cinco de la noche.

Disfruté mucho el paseo que di en la calle. No me encontré a nadie, a no ser por las golondrinas que volaban a mi alrededor. A veces, cuando salgo a caminar y gozar del aire fresco y la naturaleza que me rodea, me encuentro a algunas personas y me detengo a platicar con ellas. No obstante, aun en esos momentos estoy en oración. Mi alma no cesa de rezar, lo cual se ha intensificado en los últimos cinco años. Nunca me detuve ni siquiera un segundo. Cuando llegué al final de la calle, volví sobre mis pasos, para retornar a casa en vez de atravesar la ciudad.

Justo cuando llegaba a la puerta mi hija Ruth me llamó por el celular; mis dos nietos querían desearme buenas noches y hablar conmigo. Tuvimos una pequeña charla. Les dije que esperaba con ansia su visita del viernes; se quedarían conmigo todo el fin de semana. Me gusta mucho que ellos me visiten, sobre todo si hace buen tiempo y pueden salir al trampolín y cuando me ayudan a hacer algunas labores de jardinería. A menudo nos aventuramos por los campos para ver qué criaturas interesantes hallamos.

Con frecuencia les pregunto a los ángeles si no podrían permitir que mi hija Ruth los vea saltar con sus hijos en el trampolín. Sé que si todas las madres pudieran ver lo que yo veo, estallarían en carcajadas de felicidad. Billy Bob y Jessica se divierten mucho haciendo todo tipo de acrobacias, pero si tú vieras a los ángeles en el momento en que imitan a los niños y fingen chocar entre sí, reirías a más no poder. Más de una vez he contado veinte ángeles en el trampolín junto a mis nietos y mi hija.

Espero que el próximo fin de semana haya mucho sol para que yo pueda presenciar las travesuras de los ángeles con mis nietos. Los ángeles juegan siempre con los niños. Cada vez que veo a pequeños que se divierten, los ángeles se unen a ellos, o si un niño se siente triste o excluido verás a los ángeles hacer todo lo posible por infundirle valor y seguridad a fin de que juegue con los demás niños. Los ángeles intentan hacerles olvidar su desilusión o timidez.

Hace un par de meses, mi hija Megan tuvo que presentar su examen de manejo. Esa mañana me quejé con Dios y todos los ángeles porque cuando salí a revisar el auto para ver si todo funcionaba a la perfección, descubrí que uno de los focos se había fundido. Fuimos directo al taller y en el trayecto no le dije a mi hija que rogaba al cielo que consiguiéramos el foco y fuera fácil instalarlo, porque ella ya estaba muy estresada y yo no quería que se alterara más.

Los ángeles no cesaron de murmurar en mi oído:

—No te preocupes, todo saldrá bien.

Cada vez que los ángeles me dicen algo como eso, les contesto:

—Está bien que lo digan, pero no son ustedes los que tienen que resolver el problema.

Siempre oigo risas cuando digo eso, aunque no risas estruendosas sino moderadas. Sonrío para mí, porque si todos los ángeles que están entonces en el coche se rieran estruendosamente, supongo que las vibraciones sacudirían el auto.

Megan volteó y me dijo:

—¿De qué te ríes, mamá? Esto es serio.

—No te preocupes. Sé que el mecánico tendrá el foco que necesitamos y que instalarlo será fácil —contesté.

Cuando llegamos, vi al dueño del taller y a uno de los mecánicos. Le dije al primero que Megan presentaría su prueba de manejo a las once y que el foco de uno de los faros delanteros se había fundido. Lo reparó en un santiamén; fue un gran alivio.

Cuando él dijo "¡Todo listo!", mi hija le dio las gracias y mostró una sonrisa de oreja a oreja.

Le deseó suerte y nos dirigimos al centro de pruebas.

Megan estacionó el coche y me dijo:

—Estoy muy nerviosa, mamá. ¿Crees que apruebe el examen?

—¡Por supuesto! —exclamé—. Imagina que escuchas el programa de navegación por satélite y que el examinador no está en el auto contigo.

Entré con ella al centro de pruebas y nos sentamos a esperar. Había otras personas adelante de nosotras, una a una pasó con el examinador. Pedí por ellas y entonces llamaron a Megan, quien desapareció en una de las oficinas. Minutos más tarde salió con el examinador y los vi dirigirse al coche, en el que partieron momentos después.

Decidí dar algunas vueltas por el centro mientras pedía que Megan pasara el examen. Vi que dos jóvenes se encaminaban a hacer su prueba y pedí que la pasaran también. En lo que marchaba del centro a la puerta principal y de regreso, rogaba al cielo que Megan no cometiera errores. Tristemente, en una de mis vueltas vi que una joven y su madre dejaban el lugar. La joven lloraba; había reprobado el examen. Su ángel de la guarda la envolvía entre sus brazos y su madre intentaba consolarla.

Los ángeles me permitieron oír algunas de las cosas que la joven le decía a su madre: "Se me olvidó todo. Cometí un error tras otro. Me sentí perdida".

La madre le dio un fuerte y largo abrazo. En ese momento, el ángel guardián de una y otra se abrazaron con amor, aunque lo más hermoso fue ver cómo el amor de la madre rodeaba a la hija, su amor consolaba a su hija. Ese amor procedente del alma de la madre y que tocó a la hija permitió que ésta sintiera un amor puro. Después vi el amor que procedía del alma de la joven y que tocaba a la madre.

Ojalá viera esto más a menudo. Trato de recordarle a la gente lo importante que es hacerle saber a sus seres queridos que los aman. Es importante decirlo con palabras o demostrarlo con un abrazo de consuelo. Todos y cada uno de nosotros tenemos ese bello don en nuestro interior, nuestra alma que es puro amor. ¡Qué maravilloso don es esa chispa de luz, esa pequeña partícula de Dios! Es tu alma y llena cada parte de ti. Es puro amor. Tú eres puro amor y por eso Dios nos ha dado a cada uno de nosotros un don imponente y excepcional: la capacidad de amar con el puro amor que es nuestra alma. Cuando me acerqué, la madre y la joven se dirigían ya a su coche en el estacionamiento; la madre ocupó el asiento del conductor y la joven el del copiloto. Cuando pasaron junto a mí, pedí que la joven aprobara algún día la prueba de manejo y fuera una conductora responsable. Ojalá así ocurra en su siguiente examen.

Diez minutos más tarde, mi hija pasó en el coche frente a mí. La vi estacionarlo y el examinador bajó de él y se dirigía a la entrada del centro. Mi hija se apresuró a seguirlo; él caminaba muy rápido.

Les dije a los ángeles:

—No sé si eso sea una buena señal. ¿Megan habrá pasado la prueba?

No me dijeron una palabra; aunque se los pregunté como cinco veces, nunca me respondieron. Mi hija salió minutos después.

Sonreía, saltó de alegría y exclamó:

—¡Pasé!

En ese instante, todos los ángeles que nos rodeaban también saltaron de felicidad. Déjame decirte que me mantuvieron en suspenso todo el tiempo; ¡cómo habría querido que me lo hubieran dicho antes! Esto me habría evitado tanta angustia, aunque cuando caminaba hacia el auto con mi hija entendí por qué me tuvieron en ascuas: no les correspondía decirme que ella había pasado la prueba de manejo; le tocaba a Megan compartir conmigo, su familia y sus amigos la alegría y la emoción de que ya tenía su licencia para conducir.

Cuando llegamos al coche, enfilé automáticamente hacia el lado del conductor y Megan me preguntó: "¿Quién tiene las llaves, mamá?", al tiempo que las sacudía.

Ambas reímos.

Le dije:

—Tendré que olvidar la costumbre de ser yo quien maneja. Estoy muy feliz y doy gracias a Dios y a los ángeles. ¡Bien hecho, Megan!

Permanecimos unos minutos en el auto sin hacer otra cosa que platicar.

—Cuando caminabas detrás del examinador no supe qué pensar, Megan.

Ella contestó que una vez que estuvo cerca del examinador, le dijo que la parte más exasperante de la prueba era ésa, la de regresar al centro para saber si uno había pasado o no y el examinador se rio. Yo no había visto nunca a un examinador como él. Todos son de cabello corto, mientras que éste lo tenía largo y se veía muy bien; tenía aspecto de artista o músico, no de examinador de manejo. Me hizo sentir relajada. Contar con su licencia le da ahora a Megan mucha más libertad. Ya no tendré que llevarla a todas partes; de hecho, ella es ahora la que me lleva a mí. Pido a su ángel de la guarda y a todos los ángeles que la protejan, y también, por supuesto, al alma de su papá. Pido que Joe no deje de velar por todos nuestros hijos y nietos. Sé que lo hace.

Capítulo 21

# Mariposas

Era un día cálido y soleado y cada vez que yo miraba por la ventana tenía que contener el deseo de salir.

Mi ángel de la guarda me susurró al oído:

—Lorna, no seas así; mereces un descanso.

El Ángel Hosus dijo:

—Sí, Lorna, tu ángel de la guarda tiene razón, anda.

Minutos después ya estaba afuera y paseaba en el coche. Fui a dar a una de esas grandes residencias abiertas al público en las afueras de Kilkenny. Esta casa tenía también un hermoso bosque, aunque decidí que primero entraría a comer algo. Me moría de ganas de probar algo distinto; no comida insípida, sino un platillo muy sabroso. Hallé una mesa agradable junto a una ventana; había decidido no sentarme afuera.

Cuando la joven mesera llegó y me preguntó qué quería, le dije:

—Le haré a su chef una petición muy especial.

Ella me brindó una sonrisa y dijo:

—De acuerdo.

—¿Podría preguntarle —inquirí— si es posible que me haga un plato de tallarines con verduras lo más sazonado posible, aunque sin picante? Además, es muy importante que él sepa que soy alérgica a los pescados y mariscos.

La mesera contestó:

—Estoy segura de que el plato será de su agrado.

—Dígaselo por favor de todos modos —insistí.

—Está bien —respondió y se fue, seguida de tres ángeles desempleados.

Su ángel de la guarda le murmuró algo y yo le sonreí; él tenía una apariencia femenina y vestía un hermoso ropaje blanco y plateado. Lo que me hizo sonreír fue que llevaba al cuello una corbata negra holgadamente anudada. La mesera cruzó un par de puertas y no pude verlos más.

En la entrada había tomado un periódico del mostrador. Me puse a hojearlo y a ver las fotografías; eran sobre todo de Trump, Clinton y nuestro primer ministro, así como de la nueva primera ministra de Inglaterra, Theresa May.

Mientras hojeaba el periódico un ángel me dijo:

—No hay buenas noticias, Lorna.

—Lo sé, estamos en guerra —respondí sin mirarlo.

—Así es, Lorna.

Reconocí su voz; no era de ninguno de los ángeles que me rodeaban. Me asomé a la ventana y a la distancia, no muy lejos, justo donde los árboles se alzaban, vi al Arcángel Miguel.

Le dije en silencio:

—¿Cómo puedo ayudar a poner fin a esta espantosa guerra?

No me contestó, sólo hizo un ademán y desapareció.

Un momento después regresó la mesera e informó:

—Dice el chef que va a prepararle su plato de tallarines con verduras, pero que no puede usar la salsa que usa todos los días; así que le hará algo distinto y lo sazonará lo mejor posible.

—Dele las gracias de mi parte, por favor —le dije.

Unos minutos después me trajo café y agua caliente. Cuando mi platillo llegó, lo gocé de verdad.

Emprendí entonces mi paseo, sólo para disfrutar del sol, sin reparar en los ángeles que me rodeaban. Lo único que hacía era escuchar a los pájaros. Llegué a un lago, vi que ahí habían florecido unas azucenas y me puse a tomar fotos; creo que tomé unas muy buenas, aunque nunca estoy segura de eso. Justo cuando me alejaba del pequeño lago, una mariposa blanca voló a mi alrededor como si bailara en el aire. ¿Conoces las mariposas de la col? Son blancas, con motitas negras en las alas. Cuando yo era niña siempre había muchas en verano. Había otras de muy bellos colores, pero cuando sembrábamos verduras en el huerto de la casita de Maynooth lo que más teníamos eran mariposas de la col. Depositaban sus huevecillos bajo el follaje y en un suspiro había un montón de orugas verdes, que se meneaban por la col para comerse las orillas de las hojas. Las quitábamos de ahí y las llevábamos adonde poníamos las hojas de col viejas y otros restos de verduras.

A veces había tantas en una planta que la arrancábamos y la pasábamos a la orilla del huerto. Además de mariposas de la col también había muchas otras, en especial la atalanta. Abundaban en ese tiempo, a diferencia de ahora.

Cuando aquella mariposa de la col voló en torno mío al tiempo que me alejaba del lago, volteé y les dije a los ángeles desempleados que me acompañaban:

—¿Y dónde están las demás?

—Ya no hay muchas, Lorna; su número ha disminuido considerablemente.

—De seguro encontraremos más —les dije.

La mariposa se dirigió a una puerta. La seguí por todas partes para obtener una fotografía suya, pero era casi imposible.

Los ángeles me ayudaban y de repente uno de los desempleados exclamó:

—¡Ahí hay una, Lorna!

Me di vuelta y vi que otros dos ángeles desempleados dirigían a unas mariposas. Contemplé un momento a los tres ángeles desempleados mientras querían que tres mariposas de la col volaran hacia uno de los jardines. Un instante después los seguí lo más rápido que pude, con la esperanza de fotografiar a las mariposas.

Por fin, veinte minutos más tarde conseguí una foto. Cuando este libro aparezca, pienso publicarla en Facebook para que conozcas a una de las tres mariposas de las que hablo aquí. La mariposa de la foto estaba posada en una planta similar a una col, aunque con hojas y tallos más grandes.

Les pregunté a los ángeles desempleados:

—¿Creen que pueda encontrar una atalanta?

—Será muy difícil, Lorna —contestaron.

Pero yo les dije:

—Busquemos de todas formas.

Les sonreía en ocasiones, porque habían logrado que las tres mariposas de la col volaran hacia nosotros, y a ratos lo hacían en círculos sobre mi cabeza. Debo haber caminado cerca de una hora en medio de flores silvestres, arbustos y hierbas en busca de una atalanta, pero no dimos con ninguna. Ya de regreso al estacionamiento yo seguía en busca de esa mariposa, que antes veía en abundancia en mi jardín y en el campo; pero este año no he visto ninguna.

—¿A dónde se fueron? —interrogué a los ángeles.

No me respondieron. Di la vuelta y me sumergí en el bosque. Luego de caminar un corto trecho, vi un tronco caído y me senté en él unos minutos. Aunque no había mucha luz entre los árboles, eso no me importa una vez que mis ojos se adaptan y puedo ver adónde voy. Les hablé en voz alta a los ángeles desempleados; uno de ellos estaba en la punta del tronco, otro bajo uno de los grandes y viejos árboles y otro más entre la maleza.

—Debería haber muchas mariposas, pero apenas hemos visto una que otra, ¡qué tristeza!

El ángel que estaba parado en la punta del tronco me dijo:

—Lorna, ¿qué más ha cruzado por tu mente?

—Recuerdo a Dios cuando me mostró uno de los posibles futuros.

Mientras pronunciaba estas palabras, un rayo de luz se abrió paso entre los árboles a mi derecha y el Arcángel Miguel emergió de ellos. Cuando caminó hacia mí, el rayo de luz desapareció a sus espaldas, aunque no dejó de brillar frente a él.

Sonreí y le dije:

—¡Qué increíble, Arcángel Miguel! Ojalá yo pudiera hacer eso cuando está oscuro; sería muy útil tener un rayo de luz frente a mí para encontrar mi camino en la oscuridad.

Él me dijo que no necesitaba el rayo, que había hecho eso sólo por mí.

—Lorna, has recordado uno de los futuros que Dios te mostró hace mucho.

—Sí, Arcángel Miguel, y eso me preocupa mucho hoy. Me doy cuenta, no por primera vez, de que la humanidad no escucha. El hombre parece taparse los oídos; sólo piensa en él aquí y ahora, pero no en el futuro.

—Lorna, háblame de ese futuro —dijo él.

Lo miré sorprendida.

—¿Qué quieres decir, Arcángel Miguel? Ya lo conoces.

—Sí, pero dime qué parte fue la que más te impresionó.

—¿Por dónde debo empezar? —le pregunté.

—Por donde quieras, sólo habla y deja que los recuerdos fluyan por tu mente tal como Dios te los presenta.

—La humanidad debe pensar en el futuro. Cuando Dios me mostró uno de los posibles futuros de la humanidad, sentí un profundo desconsuelo. Había muy pocos niños y esos pocos vivían dentro de una especie de burbujas. Su ropa era como un traje sellado y su maestra les enseñaba cómo había sido en el pasado nuestro maravilloso mundo, toda la vida en el planeta. Señalaba una fotografía en la que una niña corría detrás de unas mariposas por un campo lleno de hierbas altas y flores silvestres. En la foto, ella llevaba en la mano una vara grande y ligera, con una red que ondeaba al viento.

”La maestra decía:

”—La niña quiere atrapar a la mariposa para verla mejor.

”Uno de los chicos, de unos once años de edad, le dijo:

”—¡No es justo! ¿Por qué los seres humanos del pasado lo destruyeron todo? Mire cómo tenemos que vivir ahora.

”Una niña se paró y preguntó:

"—¿Eran tontos o qué?

"La maestra les mostró numerosas fotografías de árboles, así como de pájaros, caballos, elefantes, gatos, perros y muchos otros animales salvajes y domésticos. Ellos se interesaron en particular en la foto de la niña que corría por la hierba para atrapar a la mariposa. Sentí la tristeza cuando estuve ahí, Ángel Miguel. Era una pena que esos chicos no pudieran correr y jugar al aire libre porque ya no lo había. Los niños de ese futuro no sabían lo que era tocar un árbol o correr por la hierba.

"Un niño más pequeño, de seis años, dijo:

"—Es obvio que no fueron listos ni escucharon a Dios ni a su ángel de la guarda.

"Ésta fue la parte que más me sorprendió. Dios alborotó en ese instante mi cabello y me dijo que debía retirarme.

Estaba en Maynooth, en la casita. Me puse de pie y salí del bosque con el Arcángel Miguel. Él vestía ropas que parecían de trabajo; al principio creí que estaban algo raídas, pero cuando lo vi de cerca me percaté de que eran impecables.

—¿Y si viene alguien y te ve conmigo? —le pregunté.

—No te preocupes, Lorna; nadie juzgará extraño que un trabajador del campo hable contigo. Dios no permitirá que te reconozcan; la tranquilidad reina hoy aquí y no hay nadie —se detuvo, tomó mis manos y agregó—: Sé que hay pesar en tu corazón, Lorna.

—Sí —dije y pensé en aquel futuro—, ése no era un futuro muy bueno; me alarmó. ¡Es horrible pensar que esos niños no han visto nunca una mariposa de verdad, nada más en fotografías!

—Lo sé —dijo.

Aunque todavía hay mariposas en el mundo, sin la menor duda, sé que en Irlanda su número se reduce. Antes de que reanudáramos la marcha, le pregunté al Arcángel Miguel:

—¿Podrías tomarme de la mano? Eso me hará sentir un poco mejor.

Tomó mi mano derecha en la suya y caminamos por la ribera, en los campos repletos de flores silvestres, los jardines y entre los árboles.

—Mira, Lorna —me dijo Miguel—, las mariposas han venido a acompañarnos.

Las tres mariposas de la col volaban en torno nuestro. Lo hacían como sólo ellas saben hacerlo, nunca en línea recta sino arriba y abajo. Volaban alrededor de nosotros mientras caminábamos.

—No he visto ninguna atalanta desde que platicamos de ellas, Arcángel Miguel; sólo he visto una que otra polilla.

Es probable que el número de polillas también vaya a la baja. Sé que aunque el mundo ha tomado conciencia de las abejas, de lo escasas que se han vuelto y lo preciosas que son, todos los insectos son preciosos. Hemos olvidado que los necesitamos. ¡Qué vergüenza sería que las mariposas desaparecieran y que únicamente pudiéramos verlas en un santuario!

—Estoy muy enojada, Arcángel Miguel, y no me gusta sentirme así.

Se detuvo y me tomó la otra mano también. Su amor fluyó por mí y me ayudó a serenarme mientras las tres mariposas volaban entre nosotros y nos rodeaban. Esto me hizo reír y él también rio, aunque no muy fuerte; qué bueno, porque sabe que su risa puede ser ensordecedora.

Empezamos a andar otra vez y le dije:

—Sé que en Irlanda tenemos un santuario de mariposas. Quizás algún día tenga la oportunidad de visitarlo, pero preferiría verlas volar por los campos y en nuestros jardines —hace cuatro años, cuando mi nieto Billy Bob tenía un año, un día estábamos en el jardín y le mostré las mariposas que se posaban sobre las flores; había mariposas de la col, atalantas y otras cuyos nombres desconozco. Y añadí—: Estamos en agosto; debería haber mariposas por todas partes. ¿La humanidad las ha aniquilado con insecticidas, herbicidas y otros productos químicos?

—Muchas cosas de la naturaleza han desaparecido, Lorna; lo triste es que será imposible recuperarlas. No dejes de ayudar a la gente a crecer espiritualmente y a que tome conciencia del hermoso planeta y la naturaleza que Dios les dio. Ayúdales a dejar de destruirla.

Avanzamos por el sendero. Un rato después me detuve y contemplé los hermosos árboles, las aves y las flores silvestres entre la hierba.

Volteé hacia el Arcángel Miguel.

—¡Qué triste es pensar que podríamos perder todo esto!

No me respondió. Nos acercamos al estacionamiento y dijo simplemente:

—Tengo que irme, Lorna.

Retrocedió hacia los árboles y justo antes de que desapareciera volteó y se despidió con un movimiento de la mano, algo que no hace muy a menudo. De repente emitió un brillo radiante. Ya no vestía ropa de trabajo; no puedo describir la que llevaba puesta en ese momento ni lo bello e increíble que se veía. ¡Brillaba tanto! Vi destellar su espada y su escudo; supe que iba directo al trono de Dios.

Minutos más tarde yo estaba en mi coche, en lento regreso a casa. Cuando llegué apagué el auto, me bajé y abrí el portón; me subí de nuevo y metí el coche. No sé cómo describir lo que sucedió después. Al bajar del auto me dije que era muy triste que no hubiera visto a la mariposa atalanta; habría sido estupendo tener una fotografía suya.

Cuando di vuelta para cerrar la puerta del carro, una hermosa y magnífica atalanta voló ante mí. Fue como si hubiera volado desde la pared y me tocara, suspendiéndose un momento en el aire y en la punta de mi nariz. Eso me animó muchísimo. ¡Qué gran sorpresa, fue increíble! Pasó volando a mi lado y aunque volteé al instante la perdí de vista. Me quejé con los ángeles y ellos sólo se rieron.

El Ángel Hosus estaba junto al portón.

—Dios quiso darte una sorpresa, Lorna; te envió un segundo esa mariposa. Ahora está en la palma de su mano.

—¿No pudo permitir que se quedara un poco más? ¿Que se posara en una flor para que yo le tomara una foto?

—No, Lorna —contestó—; esa mariposa vino del cielo.

Dijo que debía irse y desapareció; no tuve oportunidad de hacer más preguntas en los días siguientes. No creo haber pasado por alto ninguna mariposa que haya volado junto a mí; hasta ahora sólo han sido mariposas de la col, porque las demás son demasiado escasas. No he visto todavía ninguna atalanta; ojalá pueda hacerlo antes de que termine el verano.

Capítulo 22

# La iglesia

La iglesia de san Pablo es un minúsculo y bello templo protestante ubicado en Ardmore, en el condado de Waterford. En una de sus festividades, se me invitó a dar una charla ahí. Ardmore es una pequeña ciudad costera con una hermosa playa. Mi hija Ruth y los niños fueron a visitarla un fin de semana antes de que acudiéramos juntos a la feria.

Mientras ella ponía la mesa para que cenáramos en el granero, volteó y me dijo:

—Necesitas unos días de descanso, mamá, y ésta es una oportunidad para que te relajes unos días antes de que des tu charla.

Yo estaba un poco indecisa. Había jugado un rato en el sofá con Billy Bob y sus Transformers. Le dije a mi nieto:

—Tengo que hablar un minuto con tu mamá —me paré del sillón y me dirigí a Ruth—: No creo que pueda tomarme ni siquiera unos días; sabes que debo escribir tres libros y que ahora trabajo en el más importante.

—Estoy segura de que Dios no quiere que te agotes tanto, mamá. Tienes que descansar.

Justo cuando dijo estas palabras, las cortinas de la puerta del granero llamaron mi atención. La que estaba a mi izquierda se volvió un poco más brillante y en la de la esquina apareció una capa. Supe de inmediato quién era.

—¡Hola, Ángel Hosus! —le dije en cuanto él salió detrás de la cortina.

—Buenas noches, Lorna. Escucha a Ruth y dile que quizá sería buena idea que llevaran también a los niños, para que pasen un rato en la playa. A ellos les encantará y a ti también. Dios no quiere que te agotes.

—Lo sé —repuse.

Cuando Ruth dijo: "¿Me estás escuchando, mamá? ¡Ponme atención, por favor!, ¿en qué piensas?", yo contesté:

—En lo que me dijiste.

Ella no sabía que el Ángel Hosus estaba parado junto a la puerta del granero. Me habría gustado decírselo, pero él me dijo que no debía hacerlo.

Me volteé hacia ella, le concedí toda mi atención, le ayudé a poner la mesa y le dije:

—De acuerdo, Ruth, vayamos todos. Billy Bob y Jessica la pasarán de maravilla. Es una feria y sé que habrá infinidad de cosas para que ellos experimenten también.

—Ya indagué qué habrá para los niños, mamá. Tendrán algo con robots y a Billy Bob le fascinará. Habrá música, narración de cuentos, Legos y muchas cosas más.

Ella había encontrado incluso un hotel a media hora de Ardmore. Entonces se rio y agregó:

—Más vale que te pongas a trabajar, mamá, porque vas a tener varios días libres.

Sonreí y le dije:

—¡Será maravilloso! Ya lo espero con ansia.

Billy Bob entró corriendo al granero y me dijo:

—¡Sal a jugar, abuelita!

Cuando lo seguí, vi que el Ángel Hosus estaba ahora junto al columpio, en el que Billy Bob se sentó antes de gritarme:

—¡Empújame, abue!

Una vez que llegué hasta el columpio, el Ángel Hosus me dijo que debía marcharse y desapareció.

Unas semanas después acababa de levantarme cuando dos ángeles desempleados me dijeron junto a la puerta:

—Faltan nueve días, Lorna.

Los miré sorprendida y les pregunté:

—¿Qué quieren decir con que faltan nueve días? ¿Para qué?

Respondieron simultáneamente:

—Para la Feria de Ardmore, para tu charla en la iglesia de san Pablo. Tus nietos aguardan con ansia sus vacaciones.

A veces uso la expresión "¡Dios mío!" cuando los ángeles me enseñan algo extraordinario o cuando simplemente, como en esa ocasión, quieren llamar la atención de Dios, de modo que lo hice esa mañana al levantarme. Sin embargo, cada vez que digo "¡Dios mío!" ellos guardan silencio y bajan la cabeza; sé que están en oración en ese momento. Así que aunque no digo muy a menudo esas palabras, aquella mañana no tuve otro remedio.

Me senté en el borde de la cama para recitar unas oraciones y le di gracias a Dios por otro día más. Sé que cada día es precioso para todos. También pedí por ti, lector, que siempre estás presente en mis plegarias. Pido que recibas todas las bendiciones que necesitas y sé que hay muchas de ellas. Quizá tú no te des cuenta de todas las que ya recibes a diario, como levantarte cada mañana y hacer lo que haces. Todas las cosas que das por hecho son bendiciones. Yo le doy gracias a Dios por las bendiciones que recibo cada día y esa mañana le agradecí poder levantarme, bajar las escaleras, ocuparme de Holly y disfrutar del aire fresco.

Acababa de cruzar las puertas del granero cuando sonó el teléfono. Era Ruth. Ella no supo que sonreí mientras me hablaba porque me dijo lo mismo que los ángeles me dijeron al despertar:

—Faltan nueve días, mamá.

No le dije que los ángeles me habían dicho exactamente lo mismo esa mañana. Al paso de los días, un ángel desempleado se burlaba con frecuencia de mí y me hacía reír porque fingía llevar una cubeta y una pala en la mano. O bien, otro lanzaba al aire una cubeta llena de agua y cuando ésta se derramaba en el aire se convertía en un arco iris. Nunca caía al suelo; permanecía unos segundos en su forma irisada, repleta de hermosos colores, y después desaparecía.

Un día le comenté a un ángel desempleado:

—Espero que no llueva durante la feria.

—No, el sol brillará —repuso—. Lloverá un poco, pero no demasiado, Lorna.

Esos nueve días pasaron muy rápido.

El jueves en la noche, Ruth llegó con los niños y la mañana del viernes partimos a la Feria de Ardmore. Los chicos estaban muy emocionados; pensaron que nunca se cumpliría su deseo. Te relataré algunas de las cosas que ocurrieron esos días.

Cuando llegamos al hotel desempacamos y fuimos a comer algo. Los niños desbordaban entusiasmo; aunque querían ir a la playa, Ruth los tranquilizó y les dijo:

—Iremos a Ardmore, veremos dónde está la iglesia de san Pablo y luego iremos a la playa.

Ellos estuvieron de acuerdo, así que partimos un rato después.

Cuando llegamos a Ardmore había coches estacionados por todas partes y mucha gente. La ciudad estaba a reventar. Avanzamos despacio y al llegar al crucero en el centro dimos vuelta a la izquierda para subir por la colina. Ahí, a la derecha, en la primera cuarta parte del trayecto, estaba una iglesia pequeñita. No pudimos detenernos y Ruth tuvo que pasar de frente.

Le dije:

—¡Ahí está! ¡Ésa es la iglesia!

No cabía duda; en la puerta estaba un hermoso ángel dorado. Su apariencia no era masculina ni femenina, era alto y elegante y vestía un ropaje plisado del color del oro. Cuando miré el atrio, vi otros dos ángeles que vestían de blanco.

Ruth continuó la marcha colina arriba.

Volteé para ver al ángel hermoso y ella dijo:

—Tienes razón, mamá; ésa es la iglesia.

—Ya sé —respondí, pero no le dije por qué volteaba, sólo quería confirmarlo.

Sabía desde luego que ésa era la iglesia. ¿Acaso los ángeles no estaban ahí para indicármelo? Mientras Ruth avanzaba tenía que frenar de vez en cuando para dejar pasar algún auto. Más arriba había una torre y un cementerio con muchos visitantes; no nos bajamos, porque los niños querían ir a la playa. Ruth logró dar vuelta, volvimos por el mismo camino por el que llegamos y nos estacionamos en la escuela. Caminamos hasta la ciudad, rumbo a la playa; cuando llegamos al centro y miré a mi derecha colina arriba, hacia la iglesia de san Pablo: el bello ángel dorado seguía en su sitio.

Le hablé un momento sin palabras:

—¡Hola! Espero que estés ahí para recibir a todas las personas que entran a la iglesia.

—Sí —me respondió.

Ruth dijo:

—Tómense de las manos para cruzar la calle.

Había mucha gente. Las calles estaban llenas de familias, adolescentes, turistas, y también gran cantidad de ángeles. Siempre se me dificulta mucho expresar con palabras todo lo que veo. Había una orquesta de jóvenes que tocaban en el malecón acompañados por los ángeles. Yo oía su música, pero también la de los ángeles, que tocaban instrumentos musicales.

Uno de ellos tocaba un instrumento que yo no había visto nunca antes. Era inmenso y estaba detrás de los jóvenes músicos. Pese a que tenía la apariencia de un arpa irlandesa, incluía a cada lado dos trompetas doradas enormes; la base de las trompetas subía en espiral hasta una gran bocina. El ángel no soplaba, sino que al palpar el instrumento producía un sonido encantador y pasaba al mismo tiempo las yemas de los dedos por las cuerdas del arpa, de color plateado. Cuando aquel precioso ángel ejecutaba ese instrumento, los demás callaban, aunque la banda seguía tocando. No puedo describirte la bella melodía que emanaba de ese instrumento; todo lo que puedo decir es que era increíble ver cómo la luz de los ángeles iluminaba el escenario. De veras no puedo comunicar con palabras cómo era la música de los ángeles, sobre todo en contraste con la que la orquesta interpretaba.

Cuando un ángel cantaba con el vocalista era como si se elevara en oleadas esa voz y esa música. Mientras la orquesta tocaba en compañía de los ángeles quise quedarme a escuchar, pero como no podía hacerlo caminé lo más despacio posible.

Pasé con mis nietos unos días maravillosos en la playa. Llegado el momento de mi charla en la iglesia de san Pablo, el hermoso ángel dorado me esperaba todavía en la puerta.

La iglesia, en forma de cruz, estaba llena y les dije a los ángeles:

—Estoy muy nerviosa.

Los ángeles replicaron:

—Lorna, mira a todas las personas y a todos los ángeles que estamos aquí contigo.

Yo les sonreí. Cuando llegó el momento de presentarme ante la gente, los ángeles agitaron la mano para saludarme. Ese día vi al ángel de la guarda de cada uno de los presentes en aquella iglesia. Por un momento no hice otra cosa que mirar a los ángeles que no cesaban de entrar a raudales en el templo.

Incluso les dije en silencio:

—Si siguen llegando más, no habrá espacio para toda la gente; ustedes no le permitirán entrar.

Un ángel desempleado repuso:

—No te preocupes, Lorna; hay espacio de sobra.

Esa mañana previa a mi charla, mi hija Megan, que se nos había unido la mañana anterior, escribió en una hoja algunas de las cosas de las que yo podría hablar, pero ¿creerás que durante el evento los ángeles me dijeron que hablara de otras? No mencioné ninguna de las ideas de Megan.

Siempre que doy una plática, por lo general le hablo a la gente de los ángeles que veo entre el público, aunque no le revelo si el Arcángel Miguel, el Ángel Elías o el Ángel Hosus están conmigo en el estrado para indicarme lo que debo decir. En esta ocasión, el Arcángel Miguel estaba a mi izquierda y el Ángel Hosus a un metro a mi derecha. De cuando en cuando, el Ángel Hosus bajaba para mezclarse con el público y el Arcángel Miguel se acercaba a mí a fin de que yo le transmitiera a la gente lo que necesitaba oír.

Terminada la charla acogí con gusto a todas las personas que se acercaron a recibir la bendición. Una señora me dijo que no quería la bendición para ella sino para su hijo, que pasaba por un momento difícil. Muchos me pidieron bendiciones para sus seres queridos; Dios se las otorgó a todos.

Salí de la pequeña iglesia con mis hijas y mis nietos. Fuimos a comer algo, pero los chicos querían regresar a la playa. De camino nos encontramos a un grupo de mujeres con varios niños.

Se acercaron a nosotros y dijeron:

—¡Gracias! Usted nos dio mucho en qué pensar.

Una de ellas tenía dieciocho años, iba acompañada por su novio y me dijo:

—Usted nos cambió la vida. Nos devolvió la esperanza.

Estábamos cerca de la playa cuando Ruth me dijo:

—Mamá, una de las familias asistentes dio un donativo para tu fundación, pero no recuerdo el nombre de la señora.

—No importa —repliqué—. Si ves a esa familia, señálamela por favor.

Antes de dirigirnos al hotel, Ruth dijo que quería subir a la colina más allá de la iglesia para visitar un hotel en el risco que daba al mar.

Le pregunté:

—¿De verdad?

—Sería agradable que lo conociéramos; he oído hablar mucho de él y su fabulosa vista panorámica.

Sonreí cuando pasamos de nuevo por san Pablo, donde el bello ángel dorado aún permanecía. La colina parecía una montaña rusa en medio de tantos carros, y más peatones todavía, así que tardamos mucho en llegar a la cumbre. Aunque lo hicimos, sólo miramos el hotel de lejos; no nos acercamos más porque pensamos que no encontraríamos habitaciones, aunque comprobamos que era muy bonito y estaba muy bien ubicado.

Le dije a Ruth:

—Parece lindo, pero pienso que el hotel en el que estamos es mucho mejor. Si tenemos la oportunidad de regresar, creo que yo me hospedaría en el hotel donde estamos ahora.

Dimos la vuelta e iniciamos nuestro descenso. Ruth paraba a cada rato a causa del gentío que abarrotaba las calles, de manera que avanzábamos muy despacio. Fue un caos bajar la colina. De pronto, los ángeles atrajeron mi atención; un poco más abajo de donde estábamos, unos ángeles desempleados hacían ademanes junto a un coche negro que acababa de estacionarse, en el que iban una mujer y sus hijos. Nos aproximamos lentamente a ellos. Yo observaba a los ángeles que hacían todo lo posible por proteger a los niños.

Recuerdo que el ángel guardián de la niña abrió sus enormes alas, tan blancas como la nieve. Vestía de un amarillo deslumbrante. Los ángeles de la guarda no me permiten ver siempre sus alas. El ángel de esa pequeña la cubrió con sus alas cuando bajó del coche y le susurró que se mantuviera cerca, ya que ese lugar era muy peligroso. Sonreí porque la niña hizo exactamente lo que su ángel le dijo; lo había escuchado.

Los ángeles desempleados que habían llamado mi atención estaban formados en fila. Eran al menos seis y se esmeraban en resguardar a la mujer y sus hijos, una familia de tres o cuatro.

El ángel guardián de uno de los chicos era de apariencia masculina. Tenía sus dos brillantes manos, llenas de luz, sobre los hombros del niño mientras éste rodeaba el auto. Vestía de diversos tonos de rojo y se elevaba sobre el chico. Vi con claridad que los ángeles guardianes protegían lo más posible a esos niños, con la ayuda de su madre.

Cuando nos acercamos, le pregunté al ángel del chico:

—¿Él sabe qué estás aquí?

—Sí —contestó—. Esta familia sabe que tiene ángeles de la guarda; es muy buena para escuchar.

Ruth dijo entonces:

—¡Mamá, ésta es la familia que donó el dinero para tu obra de beneficencia!

Hicimos muchos aspavientos cuando pasamos junto a ellos; aunque nos correspondieron, no pudimos detenernos y continuamos nuestro lento descenso por la colina.

Le dije a Ruth:

—Fue muy bueno que esa mujer haya dado quince euros.

Me conmovió su bondad al pensar en los demás, sobre todo en otros niños. Ser padre es el trabajo más difícil del mundo, y el más importante. Yo vi que esa mujer hacía su mejor esfuerzo; cuando pasamos junto a ella, su ángel de la guarda me dijo que era una madre llena de amor y compasión que sólo quería lo mejor para sus hijos. Mientras los miraba, les pedí a los ángeles guardianes de esa familia que cuidaran de ellos. Todos agitaban la mano todavía.

Capítulo 23

# La Madre Tierra

Era sábado, así que decidí tomarme un pequeño descanso, nada más por la mañana. Fui en coche a Mount Juliet para saborear un té y unos huevos tibios. La pasé muy bien sentada ahí mientras veía transcurrir la vida. No había mucho bullicio en Hunter's Yard, el restaurante de Mount Juliet. Cuando me asomé por el ventanal al campo de golf y las montañas, noté que había muchas nubes en el cielo; parecía que iba a llover. Pero como todavía hacía calor, decidí ir a dar un paseo.

Caminé río arriba para respirar aire fresco y disfrutar de todas las cosas simples de la vida que me rodeaban en mi avance por el río. El único ángel junto a mí era mi ángel de la guarda.

Llegué a un lago artificial. Me detuve un momento para ver si había cisnes o patos en el agua, pero no hallé ninguno.

Le dije a mi ángel guardián:

—¡Es una lástima!

Busqué algún indicio entre los carrizos y en la orilla del río. Mi ángel me dijo:

—Hay algunos más arriba; pero quizá no los veas hoy.

Continué mi paseo hasta que el sendero empezó a cubrirse de maleza. Me detuve pensando que debía regresar cuando vi a un ángel desempleado entre la hierba, a mi izquierda, en un sitio que llevaba al río.

Me hizo señas y me dijo:

—¡Es por acá!

Tan pronto como pisé ese camino enmalezado, el ángel me dijo:

—Sígueme.

El ángel desaparecía de mi vista muchas veces, cuando la hierba era demasiado densa. El sendero era muy angosto; en numerosas ocasiones tuve que pasar de lado.

Le dije al ángel desempleado:

—Es muy difícil, quizá deba regresar.

Él replicó:

—Sigue, Lorna.

Las púas, como yo las llamo —sé que muchos les llaman ortigas—, eran de mi estatura, con zarzas y ramas torcidas entre ellas. Mientras seguía, paso a paso por el estrecho sendero, pensé que semejaba el camino que un pescador tomaría para llegar al arroyo. Ponía más cuidado cuanto más me acercaba al río; oía el estrépito del agua corriendo.

—¿Hay una cascada aquí? —pregunté en voz alta y aunque supuse que el ángel desempleado contestaría, no obtuve respuesta.

Cuando llegué a la corriente vi que pasaba muy rápido sobre las grandes rocas del río, por eso yo oí un ruido como de cascada. Bajé de la orilla hasta donde había muchas piedras pequeñas, que atravesé para sentarme en lo que parecían ser los restos de un antiguo muelle. Miré largo rato al otro lado del cauce y escuché todos los sonidos del río. No había más que silencio.

Debo haber permanecido diez minutos ahí hasta que oí que alguien me llamaba por mi nombre. Al voltear vi que el Arcángel Miguel cruzaba las piedras hacia mí. Vestía de pescador, con sus enormes botas largas hasta la cadera, y cargaba una caña de pescar.

—¡Hola! —le dije—, no te esperaba, ¡qué sorpresa!

No me respondió; sólo se acercó y se sentó a mi derecha sobre una parte de la pared del viejo muelle, o de lo que quedaba de ella.

Me sonrió, bajó la caña de pescar y dijo:

—Buenos días, Lorna. Espero que te estés divirtiendo.

—Claro que sí —contesté—. Es muy agradable estar sentada en este lugar.

Me tomó de la mano y me dijo:

—Dios sabe lo difícil que será para ti escribir sobre la crucifixión. Él ha cambiado de parecer, porque sabe que escribir cualquier cosa acerca de eso, incluso una pequeña parte, te dolerá y sabe que le temes. Te permitirá escribir sólo una pequeña parte de lo que viste y experimentaste cuando tu alma fue trasladada al pasado para que presenciara la crucifixión. Dios sabe cuánto afecta eso a tu cuerpo humano y cómo te debilita cada Pascua, cuando se te muestra más de lo que sucedió durante la crucifixión.

Mientras él hablaba, lágrimas rodaban por mis mejillas. Lo miré confundida y le dije:

—Creí que Dios quería que escribiera sobre la crucifixión.

—Lo quiere, Lorna, después; pero cuando lo hagas dispondrá que muchos de sus arcángeles te rodeen —respondió.

El Arcángel Miguel enjugó mis lágrimas con un pañuelo de color tan blanco como la nieve que usa siempre.

—¿Tú estarás ahí también, Arcángel Miguel? ¿Estarás conmigo cuando empiece a escribir sobre la crucifixión?

—Sí, Lorna, y en una semana más estarás lista para escribir lo que Dios quiere que relates acerca de la crucifixión. ¿Crees que pueda pescar algo, Lorna? —preguntó y me hizo reír, aunque él no se rio; nada más me brindó una enorme sonrisa y me dijo—: Mira, un cisne viene por el río.

Momentos después dijo que debía marcharse; se levantó, caminó por donde había llegado, atravesó las piedras vestido todavía de pescador con sus largas botas y desapareció.

Yo permanecí unos minutos en el viejo muelle y pensé en lo que el Arcángel Miguel me había dicho y en el mensaje de Dios. Decidí dejar todo eso en el fondo de mi mente, al menos por el momento. El mismo ángel desempleado de antes apareció a mi izquierda entre los árboles; me puse de pie y caminé hacia allá.

El ángel me dijo:

—Lorna, disfrutaste de un paseo lleno de aventuras entre la maleza junto al cauce del río. Cuando todo se inunda, el río cubre esa parte.

Lo seguí. No sé cuánto caminé, pero lo hice sobre el cauce seco al tiempo que miraba todas las plantas que viven bajo el agua cuando el río crece. Vi en los árboles las marcas de la corriente que sube en algunos lugares. A mí me cubriría sin duda alguna, con mi escaso metro y medio de estatura.

El ángel desempleado me dijo:

—Es hora de regresar, Lorna.

Me di la vuelta para retornar al viejo y destartalado muelle. Unos pajaritos se metieron entre los árboles y se posaron en las ramas que me rodeaban. Mientras caminaba, supe que podía extender el brazo y tocarlos.

Cuando llegué al viejo muelle les di las gracias a los pájaros por haberme hecho compañía, así como al ángel desempleado y, por supuesto, a mi ángel de la guarda.

Me detuve un momento en la orilla; el agua casi tocaba mis sandalias. Veía al otro lado cuando sentí de repente que la tierra vibraba y supe que el Ángel Jimazen estaba a punto de aparecer.

Mis pies se inmovilizaron. La superficie del río se aquietó, el agua dejó de correr, todo se congeló en el tiempo. Lo primero que vi fue su báculo. Apareció sobre las rocas en el centro del río y un momento después apareció él, un metro por encima de las piedras.

Le dije:

—¡Hola, Ángel Jimazen!

Me miró y sonrió. Es enorme en todos los sentidos, como un gigante. Viste una armadura roja y dorada con un matiz oscuro. Por más que lo haya visto en el pasado, siempre me asusta un poco, porque hace temblar la tierra bajo mis pies. El Ángel Jimazen es muy importante para todos, es fundamental para la Tierra. Como ya expliqué, Dios lo nombró ángel guardián y protector de nuestro planeta. Es uno de los pocos ángeles que no pueden abandonarlo jamás, ni siquiera un segundo, así como tu ángel de la guarda no puede dejarte nunca a ti.

Fue el Ángel Jimazen quien me explicó de niña que nuestro planeta está vivo. Fue este ángel poderoso quien me ayudó a entender por qué a veces parece tan contrariado o molesto, pese a lo cual exhibe inmensa compasión y amor en el rostro cuando intenta mantener en paz a la Madre Tierra. Ella es la fuerza de la vida que reside en nuestro planeta, es un ángel hermoso. El Ángel Jimazen intenta evitar que se agite tanto, pero ella tiene que hacerlo para curar a nuestro planeta. El Ángel Jimazen tiene que calmar a la Madre Tierra.

Ya escribí sobre esto en *Un camino al cielo*. Ahí me referí a aquella ocasión en la que el Ángel Jimazen abrió la Tierra para que yo pudiera ver el corazón de nuestro planeta. Vi en el centro a la Madre Tierra, acurrucada como un bebé. ¡Era tan hermosa, de una apariencia tan femenina! No cabía la menor duda de eso. Ella era alta, estilizada y suave como la seda, con unos colores laqueados e indescriptibles. Eran tonalidades ambarinas del azul y del verde, si cabe imaginar algo así, que se entremezclaban como vetas de oro. Era sencillamente magnífica. Por más que la describa, no le haría justicia. Ese bello e increíble ángel en el corazón de la Tierra se llama Madre Tierra. Tiene muchos brazos que brotan de ella como velas. Se mueve siempre con gracia inigualable y extiende sus brazos hacia cada parte de nuestro planeta que necesita sanación. Es como una madre que alimenta a su pequeño, empeñada en cuidar a nuestro planeta y toda la vida en él.

Debemos ayudar al Ángel Jimazen a mantenerla tranquila. Debemos dejar de destruir a nuestro planeta porque así matamos a la Madre Tierra. Ella hace lo posible por salvar la vida, lo que incluye a la humanidad. ¿Sabías que nuestro planeta se ha deteriorado? La Madre Tierra no puede hacer nada ante eso, porque nosotros no dejamos de arrebatarle el petróleo, el gas y muchos otros minerales que necesita para mantener vivo a este bello planeta. Nuestra Tierra nos fue dada como regalo y la tratamos muy mal, parece no importarnos.

El Ángel Jimazen sostiene una increíble relación con la Madre Tierra. Lucha con ella para impedir que se trastorne demasiado pero sabe que tiene que hacerlo para curar a nuestro planeta. El Ángel Jimazen usa su báculo para clavar la tierra y darle alivio. Hace todo esto por amor a la Madre Tierra. La humanidad lo hace rabiar y enojar porque no cesa de destruir a la Tierra y al hermoso ángel llamado Madre Tierra.

Cada vez que los seres humanos tomamos algo de la Tierra contaminándola o perforándola; cada vez que tomamos petróleo, gas y otros minerales, la Madre Tierra, ese bello ángel, tiene que hacer un esfuerzo para proteger la salud de nuestro planeta, tiene que estremecerse por el bien de toda la vida en el Planeta Tierra.

El Ángel Jimazen no puede dejar ni un segundo a la Tierra porque es su ángel guardián, pero necesita nuestra ayuda en todo momento. Cada vez que él se presenta me da miedo, aunque hoy solamente me sonrió y dijo:

—¡Hola, Lorna! No dejes de recordarle a la gente lo precioso que es nuestro planeta y lo hermosa que es la Madre Tierra, ese bello ángel, cuyos brazos mueve en el centro del globo para reparar el daño que le hacemos a este espléndido planeta que Dios nos regaló —y desapareció en ese instante.

Yo regresé a la ribera. Di con cuidado cada paso, para no punzarme ni acabar con demasiados rasguños en las piernas debido a las zarzas; por desgracia, ese día no usaba pantalones, llevaba puesta una falda. Mientras volvía al auto pedí que la gente de todo el mundo escuchara al Ángel Jimazen para que él pueda mantener lo más tranquila posible a la Madre Tierra. Siempre que veo al Ángel Jimazen temo que sea una señal de que la Madre Tierra debe convulsionarse en una forma muy angustiosa porque nosotros no le hemos dado otra opción más que reparar el daño que hacemos. Esto puede provocar terremotos, erupciones volcánicas y grandes desastres naturales que acaben en alto grado con la vida sobre nuestro bello planeta. Y cuando esto sucede y muchas personas sufren, es parte de mi papel contribuir a absorber ese dolor.

Sé que la Madre Tierra nunca desea agitarse con tanta ferocidad, ya que toda la vida en la superficie de la Tierra es preciosa y ella lo sabe. Percibe que los seres humanos somos hijos de Dios y que todos y cada uno de nosotros tenemos un alma, pero Dios le dio el deber de mantener vivo nuestro planeta en toda la variedad de sus formas. Dios creó la vida que está dentro del planeta y en su superficie. Y aunque la Madre Tierra hace su mejor esfuerzo, nosotros también debemos desempeñar nuestra parte y escuchar al Ángel Jimazen. Él nos transmite en todo momento el mensaje de que no contaminemos ni destruyamos nuestro hermoso planeta. Yo veo que muchas veces lo decepcionamos por no escucharlo, pero su frustración es amor. Pese a que intenta proteger a la Madre Tierra y a nosotros mismos, no puede transgredir nuestro libre albedrío. Es decisión nuestra mantener sin contaminación el aire, los ríos, los lagos, los mares, los bosques y las montañas. Es decisión nuestra cuidar todos los magníficos lugares y la hermosa vida que nos rodea y que vemos a diario. Toda la naturaleza, los majestuosos árboles, animales y aves son un regalo para todos nosotros. Haz tu parte y ayuda al Ángel Jimazen a mantener tranquila a la Madre Tierra a fin de que ella se mueva con delicadeza.

La Madre Tierra ha reaccionado agresivamente en numerosas ocasiones porque nosotros damos por hecho este hermoso planeta. Cuando ella se mueve de manera destructiva siempre culpamos a Dios.

Preguntamos: "¿Por qué Dios permitió que esto pasara?".

La verdad es que los seres humanos somos la causa de ello, así que yo oré durante mi retorno a Hunter's Yard.

Horas después estaba de vuelta en casa y revisaba la abundante correspondencia que había recibido. Incluía una carta de una mujer que vivía en Italia.

Ella escribió:

*Lorna: quizá no me recuerdes; te envié una carta hace tiempo para preguntar si era posible que visitaras y rezaras por mi hijo, quien estaba en terapia intensiva en un hospital italiano. Te di mi número telefónico. Tú me llamaste y me dijiste que pronto pasarías un par de días en Italia y que si te era posible visitarías a mi hijo. Lo hiciste. ¡Ahora sólo quiero darte la maravillosa noticia! Mi hijo despertó al día siguiente y ya está en casa. Doy gracias a Dios por habernos concedido ese favor y habernos devuelto a nuestro hijo.*

Yo también di gracias a Dios de inmediato y le pedí que ese joven conservara su salud. Cuando lo visité en el hospital, su madre me condujo al área de terapia intensiva. En el trayecto, me contó que su hijo se había roto todos los huesos, de la cabeza a los pies; se encontraba en estado crítico y los médicos no sabían si reaccionaría o no. Me dijo que ella meses antes había perdido a otro hijo y rogaba a Dios que no le quitara a éste también.

Cuando llegamos a la puerta de la unidad de terapia intensiva, la tomé de la mano y le dije:

—Recuerde que lo único que puedo hacer es pedirle a Dios que permita que su hijo viva. Todo está en manos de él; yo sólo puedo pedir.

—Lo sé, Lorna —contestó—, pero necesito que lo hagas, quiero que mi hijo viva. Que sea lo que Dios quiera.

Tocó un timbre y un momento después las puertas se abrieron. Entré a terapia intensiva y vi que el chico tenía tubos por todas partes; verlo en ese estado me impactó sobremanera. Su ángel de la guarda lo cargaba en brazos y lo cubría con sus alas como en un capullo. Me acerqué a su lado para rezar. Los médicos me saludaron y uno de ellos dijo:

—Ya no podemos hacer nada por él.

El ángel guardián del muchacho me dijo sin palabras:

—Lorna, este chico sufre mucho. Le dolió tanto perder a su hermano que perdió también el deseo de vivir.

Esto era algo que su madre no sabía y yo lo entendí. Supe que en realidad este joven no quería hacerse daño, simplemente no soportaba su aflicción.

Su ángel de la guarda me habló de nuevo:

—Lorna, dale la voluntad de vivir. Él te oirá.

Cuando me aproximé a la cama de aquel joven, me sentí devastada al verlo tendido ahí y eso me llenó de compasión.

En cuanto me puse a rezar, los Ángeles de la Curación lo rodearon y pusieron sus manos sobre él. Vi que su radiante luz tocaba el cuerpo humano del chico mientras yo le murmuraba al oído las palabras que se me había pedido pronunciar para comunicarle la voluntad de vivir.

En mis oraciones, junto a su cama, pedí a Dios que se recuperara. Su madre y su familia lo necesitaban. Era un buen chico. Le dije a Dios todo eso. Sentí amor por él a pesar de que no lo conocía.

Le pedí a Dios:

—Permite que este joven se recupere por completo.

Fue maravilloso saber que el chico había despertado. Su madre me dijo que había querido avisarme que, justo a la mañana siguiente de que yo pedí por él, su hijo despertó y ahora ya estaba en casa.

Enterarme de prodigios como ése me hace muy feliz. A veces pasan varios años para que alguien me diga que Dios lo curó, ya sea en la presentación de un libro o cuando doy la bendición después de una conferencia.

¡Gracias, Señor! Está invariablemente en las manos de Dios que alguien sobreviva. Esto es algo que no siempre entendemos. Hacemos muchas preguntas: ¿por qué Dios permite que alguien viva y otro muera? ¿Por qué lleva algunas almas al cielo y a otras no?

Le llamé a esa mujer y le dije que me había dado mucho gusto enterarme de que Dios le había dado a su hijo una segunda oportunidad en la vida.

Capítulo 24

# Jesús y el Árbol de la Vida

Un viernes en la noche estaba sentada en el sofá con mi hija Megan, quien se encontraba de mal humor y se quejaba del internet.

—¡Esperaría que los ángeles me ayudaran! Sobre todo porque estoy tratando de subir tu post al Facebook, mamá. ¿Creen que tengo tiempo que perder?

Yo sonreí a la vez que veía a su ángel de la guarda y le dije:

—No creo que los ángeles puedan hacer gran cosa con el internet —y no pude contener una carcajada.

Me miró y preguntó:

—¿De qué te ríes, mamá? ¡Esto no es gracioso!

—Lo siento, pero no lo pude evitar.

—Tengo mucho que hacer, mamá, y este ridículo internet me roba tiempo. ¿Qué te hace tanta gracia?

—Tu ángel de la guarda y tú —contesté.

—¿Qué hace mi ángel de la guarda? —preguntó.

—¿De veras quieres que te lo diga?

—Sí.

—Representa tu frustración. ¡Es tan divertido que me hace reír!

—¿Qué hace? —insistió ella.

—Cada vez que algo te molesta y tú explotas —respondí—, tengo que irme a otra parte. ¿No lo habías notado nunca? Eso se debe a que tu ángel de la guarda imita tu malestar.

Me vio con una mirada de sorpresa y dijo:

—Cuéntame qué hace mi ángel.

—Tu hermoso ángel de la guarda se jala el cabello en este instante a causa de tu frustración.

Yo lo imité a mi vez y me alboroté los cabellos.

Megan rio y dijo:

—Bueno, eso es precisamente lo que me gustaría hacer.

Ambas reímos. Cuando ella se molesta, su ángel siempre le dice al oído que se tiene que tranquilizar.

—¿Mi ángel guardián tiene aún la misma apariencia de hace años, cuando yo era niña? ¿La misma apariencia que tú viste cuando mi papá me tomó de una mano y Ruth de la otra, mientras caminábamos hacia ti en el filo de una montaña en Dublín? Me encanta esa anécdota y la fotografía que tomaste, aunque mi ángel no aparezca en ella; me ayudan a conservar el recuerdo de ese día. ¡Debo haber tenido apenas dos años!

—No te pongas triste —le dije—. Recuerda que tu papá está siempre contigo cuando lo necesitas. Recuperaré esa foto, sé dónde está, ¿te parece?

—¡Sí, por favor! —pidió.

—Está en la caja del ático. Mañana treparé por la escalera para buscarla. Son varias las fotos de tu papá, tu hermana y tú. Y sí, Megan, tu ángel de la guarda tiene siempre la misma apariencia de ese día.

—¿Me lo puedes describir otra vez, mamá?

Miré a su ángel; asintió y me dirigió una enorme sonrisa.

—Tu ángel de la guarda tiene siempre una apariencia femenina, jamás cambia de género —le dije—. Tú ya sabes cómo se llama.

—Sí —confirmó Megan.

Pronunció en ese momento el nombre de su ángel, pero no puedo decírtelo porque ella me pidió que lo mantuviera en secreto.

—Ahora eres una joven, así que tu ángel guardián no tiene ya la apariencia de una niña; porque parece tener tu misma edad.

Le expliqué que todos los ángeles fueron creados al mismo tiempo, de tal forma que para ellos la edad no existe; no envejecen. Y añadí:

—Tiene el cabello igual que antes, peinado en dos trenzas con un listón anaranjado, rojo y verde y una hermosa pluma roja; no veo que le haya agregado nada más. Es como si le bastara acomodarse el cabello para que se mantenga en su sitio. Le cae por la nuca, a la izquierda. Tiene, por supuesto, una hermosa sonrisa. Su rostro es radiante. Tiene unos ojos cafés maravillosos, tan grandes como platos, llenos de una luz fulgurante. Los ángeles guardianes no suelen proyectar un color de ojos particular. Los ojos de la mayoría son como las estrellas que vemos en el cielo; no son de un color determinado, sólo están llenos de luz y emiten reflejos como las estrellas en el cielo nocturno. En el centro de la frente de tu ángel hay una luz en forma de estrella; brilla como un lucero todo el tiempo. Él sigue vistiendo una bella túnica de color dorado claro y en este momento acaba de poner sus manos sobre tu cabeza.

Megan dio las gracias a su ángel de la guarda, después me dio a mí un fuerte abrazo y dijo:

—¡Gracias, mamá! Necesitaba oír eso.

El internet empezó a funcionar minutos después. Yo me levanté y me hice una taza de té. Vimos juntas uno de nuestros programas favoritos, *Nashville*.

Días más tarde, cuando Megan ya se había ido a la universidad, decidí ir al ático a buscar aquella fotografía. Sabía que estaba en una de las cajas.

Cuando estaba a punto de tirar de la escalera de mano, mi ángel de la guarda me dijo:

—Cuando encuentres la foto, guárdala en un lugar seguro en el ático. No se la des a Megan por ahora. Espera a Navidad, bájala entonces y sorpréndela.

Le dije:

—Recuérdamelo cuando Navidad esté cerca.

Me senté frente a la computadora y todo estaba en silencio. No se oía nada; era como si el tiempo se hubiera detenido. Volteé hacia la puerta; el Arcángel Miguel apareció ahí, en compañía del Ángel Amén.

—¡Hola, no te esperaba! —le dije.

Él contestó:

—El Ángel Amén llevará tu alma al cielo.

Sentí miedo cuando el Ángel Amén se hincó ante mí sobre una rodilla. Alzó la mano con un movimiento suave. Me sentí ingrávida, como una pluma en el aire. Sentí la paz y tranquilidad que siempre me invaden antes de que mi alma sea llevada a otra parte.

El Ángel Amén sonrió y me dijo con una voz suave:

—No temas.

Yo repuse en silencio, con la certeza de que me oiría:

—No tengo miedo, sólo me asusta un poco perder un momento la respiración. No creo acostumbrarme nunca a eso.

Mientras acercaba su mano a mi pecho me dijo:

—Lorna, Dios te necesita. No hay motivo para que temas.

Justo cuando puso su mano en mi alma, los ángeles me rodearon. Pusieron a mi alrededor la manta especial de siempre para proteger mi cuerpo.

Un momento después yo estaba en el cielo. El Ángel Amén estaba junto a mí, me tomó de la mano y caminamos. Yo sabía adónde iba; Dios ya me había mostrado muchas veces ese lugar. Sentí la arena bajo mis pies, era como seda. Todo era muy blanco. La luz parecía centellar por doquier, aunque no me cegaba mientras recorría las colinas de la mano del Ángel Amén. Sabía que el trayecto nos tomaría unos cuantos minutos, si debo describirlo en términos humanos, pero en realidad en el cielo el tiempo no existe.

Cuando nos detuvimos, el Ángel Amén señaló una de las montañas y me dijo:

—Debes ir allá, Lorna. Dios estará contigo en un momento.

Vi un árbol enorme en la cumbre de la colina. No había más árboles por ningún lado. Todas las colinas estaban cubiertas por una reluciente arena blanca. Ni siquiera había una roca u otras plantas. Reconocí ese árbol; era el Árbol de la Vida. Es gigantesco. Yo ya había estado ahí en numerosas ocasiones.

Un momento después estaba al pie de la montaña. La subí a gatas, tan rápido como pude. Cuando llegué al árbol me senté en sus raíces. Eran tan grandes como sus ramas y se retorcían sobre la superficie; después, algunas de ellas desaparecían bajo la arenosa montaña.

Yo no era una adulta sino una niña de diez años. Llevaba puesta una túnica tan blanca como la nieve. Siempre soy una niña cuando Dios lleva mi alma al cielo, porque todos somos hijos de Dios. Sé que esto es difícil de comprender para los adultos, pero para Dios somos apenas unos niños.

Oí que me llamaban por mi nombre y volteé. Un chico de mi edad estaba junto al tronco del árbol, del que se agarraba para no perder el equilibrio en tanto se erguía sobre una de las grandes raíces. Vestía igual que yo, con una túnica blanca y pantalones, como siempre.

—¡Hola, Lorna! —me dijo.

—¡Hola, Jesús! —respondí.

Me levanté y atravesé las raíces del árbol, entre las cuales tenía que saltar a veces. Nos sentamos juntos a mirar las colinas y dejar que la arena corriera por nuestros dedos.

Él comentó:

—Mi padre me dijo que jugáramos. ¿Sabes quién es mi padre?

Lo miré sorprendida y contesté:

—¡Sí, claro! Tu padre es mi padre, nuestro Padre celestial, Dios.

—¿Sabes quién soy yo? —preguntó entonces.

—¡Sí, claro! —repetí—. Eres Jesús, el hijo de Dios.

Rio y me dijo:

—Sólo te estoy poniendo a prueba, Lorna.

Nos paramos de un salto y nos pusimos a jugar a que corríamos y brincábamos en torno a ese árbol gigantesco. Nos perseguimos, reímos y platicamos como dos niños. Él siempre me alcanzaba, y yo nunca podía hacerlo.

Rodamos montaña abajo, alocadamente, aunque no nos lastimamos. Nuestro juego consistía en ver quién llegaba primero al pie de la colina y regresaba corriendo a la cumbre lo más rápido posible. Reímos todo el tiempo. Nos divertimos mucho.

Después, nos sentamos entre dos de las grandes raíces del árbol. Era como una casita; dejábamos que la arena se deslizara entre nuestros dedos cuando Jesús dijo:

—Subamos al árbol, Lorna.

Lo miré.

—Es demasiado alto, Jesús; ni siquiera alcanzo a ver su copa. ¿Cómo podríamos subir?

Él dijo:

—No hay problema —y puso su mano en el árbol—. Comencemos por aquí.

Empezó a escalar y yo lo seguí. No veía forma alguna de trepar por el árbol mientras lo examinaba, pero cuando Jesús puso sus manos sobre él, cambió un poco. Pasábamos de una rama a otra sin esfuerzo.

No llegamos hasta arriba porque Jesús dijo de pronto:

—Creo que ya subimos mucho.

Nos sentamos en una de las grandes ramas y volteamos al cielo. Parecía una luz radiante sin principio ni fin. Vi millones de ángeles y millones de almas: hombres, mujeres y niños que habían muerto y estaban en el cielo.

Entonces vi y sentí el amor que provenía de todas partes, de todas las almas y los ángeles. Supe que ese amor era Dios.

Jesús alargó el brazo, me rodeó con él y me dijo:

—Lorna, es hora de que te vayas.

—No quiero irme —repliqué—. Quiero quedarme aquí contigo.

Él dijo:

—No, Lorna; mi padre no lo permitirá. No es tu momento todavía. Debes dejar que el Ángel Amén lleve tu alma de regreso a tu cuerpo humano.

Bajamos del árbol con un juego. Él dijo:

—¡A ver quién llega primero a las raíces!

Esta vez me dejó ganar. El Ángel Amén estaba al pie del árbol y me tomó de la mano. Volteé a ver a Jesús pero ya se había ido.

En un parpadeo yo estaba otra vez en la computadora, y el Ángel Amén enfrente de mí. Me dijo:

—Lorna, ve y prepárate un poco de té.

Él debía marcharse. Caminó hacia la puerta de la pequeña habitación donde trabajo y se desvaneció.

Capítulo 25

# El Ángel Amén, la vida diaria y mi amiga Catherine

El Ángel Amén ha estado presente en mi vida desde que era niña. Me enseñó a rezar. Lo conocí cuando vivía en la casa de Old Kilmainham; se sentaba en mi cama, me enseñó a persignarme y a recitar el Padre Nuestro y el Ave María. Me enseñó a rezar con cada parte de mi ser, con cada partícula de mi cuerpo y mi alma. Mi alma se eleva para unirse a Dios en la oración.

El Ángel Amén tiene siempre una apariencia femenina y lleva puesto un hermoso vestido que le llega casi hasta los tobillos; de la cintura para arriba parece una prenda muy antigua. Es elegante, alto y muy bello, de manos finas y alargadas. Cuando me enseñó a persignarme, a los cuatro años, tocaba mi mano con la suyas y me hacía reír porque sus manos se iluminaban; las yemas de sus dedos eran la parte más radiante: se ponían doradas y una luz esplendorosa emanaba de ellas hacia mí mientras me persignaba. Hasta la fecha, el Ángel Amén entra y sale de mi vida y aún reza a menudo conmigo.

Yo oraba cuando el Ángel Hosus tocó a la puerta y me dijo:

—¡Ya se te hizo tarde, Lorna! ¡Será mejor que te apures!

Giré en mi silla y pregunté:

—¿Tarde para qué?

—¡Para ir a la estilista! —respondió.

Consulté la hora y vi que ya eran las tres y diez. Me paré de un salto, tomé mi bolsa y corrí escaleras abajo; me puse las botas y tomé mi abrigo de la silla. Llovía a cántaros y había también una brisa muy fuerte, así que tuve que trabar el portón para que no se cerrara con el viento.

Cuando me subí al coche, el Ángel Hosus ya ocupaba el asiento del copiloto.

—¡Gracias! —le dije—. Me había olvidado por completo de la estilista. ¿Qué haría sin ti, Ángel Hosus? También había olvidado el té de caridad del sábado en Kerry. Roguemos al cielo que la autopista no esté bloqueada, porque de lo contrario tendré que regresar en reversa.

Él dijo:

—Tómate tu tiempo. Eimear, la estilista, tendrá que esperarte.

El tráfico estaba muy pesado para una ciudad tan pequeña. Había autos estacionados por todas partes; tuve que ir a un estacionamiento en el otro extremo de la ciudad. Cuando llegamos, el Ángel Hosus me indicó que debía irse, agregó "No olvides cerrar con seguro el coche" y desapareció.

Crucé lo más rápido que pude las pequeñas calles hasta la estética, pero cuando llegué a la puerta ya eran las tres y media.

Le dije a Eimear:

—¡Perdón por llegar tarde!

—No te preocupes —contestó—. Yo te marqué...

—No oí mi teléfono, seguramente yo estaba en el coche cuando llamaste. El tráfico era un caos.

—Así ha estado en las últimas semanas, no sé por qué.

Tardó hora y media en peinarme y después fui a la farmacia a surtir una receta.

Cuando regresé al coche, el Ángel Hosus ocupaba de nuevo el asiento del copiloto y me dijo:

—Lorna, debes ir a comprar comida para Mimsy: zanahorias, lechuga y brócoli. No tendrás tiempo de hacerlo mañana en la mañana, porque irás a Maynooth.

Justo cuando yo sacaba el coche del estacionamiento, él dijo que tenía que marcharse y desapareció.

Me dirigí al supermercado a comprar aquellas cosas, aunque en la glorieta di automáticamente vuelta a la derecha.

Dije en voz alta:

—¡Vaya! ¿Me arriesgaré a seguir hasta mi casa?

Mi ángel de la guarda respondió:

—Sí.

—Pero —repliqué—, ¿qué tal si me encuentro con otro auto, camioneta o camión?

Él contestó:

—Eso no sucederá.

Llegué a casa en unos minutos y atravesé el portón. Todavía diluviaba. Decidí tomarme un descanso y cocinar algo porque estaba muy cansada; había escrito todo el día y me sentía agotada, aunque sabía que en un par de horas tendría que subir a escribir un poco más.

Comienza a oscurecer mientras escribo ahora. Al mirar por la ventana al campo contiguo, veo que las vacas y los becerros corren de arriba abajo; están algo inquietos. No sé qué los sobresaltó; quizás el granjero llegará pronto. Acostumbra revisarlos cada tarde y supongo que el ganado lo espera con ansia.

Preparaba algo de comer en la cocina, picaba unas verduras y acababa de encender el horno cuando vi de reojo una luz en el granero.

—¿Eres tú, Miguel? —pregunté sin voltear.

Como picaba cebolla, tenía llorosos los ojos y ya me empezaban a arder.

—Me llamaste, Lorna —dijo el Arcángel Miguel.

Mientras me dirigía al fregadero repuse:

—¿De verdad?

Me enjuagué las manos, me limpié los ojos y tomé el trapo de la cocina para secarme. El Arcángel Miguel entró a la cocina y tocó mi hombro para que me volviera hacia él.

—¿Ya lo olvidaste, Lorna? —preguntó—. No tienes que llamarnos por nuestro nombre cuando nos necesitas; todos los ángeles de Dios estamos contigo todo el tiempo.

—¿Cómo supiste entonces que quería hablar contigo? —interrogué.

—No cabe duda que ya olvidaste lo que te dije hace mucho tiempo: que tu mente y tu alma están enlazadas y saben antes que tu conciencia con quién quieres hablar.

Sonreí y le dije:

—Sí, tienes razón. Olvido siempre que mi yo humano, mi mente y mi alma son uno. Sé que sabes antes que yo que debo hablar contigo —le sonreí—; parece una locura que mi alma sepa antes que mi mente que necesito hablarte. Pues bien, estoy desconsolada, Arcángel Miguel.

Me tomó de la mano y me llenó de amor.

Catherine y su mamá fueron las primeras amigas que Joe y yo hicimos en Johnstown. Íbamos a verlas en Navidad y ellas nos visitaban en Maynooth.

Le dije al Arcángel Miguel mientras me afanaba junto al lavadero:

—¡Nunca imaginé que mi amiga muriera! Estuvo siempre muy cerca de mi corazón.

—¿No recuerdas lo que te dije hace dos años, Lorna? —preguntó él.

—Sí —respondí—, recuerdo el día en que vi a Catherine a lo lejos y que su ángel de la guarda tomaba su alma y la preparaba para llevarla al cielo. Cuando llegué a casa, tú estabas justo donde estás ahora, aquí en la cocina. Desde entonces no dejé de pedirle a Dios por ella. Cuando se enfermó, le imploré que le permitiera recuperarse; cuando su muerte era ya inminente, hice oraciones para que aliviara su dolor, y cuando Catherine me habló por teléfono desde su cama de hospital yo me sentí devastada, porque la oí muy mal, muy débil. Aun entonces recé y recé; todavía esperaba que se repusiera, pese a que en el fondo sabía que se estaba yendo al cielo. Sin embargo, Arcángel Miguel, eso fue un golpe muy duro para mí. Pensé que Catherine asistiría a mi funeral y fue al revés; yo asistí al suyo, por difícil que sea de creer. Pido por sus hijos y sus nietos; sé que sufren y mi corazón está con ellos.

—Lorna, tú también sufres —replicó él—. Termina de hacer tu cena y te acompañaré.

En ese instante desapareció. Me dije que había sido una ilusión mía que él hubiera asegurado que me acompañaría. Acabé de preparar mi cena y justo cuando levantaba el plato para llevarlo a la mesa, él reapareció a un lado de la mesa del granero.

Le reproché:

—No creí que regresaras.

—Te dije que te acompañaría, Lorna.

Puse mi cena sobre la mesa, jalé una silla y le pregunté entre risas:

—¿Quieres sentarte en la cabecera?

—Sí, Lorna —respondió—. Ya casi terminas el libro...

—Sí —dije—. ¿Puedo hacerte una pregunta, Miguel?

—Pregunta lo que quieras —contestó.

—Sé que ustedes, los ángeles, me han enseñado muchas cosas y me gustaría incluir algo más en este libro para ayudarle a la gente a establecer contacto con su ángel guardián y con todos ustedes, pero es difícil escoger algo que armonice. ¿Tienes alguna sugerencia, Arcángel Miguel?

—Pensé que nunca lo preguntarías, Lorna. Dios me señaló una de las lecciones que puedes enseñarle a la gente; sé que recuerdas haberla recibido de niña. Nosotros te mostramos todas esas cosas para que puedas enseñarles a los demás a estar en contacto con su lado espiritual, su alma y su ángel de la guarda.

—¿Qué ibas a sugerir, Arcángel Miguel?

—Tú eres quien debe hacer algunas sugerencias —respondió—, pero cena primero.

—Puedo platicar al mismo tiempo —repliqué.

Se rio y dijo:

—Por supuesto.

Como sabes, la risa del Arcángel Miguel es estridente, aunque esta vez rio sólo un par de segundos.

Le dije:

—Si hubieras reído más tiempo, creo que mi cena habría terminado en el suelo.

Me sonrió, yo le sonreí también y continué con mi cena. Después le hice tres sugerencias, tomadas de los juegos que los ángeles me han enseñado: soplar con delicadeza, cerrar los ojos y contar hasta diez, y el que yo hago con las flores y el aroma.

—¿Cuál de ellas prefieres, Arcángel Miguel?

—Ninguna, Lorna. ¿Recuerdas el juego que yo te enseñé?

Lo miré y respondí:

—Sí. Lo jugabas conmigo.

Él dijo:

—Todavía lo practico, aunque no permito que me veas. El otro día que estuviste en el huerto lo practicaste sola.

—Sí, yo estaba en el huerto, la hierba me llegaba casi a las rodillas y el sol brillaba entre los árboles. Recuerdo haberlo jugado contigo el año pasado también. Separé un poco los brazos de mi cuerpo con las manos dirigidas al suelo y los dedos juntos; giré poco a poco y permití que todos los sonidos humanos y de toda la naturaleza se esfumaran, para oír sólo a los ángeles. Les dije en ese momento que lo único que quería escuchar era su canción, pero, no creo que todos hayan sido capaces de entonarla, Arcángel Miguel.

—No es indispensable que la gente gire lentamente en algún sitio con los brazos a los lados y los dedos dirigidos al suelo. Puede estar sentada o acostada; puede cerrar los ojos y rezarles a todos los ángeles que la rodean, y relajarse para que los demás sonidos se apaguen.

Yo le dije:

—¿No sería maravilloso que la gente practicara esto a cualquier edad? Le ayudaría a sentir la presencia de su ángel de la guarda. Sé que también podría suceder algo más: en el momento en que abra los ojos, justo en esa efímera milésima de segundo, quizá vea el destello de un ángel. Será una sensación fugaz, ¿pero no sería maravillosa?

Terminé de cenar y me levanté de la mesa para ir a la cocina. El Arcángel Miguel me siguió y antes de que desapareciera tomó mis manos entre las suyas y me llenó de amor y tranquilidad.

Dijo:

—Espero que ya no estés triste.

—Ya no lo estoy —respondí—. Sé que mi amiga está en el cielo. Está feliz y en paz, en compañía de sus seres queridos que se le adelantaron; y también permanece al lado de sus hijos y sus nietos.

—Debo irme ya —dijo él, volvió al granero y desapareció.

Los ángeles están junto a cada uno de nosotros. Todos tenemos un ángel de la guarda que no nos abandona ni un segundo. Tu ángel guardián te ama; para él, tú eres perfecto y único. Hazte el favor de verte como él te ve.

## Capítulo 26

# El pergamino

Cada vez que tengo que viajar fuera de mi país a dar una conferencia, hago citas para que me corten el cabello y otras actividades. Voy a Maynooth al menos uno o dos días antes para hacer todos los preparativos y me quedo en casa de mi hijo. Se trata de la antigua casita donde Joe y yo educamos a nuestros tres primeros hijos durante su infancia y adolescencia. Nuestra cuarta criatura, Megan, vivió cinco años ahí, hasta que, poco después de la muerte de Joe, me mudé a Kilkenny con ella. Hemos mantenido siempre esa casita en el seno de nuestra familia. Mi hijo, Christopher, ha hecho un gran trabajo en ella y en el jardín. Es un jardinero excelente; le basta con tocar las flores para que crezcan con todo vigor.

En cada ocasión que regreso a Maynooth, los recuerdos vuelven en tropel. A veces, cuando estoy sentada en el sofá de la sala me acuerdo de Joe en el sillón leyendo un libro o viendo las noticias. Lo recuerdo también sentado a la mesa de la cocina mientras jugaba cartas. Cuando yo volvía de las compras y pasaba por la ventana de la cocina, lo veía lavando los platos en el fregadero; él me veía llegar, me sonreía y me saludaba a través de la ventana. Momentos después abría la puerta del vestíbulo con el trapo de cocina en las manos, porque también secaba los trastes. Supongo que lo que más recuerdo es su sonrisa.

Ahora tendré que retroceder cuatro años y me gustaría que hicieras este viaje conmigo. Espero que en realidad lo hagas, que sigas mis huellas, veas y oigas todo lo que pasa en mi vida. Mi intención es ayudarte a estar en contacto con tu lado espiritual.

Fui a la oficina de correos de la unidad habitacional junto a la glorieta de Maynooth a ver si había cartas para mí. Había un paquete grande y recuerdo que las llevé al coche y las dejé caer en el asiento trasero. No les di mucha importancia en ese momento, porque estaba a punto de regresar a Kilkenny.

Dos días después, me hallaba sentada en el sofá por la noche cuando un ángel desempleado me dijo:

—Lorna, ¿por qué no abres algunas de esas cartas?

Volteé hacia la mesa y vi una enorme bolsa de plástico llena de sobres. Encima de la mesa había otro paquete con unas treinta misivas.

Le contesté:

—No insistas, sabes que estoy muy cansada; quiero acostarme temprano.

No obstante, el ángel desempleado se plantó frente a mí con una apariencia muy humana y las manos en la cadera. Me hizo recordar a mi nieto cuando insiste en que salga a jugar con él y eso me hizo sonreír.

Me dijo:

—¡Vamos, Lorna, abre esas cartas!

—Bueno... —cedí.

Hice a un lado las cobijas que había llevado al sofá y me levanté. Tomé la gran bolsa blanca llena de cartas y la vacié en el respaldo del sillón; luego tomé de la mesa las cartas restantes e hice lo mismo. Una fila de ángeles se extendía del sofá a la mesa del comedor, a lo largo de más de un metro. Mi sillón tiene forma de L y divide en dos la habitación, que es sala y comedor al mismo tiempo.

Dije en voz alta:

—Antes que ninguna otra cosa, me prepararé una taza de té. Espero que ustedes me ayuden a leer esas cartas. Sé que algunas están en inglés, pero incluso ésas me resultan muy difíciles de leer.

Si puedo leerlas es sólo gracias a los ángeles; no lo conseguiría sin ellos, debido a mi dislexia.

Minutos después dejé la taza de té y un pan en la mesita junto al sofá, me puse cómoda y volví a cubrirme con las cobijas. El mismo ángel desempleado de antes estaba aún frente a mí, un poco a la izquierda de la mesita; había retirado sus manos de sus caderas y ahora sostenía con ellas pluma y papel.

Me dijo:

—Lorna, bebe un poco de té y saborea ese delicioso bizcocho.

Me sonrió y yo a él mientras levantaba mi taza y sorbía el té. El bizcocho estaba realmente suculento. Les di las gracias a todos los ángeles, tomé la primera carta y la abrí.

Los ángeles que estaban detrás del sofá se inclinaban para balbucear en mi oído de qué trataba cada carta. Yo intentaba leer un poco; mi lectura ha mejorado al paso de los años.

No sé cuántas cartas leí; pasó más de una hora y ya me sentía muy cansada. Cada vez que leía una misiva con los ángeles, pedía que su solicitud fuera satisfecha. Les pedía además a los ángeles que la incluyeran en el pergamino de oraciones, lo cual hacían. Todas las oraciones, todas las solicitudes que alguien le hace a un ángel van a dar a ese pergamino, que después los ángeles me entregan para que yo se lo dé a Dios.

A veces las cartas son muy tristes. Se refieren a alguien que está muy enfermo, la pérdida de un ser querido o a alguien que trata de lidiar con situaciones familiares difíciles. Supongo que la mayoría de ellas son de madres y padres preocupados por sus hijos, de los que esperan que aprueben sus exámenes, encuentren trabajo, se casen, tengan hijos o simplemente sean felices.

Algunos padres sólo piden: "Lorna, incluye por favor nuestro nombre en el pergamino de peticiones que le entregas a Dios; él escuchará tu oración por nuestro hijo".

Puede ser que le pidan ayuda a Dios para que su hijo deje las drogas o el alcohol o no acabe en la cárcel. A menudo piden que haga amistades; en ocasiones un padre asegura que su hijo no tiene amigos, nadie con quién hablar. Esto es algo que me duele leer en una carta, porque sé que hay muchas personas, jóvenes y ancianas por igual, que se sienten solas; que no tienen a nadie con quién platicar. Hacer amigos es muy importante y conservar esas amistades también lo es.

Yo les digo a todos los padres del mundo: "Alienten a sus hijos a que, sea cual sea su edad, se afilien a un club, salgan a bailar o practiquen alpinismo, ciclismo, futbol, natación, equitación o lleven a cabo cualquier otra actividad que les permita conocer la naturaleza. Anímenlos a compartir. Recuérdenles que no deben ser demasiado tímidos. Díganles que apoyen a los demás, porque esto les ayudará a hacer amigos".

Estaba a punto de terminar de leer todas esas misivas y de pedir por los remitentes cuando el ángel desempleado me dijo:

—Una carta más, Lorna.

Aparté las cobijas y repuse:

—¡Estoy exhausta! Leeré el resto mañana en la noche. Sé que estarás aquí para ayudarme.

Empujé la mesita a la derecha, cuidando no tirar la taza vacía. Él insistió:

—Una carta más y ya, Lorna; después podrás irte a dormir.

Suspiré y dije:

—De acuerdo, sólo una más.

Me senté en la orilla del sofá. Iba a tomar una carta, pero me detuve; al mirar al ángel desempleado me pasó por la mente el pensamiento de que siempre recurro a los ángeles desempleados.

—Ya eres un ángel empleado —le dije—, porque me ayudaste con estas cartas.

Replicó:

—Me empleaste hace mucho tiempo, Lorna.

Reí y lo miré con atención.

—¡Es cierto! ¿Qué cabeza de chorlito soy!

Lo reconocí; él me acompaña siempre que abro sobres.

—¡A trabajar, Lorna! —dijo.

Barajeé las cartas que estaban esparcidas en el sofá para decidir cuál escogería.

Justo cuando iba a tomar una de ellas, el ángel dijo "Ésa no, Lorna" y señaló la pila.

—¿Entonces cuál? —pregunté—. Es difícil acertar.

Se inclinó y permitió que la luz de la punta de uno de sus dedos iluminara la esquina de una carta que estaba revuelta entre las demás. Yo la tomé y abrí el sobre. Era una carta breve, de un chico de catorce años; uno de los ángeles que estaban detrás del sofá se agachó y me ayudó a leerla. El joven se disculpaba por su defectuoso inglés y hablaba de su madre, quien estaba en la fase terminal de un cáncer y corría el riesgo de morir. Explicaba que no tenía a nadie más en el mundo, así que si su mamá moría él sería internado en un orfanatorio y eso lo aterraba. Me rogaba que pidiera por la salud de su mamá, que pidiera a Dios que le concediera un milagro. Aseguraba que la quería mucho.

No daba ninguna dirección ni número telefónico y yo ignoraba de dónde me había escrito. Cuando les pregunté a los ángeles no me contestaron, pero conocí a ese chico en una de mis giras de aquel año a algunos países escandinavos.

Fui allá a dar varias charlas dictadas por Dios y los ángeles acerca del amor, la paz, el medio ambiente y la salvación y curación de nuestro mundo. No recuerdo con exactitud qué país era; lo único que sé es que la sala estaba llena de gente, en gran medida jóvenes. Recuerdo que eso me desconcertó mucho: todos esos adolescentes querían saber de Dios, su ángel de la guarda, el amor y la paz. Los ángeles me dijeron que ellos tenían mucha fe, que creían en los milagros.

En mis eventos bendigo siempre a todos los asistentes, uno por uno, y pido por la sanación que necesiten. No sé cuánto tiempo tardé en bendecir esa noche a todas las personas; muchas me dijeron que no querían la bendición para ellas, sino que Dios la transfiriera a sus seres queridos, familiares o amigos.

Recorrí la fila de los jóvenes, a los cuales bendije.

Iba a avanzar para bendecir a uno de ellos cuando los ángeles que me rodeaban me dijeron en secreto:

—Éste es el chico de catorce años que te mandó la carta sobre su madre con cáncer.

Ellos me permitieron verme en ese momento en el sofá mientras leía la carta que ese muchacho me había enviado. Él avanzó hacia mí y en tanto lo bendecía me murmuró al oído:

—Lorna, no quiero esta bendición para mí sino para mi madre. Te mandé una carta. Ella tiene cáncer. Quiero que Dios la cure para que podamos estar juntos de nuevo.

—Recuerdo tu carta —contesté en un murmullo—. Desde que la recibí, todos los días le he pedido a Dios que te ayude. No te preocupes, te bendeciré y al mismo tiempo le pediré a Dios que le envíe una bendición a tu madre para que se cure.

Lo bendije y los ángeles me señalaron que debía continuar con la persona siguiente.

Le dije a Dios: "Él es muy joven, tiene apenas catorce años. Está impaciente por que su mamá se cure. ¡Concédele un milagro, Señor!"

Proseguí con mis bendiciones una persona tras otra. Sé que muchos milagros suceden durante las bendiciones y otros más tarde. Aquel chico tenía una fe muy grande; creía que si le rezaba a Dios recibiría un milagro para su mamá.

La otra parte de esta historia es que dos años después volví a ese país para presentar otro libro y dar mis pláticas.

Recuerdo que los ángeles me dijeron que en una de esas conferencias habría una pequeña sorpresa para mí. Durante esos dos años, aquel joven y su madre, a quien yo no conocía, pasaron por mi mente con mucha frecuencia. Los ángeles no me dijeron si Dios le había concedido o no al chico el milagro para su mamá; no les pregunté al Arcángel Miguel ni a Dios si les había concedido ese milagro. Nunca hago eso; sólo le pido a Dios que le conceda a la gente todos los milagros posibles. Le pedí simplemente que hiciera el milagro de curar a la mamá de ese joven para que él no terminara en un orfanatorio.

Al momento de la bendición en uno de mis eventos, ese joven, quien ya tenía dieciséis años, se paró frente a mí y me dijo:

—¡Gracias, Lorna, Dios me concedió el milagro! Mi mamá vive y se encuentra bien; está justo atrás de mí.

Cuando me lo dijo los ángeles lo rodearon, lo mismo que a su madre; ella avanzó y se paró junto a él. Mi corazón saltó de alegría; me dio mucho gusto oír esa buena noticia.

El chico, ahora un joven formal, nos presentó:

—Lorna, ésta es mi mamá.

Le sonreí a la señora y le dije:

—¡Hola!, estoy muy contenta de conocerla.

Sé que ella no comprendió la razón de que todo esto me alegrara tanto. Vi que el ángel de la guarda de su hijo había puesto sus manos sobre los hombros de él, con lo que le mostraba lo mucho que lo quería, El ángel de la madre la abrazaba con amor y bondad.

Procedí a bendecirlos y pedí que el milagro se extendiera a fin de que esa señora siguiera siendo una magnífica y amorosa madre para su hijo. Le pedí a Dios que le permitiera envejecer para que su hijo la tuviera presente en su vida mucho tiempo más. Pedí también que él hallara trabajo al concluir sus estudios, fuera feliz y tuviera una familia. Sé que será un padre maravilloso. Sé, en mi corazón, que volveré a verlos.

El joven me dijo:

—Creo en Dios. ¡Gracias, Lorna, por haberme hecho saber que tengo un ángel de la guarda!

Cuando terminé de bendecirlos, madre e hijo se despidieron. Antes de partir, él me regaló un rosario blanco y me dijo:

—Quiero darte esto, Lorna; es el rosario con el que le pedía todas las noches a Nuestra Señora que convenciera a su hijo de hacer un milagro en favor de mi mamá. Quiero que tú lo tengas; ya no lo necesito.

—No, es tuyo —repliqué—. Siempre necesitamos rezar.

—Puedo conseguir otro —repuso—; quiero que tú tengas éste. Es con el que recé por mi mamá todas las noches porque tú me diste fe, hiciste que creyera en Dios.

Pese a que no quería aceptarlo, mi ángel de la guarda se inclinó y me susurró al oído:

—Debes hacerlo.

Lo tomé, aunque de inmediato tuve que dárselo a alguien para proseguir con las bendiciones. No sé cuánto tiempo les dediqué. A veces tardo dos horas o más, pero siempre le pido a Dios que cure a todos, sea cual sea el tipo de sanación que requieran.

Cuando regresé al hotel guardé el rosario en mi bolsa. Ahora, en casa, en Irlanda, conservo ese rosario blanco bajo mi almohada, para mi uso personal. Nunca había visto nada semejante; es distinto al tradicional que usamos en Irlanda. Lo tendré siempre cerca de mi corazón y jamás olvidaré a ese chico y su madre; estarán en mis oraciones por siempre.

## Capítulo 27

# Olivia, de trece años

No sé cuántas veces Megan y yo nos hemos mudado de casa, pero ya son cuatro al menos. Todo indica que vivo entre Maynooth y Kilkenny. Esto es algo de lo que me quejo con Dios todo el tiempo; habría preferido establecerme en un hogar y no tener que cambiarme tan a menudo.

La segunda ocasión que me mudé, lloré, y no me importa reconocerlo. Fue muy incómodo, y sé que también lo fue para Megan.

Me senté en la cama y me dije: "¡Es injusto! No quiero mudarme de nuevo. ¡Señor, dame raíces por favor, para que pueda permanecer en un solo sitio!".

Tan pronto como dije eso, el Arcángel Miguel entró a mi recámara. Lo miré y exclamé:

—¡Hola!

Él puso su mano sobre mi cabeza y dijo:

—Todo va a estar bien, Lorna.

—Detesto cambiarme de casa —repuse—. Sé que no debería protestar, pero ¿cuántas veces más crees que tendré que mudarme?

—Lorna, sabes que Dios te dijo que quizá lo harías muchas veces.

—¿Cuántas son muchas? —pregunté.

—Ignoro la respuesta, Lorna, porque Dios no me la ha dado aún.

Respiré hondo y dije:

—Bueno, ya estoy bien.

Él dijo que debía irse y desapareció.

Quizá no lo sepas, pero soy una persona muy tímida y muy mala para socializar. Cuando mis hijos eran pequeños, los ángeles tenían que alentarme mucho, sobre todo si debía ir a la reunión de padres de familia de la escuela o si había una pastorela. Esto requería mucho valor de mi parte, del que me armaba sólo porque los ángeles casi me sacaban a empujones de mi casa y me decían que todo saldría bien. Supongo que mi timidez se debía en realidad a que no conocía a mucha gente.

Recuerdo que cuando Megan tenía cinco años iba a una escuela de monjas exclusiva para niñas. En una ocasión montarían una obra de teatro y ella estaba muy emocionada porque iba a participar. Sólo pensar que debía ir me ponía muy nerviosa, aunque no se lo dije a mi hija. El día de la obra salimos de casa con mucha anticipación; todos los pequeños actores debían llegar temprano, así que Megan y yo caminamos desde Old Greenfield hasta la escuela.

Me enojé varias veces con el Arcángel Miguel, el Ángel Hosus y hasta mi ángel de la guarda porque me decían: "Lorna, no busques pretextos para no ir".

De camino a la escuela me quejé con el Ángel Hosus. Iba a nuestro lado y le dije sin palabras:

—Sabes que quisiera volver a casa, pero no puedo; debo hacer esto por mi hija.

Él sólo dijo:

—Vas a estar bien, Lorna.

Me animó a olvidar mis nervios y me aseguró que la obra me iba a agradar.

Casi estábamos en las puertas de la escuela cuando Megan se detuvo y me dijo:

—No te preocupes, mamá; te va a gustar.

Sonreí y confirmé:

—¡Claro que sí!

Vi que su ángel de la guarda le murmuraba algo al oído; ella me dio un fuerte abrazo y me tomó de la mano cuando entramos a la escuela.

Al llegar al auditorio vi que muchos padres e hijos ya estaban sentados ahí y que, por supuesto, las maestras se arremolinaban a su alrededor. La sala estaba repleta de ángeles, algunos de los cuales se habían sentado en las filas aún vacías mientras que otros se desplazaban entre los padres e hijos como si los recibieran.

Megan corrió hasta donde estaban sus amigas, así que yo busqué un asiento al fondo. Había muchas butacas desocupadas junto a mí; el Ángel Hosus se sentó en una de ellas y le dije:

—Me siento completamente fuera de lugar. ¿Qué debo hacer? ¿Estar de brazos cruzados?

Megan se me acercó en ese momento, en compañía de algunas de sus amigas; sólo quería saber si me encontraba bien. Saludé a las otras niñas y les dije que ansiaba verlas en el escenario; ellas me dieron las gracias y regresaron de prisa a su lugar, a un costado del foro. Yo tuve que contener una carcajada cuando un grupo de ángeles corrieron detrás de ellas e imitaban todos sus movimientos; ellas reían y platicaban, y los ángeles hacían lo mismo.

El auditorio se llenó en un instante. En cuanto la obra comenzó, yo estaba absorta con las niñas en el escenario y en los ángeles que las imitaban. Cuando ellas cantaron, un grupo de ángeles detrás de ellas cantó por igual, con el cancionero en la mano derecha y una vela encendida en la izquierda. Las niñas cantaron muy bien. Junto a las que tocaban instrumentos musicales, un ángel tocaba el mismo instrumento, aunque el suyo brillaba. Supe lo que hacían los ángeles; que ellos cantaran y tocaran favoreció la actuación de las niñas. Me siento muy privilegiada todos los días de mi vida al ver cómo los ángeles se involucran en nuestras vidas.

Cuando terminó la obra, el público estalló en aplausos y ovaciones. Las niñas hicieron una reverencia, y los ángeles junto con ellas, y fue como si en ese momento éstos desplegaran en el escenario un arco iris de todos los colores. Vi que mi hija saltaba de alegría con sus amigas; que ese arco iris de luz, repleto de colores, hacía explosión y se esparcía por el foro como serpentinas y burbujas; mientras Megan bajaba del escenario con todas las demás niñas. Al tiempo que se abría paso entre la multitud de padres, se detenía de vez en cuando para saludar a una amiga o despedirse de ella. Por fin llegó conmigo al fondo de la sala; estaba muy emocionada y feliz.

Camino a casa no paró de hablar de la obra y de sus amigas. Fue fantástico escucharla. El Ángel Hosus volvió a casa con nosotras.

Aunque me había gustado verlo todo, no lo comenté con nadie. Nadie me habló tampoco, porque no nos conocíamos. Sé que hablo siempre de la amistad, pero tengo que admitir que nunca he sido muy buena para eso. Dios no me permitió tener muchos amigos y amigas y hoy me ocurre lo mismo.

Tengo que decir que si hasta la fecha no soy muy buena para socializar, sí lo soy en cambio para escuchar. Supongo que cuando estoy en compañía de otras personas suceden muchas cosas. Escucho lo que dicen, pero también a los ángeles que me rodean.

Otro encuentro social al que temo asistir son las reuniones de padres de familia. Conozco a muchos otros padres a los que ese acto también los pone nerviosos, porque temen que las maestras les digan cosas negativas de sus hijos.

Mi hija Ruth está casada y tiene dos hijos. Su hijo menor va a la escuela y ella también detesta asistir a las reuniones de padres de familia.

El otro día me dijo:

—Mamá, ¿y si la maestra me dice que Billy Bob es muy travieso, que no hace bien sus tareas o que no pone atención?

Igual que todas las madres, ésas son algunas de las cosas que ella teme de ir a las reuniones de padres de familia, aunque hay que recordar que la intención de las maestras no es otra que la de beneficiar a nuestros hijos.

—No creo que la maestra tenga mucho de qué quejarse, él es un buen chico —le dije.

—Eso espero —repuso.

Sé que cuando Ruth lea este libro descubrirá más cosas que ignora acerca de su madre y ésta es una de ellas: una vez tuve que asistir a una reunión de padres de familia de Megan. Estaba muy nerviosa y uno de los motivos era mi dislexia. Cuando mis hijos iban en primaria y secundaria, yo no sabía leer muy bien; en realidad leía muy poco. Así, cuando una maestra me mostraba sus calificaciones, yo no entendía nada. Tenía miedo de que ella me diera algo y esperara que yo lo leyera. Era de verdad muy difícil mantener en secreto que no sabía leer ni escribir. Si debía firmar algo, tenía que deletrear mi nombre en mi cabeza para escribirlo correctamente y eso no era fácil. Me las arreglé con la ayuda de los ángeles, quienes me enseñaron todo lo que pudieron y hoy aún me ayudan.

No creo que mis papás ni mis hermanos se hayan dado cuenta de que no sabía leer, pero Joe y mis hijos sí. Incluso ahora me cuesta mucho trabajo hacerlo. Mi lectura ha mejorado, aunque también aprendo cosas de memoria.

Cuando firmo ejemplares de mis libros, los ángeles me repiten las palabras una y otra vez y las deletrean para mí, pese a ello cometo errores todavía. He debido practicar muchos años, pero eso no me ha detenido en la vida; continúo en el trayecto que Dios me asignó y hago lo que él me pide. Permíteme decirte que Dios es real y que tú tienes un alma y un hermoso ángel guardián que te acompaña todo el tiempo y te colma de amor. Dios nombró a tu ángel guardián el protector de tu alma.

Años después de que escribí *Ángeles en mi cabell*o, un día fui al centro comercial de Liffey Valley, a veinte minutos de Maynooth. Hice algunas compras y al terminar subí al último piso a comer algo. Hasta donde recuerdo, el restaurante estaba a la izquierda al bajar de las escaleras eléctricas. Hice fila, compré una orden de pollo rostizado con verduras y luego busqué una mesa apartada junto a la pared; no había nada de ruido ahí. Cuando empecé a comer, oí que alguien me llamaba y miré hacia la entrada. Dos ángeles me saludaron al tiempo que caminaban junto a una jovencita, de trece años quizá, que cargaba una mochila, pero que no vestía uniforme escolar. Ellos la cuidaban. Yo vi la luz de su ángel guardián a sus espaldas y observé a los otros dos ángeles caminar a su lado, uno a la izquierda y el otro a la derecha.

Esos dos ángeles no me dijeron nada, de manera que me dispuse a disfrutar de mi comida. Minutos después la chica se sentó en la mesa que estaba frente a la mía. Los ángeles que la acompañaban me llamaban de vez en cuando y yo volteaba hacia ellos. Cada vez que lo hacía, sorprendía a la chica mirándome y yo le brindaba una sonrisa, pero ella no me correspondía. Los ángeles no cesaban de llamarme; la joven miraba siempre hacia mí cuando la veía y yo no dejaba de sonreír. Esto habrá sucedido unas siete veces.

Por fin ella me sonrió y yo le sonreí aún más. En ese momento se manifestó la luz de su ángel de la guarda, aunque lo que más me impresionó fue que él sostenía frente a ella una luz y yo supe lo que eso significaba: que la jovencita sentada frente a mí, quien debía estar en la escuela, se sentía muy triste y deprimida.

Le pregunté sin palabras a su ángel guardián:

—¿Qué pasa?

No me respondió él, sino uno de los ángeles que flanqueaban a la chica, quien me dijo que ella tenía pensado suicidarse porque sentía que no valía nada y porque era víctima de acoso escolar.

Le pregunté a ese ángel:

—¿Quieres que me levante y me acerque a ella?

—No, Lorna —contestó—, sólo sonríele; tu sonrisa le dará valor.

De este modo, cada vez que los ángeles decían mi nombre yo miraba a la joven y le sonreía. Daba la impresión de que ella jugaba con su platillo, porque en realidad no comía nada. El ángel que me habló tenía una apariencia femenina y vestía una hermosa túnica púrpura con una centellante luz dorada; el otro tenía también una apariencia femenina y vestía de un rosa radiante.

Acababa de terminar mi comida y sorbía mi taza de té cuando la joven se levantó y tomó su mochila como si fuera a marcharse. Vi que los ángeles le murmuraban algo; no oí lo que le dijeron, así que no supe qué pensamientos metieron en su cabeza, pero ella se detuvo, dio la vuelta, se acercó a mi mesa y me dijo:

—Hola. Espero no importunarla; creo que he leído su libro, *¿Ángeles en mi cabello*?

Dijo esto muy nerviosa, le temblaba la voz. Yo le sonreí y la invité a sentarse a mi lado. Cuando lo hizo, lanzó un profundo suspiro y le pregunté qué ocurría. Rompió a llorar y explicó entre sollozos que quería quitarse la vida. Sentía que a sus padres no les importaba que se abusara constantemente de ella en la escuela; todos se burlaban de ella y le decían que era fea, tonta y que estaba gorda.

En un momento dado yo tomé mi bolsa, saqué un pañuelo y se lo ofrecí.

El ángel me dijo:

—Haz que te mire.

Puse mi mano bajo su barbilla, le levanté el rostro y la obligué a mirarme, a que hiciera contacto visual conmigo.

—Así está mucho mejor —le dije.

De repente se arrojó a mis brazos; un momento después se apartó tímidamente.

Yo le aseguré:

—Aunque no te conozco, te quiero mucho —ella me sonrió como no lo había hecho nunca. El ángel a su derecha me habló y yo repetí sus palabras frente a ella—: Tus padres te quieren y sé que tú los quieres. ¿Entonces por qué te quieres suicidar? ¿Para complacer a los que te fastidian? Eres mucho mejor que ellos. No eres fea; eres muy bonita.

Me miró asombrada y me dijo:

—Pero dicen que soy fea y que estoy gorda.

—¡No es cierto! —afirmé—. Cuando llegues a tu casa, mírate en el espejo. Eres muy bonita. Si has leído *Ángeles en mi cabello* sabes que tienes un ángel de la guarda y yo lo veo justo ahora aquí, contigo, para no mencionar a los otros dos hermosos ángeles que lo acompañan. Tu ángel de la guarda sostiene una luz de esperanza frente a ti y no quiere que te quites la vida. Eres preciosa y no estás sola. Tu ángel guardián quiere ayudarte, igual que los otros dos ángeles que él ha designado para que te ayuden a superar este difícil momento. No debes suicidarte, porque nos harías daño a mí, a tus padres y a todos los que te queremos. Eso destrozaría mi corazón; no te conozco, pero te quiero.

Ella rompió a llorar de nuevo.

—No llores —le dije—. ¿Cómo te llamas?

—Olivia —contestó.

La tomé de las manos. Ella rio y mientras nos saludábamos le dije:

—Yo me llamo Lorna.

—Yo, Olivia —repitió.

Justo cuando dijo su nombre por segunda vez vi que su ángel de la guarda se inclinaba sobre ella y la rodeaba con sus alas doradas. Con todo, aún sostenía frente a ella la luz de la esperanza.

Su ángel me dijo:

—Ella puede ver ahora la luz de la esperanza, Lorna.

—Olivia, ve a casa y explícale a tu mamá por qué no fuiste hoy a la escuela. Dile todo, cuéntale lo que te pasa en la escuela, no le ocultes nada. Tus padres te quieren. Pídele a tu ángel de la guarda que te ayude, ya sabes que está contigo. Oíste lo que murmuró en tu oído, lo escuchaste en lugar de irte, te detuviste y te diste la vuelta, me reconociste, hiciste lo que él te dijo; cuando susurró a tu oído que te acercaras a saludarme, hiciste exactamente eso. ¿Sabes leer y escribir con buena ortografía?

Me miró un tanto sorprendida y contestó:

—¡Claro que sí! Me gusta mucho leer y soy buena para la ortografía.

—Bueno, entonces puedes aprender cualquier cosa.

Uno de los ángeles junto a ella me dijo sin palabras:

—Pregúntale acerca de las matemáticas.

Así lo hice:

—¿Qué tan buena eres para las matemáticas?

—Buena —se encogió de hombros.

—No lo dices muy segura, Olivia.

—No soy tan mala, sólo que me cuestan mucho trabajo.

Uno de los bellos ángeles a su lado, el que vestía de color púrpura con una luz dorada, me dijo:

—Lorna, dile que si se esfuerza un poco más, las matemáticas se le facilitarán. Es mejor de lo que ella cree.

Hice lo que él me dijo.

—Pon más empeño en matemáticas; estoy segura de que con el tiempo te serán mucho más fáciles. ¿Cuántos años tienes, Olivia?

—Voy a cumplir trece —respondió.

—El ángel que está junto a ti —le dije— viste de un bello color púrpura con una luz dorada; el otro viste de un vivo color rosa. Ellos me dicen que tienes una amiga.

Me miró y dijo:

—No es cierto.

—Ellos dicen que sí —insistí—. Es otra chica que es muy tímida.

Tan pronto como dije eso, ella exclamó:

—¡Ah, sí!, ya sé quién es, pero no somos amigas.

—Mañana cuando llegues a la escuela, acércate a ella y salúdala. Sólo recuerda que es tímida, así que quizá se tome un poco de tiempo. Serán las mejores amigas.

Al despedirnos, ella me dio un abrazo y dijo:

—¡Gracias!

Le sugerí que no olvidara a su ángel guardián y mientras la veía encaminarse al centro comercial, los dos ángeles que la acompañaban me sonrieron. Me quedé sentada unos minutos más antes de retirarme. Pedí que esa joven no se quitara la vida; que entendiera que sus padres la quieren y que tuviera amigos; que fuera feliz.

Años después, en la presentación de una de mis obras en una de las librerías Eason, una muchacha de unos diecisiete años me dijo:

—Muchas gracias, Lorna. Me salvaste la vida cuando tenía trece años. Te diste tiempo para conversar conmigo.

Yo repliqué:

—No tienes que agradecer.

Se hizo a un lado para que yo firmara también los libros de su amiga. Los ángeles me recordaron en un instante la ocasión en que la conocí. No sé cómo lo hacen; es como si en un segundo lo recordara todo. Ni siquiera tengo que pensarlo.

Una vez que firmé los libros de su amiga, Olivia tomó mi mano y me dijo:

—Gracias de nuevo, Lorna.

Ambas se despidieron cuando otra persona avanzó para que autografiara sus libros. Yo volteé y las vi alejarse. Vi a sus ángeles de la guarda, como veo a los de todos, y sonreí porque vi también a los dos ángeles que acompañaban a Olivia el día en que la conocí en el centro comercial de Liffey Valley, cuando estaba por cumplir trece años. Esos dos ángeles conservaban su apariencia femenina de entonces. Igual que esa vez, uno vestía de un rosa radiante y el otro de un hermoso color púrpura atravesado por una luz dorada. Ambos se despidieron simultáneamente de mí, al tiempo que pronunciaban mi nombre. Sin palabras, les di las gracias de que hubieran ayudado a Olivia a superar ese difícil trayecto de su vida y proseguí con la firma de mis libros.

Capítulo 28

# La energía de la naturaleza

Dios le concedió a Joe otra experiencia espiritual de visualización de la energía. La primera ocurrió junto al canal de Maynooth, donde los ángeles le mostraron la energía procedente de las flores y carrizos que crecían junto al agua. Su segunda experiencia espiritual fue seis meses antes de que Dios se lo llevara al cielo. Yo le daba a veces un pequeño paseo en coche. En varias ocasiones me había dicho que quizá podíamos ir a la universidad teológica de Maynooth, que tenía unos jardines muy hermosos. Eso me ponía un poco nerviosa, porque no creía que pudiéramos entrar a esa universidad, en cuyos accesos había siempre personal de seguridad. Yo ya había visto que rechazaban automóviles, así que te aseguro que recé semanas enteras con ese fin. Un día conocí a unas personas que trabajaban en aquella universidad.

Les pregunté:

—¿Es posible entrar en coche a su escuela?

—Sí —respondieron—, el domingo es el mejor día, no son tan estrictos entonces. Cuando llegues a la puerta da vuelta a la izquierda y entra al primer estacionamiento. No digas nada si hay alguien en los accesos; actúa como si supieras adónde vas.

—¡Gracias! —les dije—, ésa es una gran noticia; se lo avisaré a Joe. Sé que lo hará muy feliz, porque tiene muchas ganas de pasear en esos jardines.

Nos despedimos y cuando llegué a casa le conté a Joe que podría llevarlo a la universidad teológica, aunque tendría que ser un domingo para que pudiéramos entrar al estacionamiento de la izquierda.

Pese a que él se puso feliz, transcurrieron muchas semanas antes de que pudiéramos ir. Tuve que esperar a que se recuperara.

Una mañana le llevé una taza de té y un sándwich. Acababa de atravesar la puerta de la recámara cuando vi que su cama estaba rodeada por unos ángeles blancos y resplandecientes.

—¿Está todo bien? —les pregunté.

Ellos voltearon a verme y respondieron:

—Sí, Lorna; Joe se durmió.

Me acerqué a la cama y vi que, en efecto, dormía como un bebé. Sabía que esa noche no había dormido bien, así que salí sin hacer ruido y regresé a la cocina.

Le dije a Megan:

—¡Vamos de compras! Tu papá está dormido.

Megan tenía entonces tres años y medio, de manera que la subí a su carriola. Cuando crucé la puerta, vi que el Arcángel Miguel estaba en el portón.

—¡Hola, Arcángel Miguel, qué sorpresa! No esperaba verte.

—Lo sé, Lorna —dijo—, sólo pasaba por aquí. Dios quiere que te avise que, en unas semanas más, Joe estará en condiciones de ir a la universidad para dar ese paseo que siempre ha soñado.

Yo repliqué:

—Joe nunca me había dicho que soñara con pasear en esa universidad. Ahora tengo que encargarme de que eso ocurra.

—Atravesarás esa puerta, Lorna.

—¡Es un alivio saberlo! —le dije al Arcángel Miguel—. Temía que algún vigilante nos detuviera. No he dejado de rezar. Cualquier estacionamiento en la ciudad nos quedaría demasiado lejos para que Joe camine; nunca llegaría hasta allá.

—Reza todavía, Lorna —repuso él—. Un domingo en la mañana Joe te dirá que quiere hacer ese paseo. Llévalo; no tendrán ningún problema para entrar. Ahora debo marcharme —dijo y desapareció.

Abrí el portón y regresé por Megan, quien estaba en su carriola en el vestíbulo. En ese tiempo yo iba a la ciudad a pie; aprendí a caminar muy rápido, porque no quería alejarme de Joe mucho tiempo. En cuestión de minutos estábamos de regreso. Saqué a Megan de su carriola, le quité el suéter y dejé que jugara en el piso de la cocina. Recorrí silenciosamente el pasillo hasta la recámara. Me asomé a la puerta y la abrí despacio sin hacer ruido. Joe seguía profundamente dormido con los ángeles alrededor de su cama, algunos se habían sentado en ella. Cerré la puerta con sigilo y volví a la cocina; Megan jugaba en el suelo aún. Media hora después oí que Joe me llamaba.

Megan corrió a la recámara de Joe con un libro para colorear y unos crayones en la mano. Cuando yo llegué, ella ya estaba en la cama junto a su papá, quien coloreaba junto con ella. La habitación estaba todavía llena de ángeles.

Me acerqué a la cama, le di un beso a Joe y le pregunté:

—¿Qué quieres de desayunar?

—Me encantaría un huevo cocido y pan tostado —contestó.

—¡Yo también, por favor! —exclamó Megan.

—Está bien —dije.

Volví a la cocina y preparé el desayuno para los tres, ¡aunque Megan ya había desayunado!

Estaba a punto de ponerlo todo en la charola cuando alguien tocó ligeramente a la puerta de la cocina. Como ya dije, es muy raro que los ángeles intervengan en el mundo en forma física, así que supe que ésta era una ocasión especial. Alcé la mirada, sonreí porque el Ángel Hosus estaba ahí y le dije:

—No era necesario que tocaras, la puerta estaba abierta.

Tocó tres veces más y me hizo reír.

—¡Apresúrate con el desayuno! —dijo—. Tienes dos pacientes en la recámara que te esperan con inquietud.

Tomé la charola y la llevé a la habitación. Cuando atravesé la puerta, les dije sin palabras a los ángeles:

—Esto está un poco lleno, ¿no deberían irse algunos de ustedes?

Desaparecieron al instante casi todos, menos cuatro: uno miraba por la ventana, otro estaba sentado en un extremo de la cama y los otros dos deambulaban por la habitación sin permanecer en un punto fijo.

Sonreí y les dije sin palabras:

—Gracias, ángeles.

Joe proclamó:

—¡Ya era hora! Pensé que el desayuno no llegaría nunca. Me muero de hambre; Megan dijo que ella pondrá la charola en la mesita.

Como temí que Megan la tirara, le propuse:

—Hagámoslo juntas.

Me senté en el taburete junto a la cama, el cual conservo hasta la fecha. Lo usamos por toda la casa en Kilkenny, en la planta alta, la planta baja o incluso en el jardín durante el verano. He tenido que repararlo muchas veces y sé que algún día quizá ya no podré hacerlo, se desbaratará y no tendrá remedio, pero lo adoraré hasta entonces.

Joe no dijo nada acerca de dar un paseo hasta muchas semanas después. Pasaba casi todo el tiempo en cama y en ocasiones se levantaba y se sentaba en su sillón favorito de la sala a ver la televisión. Un domingo en que yo estaba sentada en el taburete junto a la cama y tomaba una taza de té mientras Joe comía un sándwich, Ruth entró y se sentó en la orilla de la cama de su papá. Platicamos un rato y Joe la hizo reír.

Ella se volvió hacia mí y me preguntó:

—¿Dónde está Megan, mamá?

—En su recámara, tomando una breve siesta —respondí.

—Cuando despierte quisiera llevarla a casa de mi amiga, ¿puedo?

—Sí, claro, pero llévate la carriola, la necesitarás; Megan se cansará antes de que lleguen a casa de tu amiga, aunque querrá caminar un trecho. Ya no tarda en despertar.

Ella se levantó, se acercó a su papá y dijo:

—Será mejor que tenga todo listo antes de que Megan despierte —le dio un beso y se despidió—: ¡Nos vemos!

Justo cuando ella salía de la habitación sonreí, porque vi que tres ángeles la seguían. Les dije:

—Les encargo a Ruth y a Megan.

A pesar de que no respondieron, supe que me habían oído con claridad.

Un momento después Megan gritó y Ruth fue a verla. Las oí reír, por el ruido que hacían supuse que Ruth le hacía cosquillas. Minutos más tarde Megan entró a la recámara, corrió hasta su papá, le dio un abrazo y un beso y le dijo que saldría con su hermana mayor; estaba muy emocionada. Joe le deseó buena suerte y ella le dio las gracias. Luego oímos que salían de la casa, la cual se sumió en el silencio.

Joe me tomó de la mano y dijo:

—Me gustaría ir a dar ese paseo a la universidad.

Sonreí y contesté:

—¡Perfecto!

Lo ayudé a vestirse y quince minutos después ya estábamos listos. Nos subimos al coche y yo manejé. Era un trayecto corto pero no dejé de rezar un solo momento, para pedir que pudiéramos pasar y que nadie lo impidiera. Cuando llegamos a la puerta de la universidad, dos ángeles estaban a cada lado. Vestían ropa de un color que se asemejaba al plateado. No había ningún vigilante a la vista.

Sonreí y les agradecí una y otra vez a los ángeles mientras cruzaba la puerta y daba vuelta a la izquierda para entrar al estacionamiento.

Uno de los ángeles de la entrada estaba ahora en el estacionamiento y me señaló dónde podía quedarme. Aunque ya había muchos autos, donde el ángel me indicó que me estacionara había mucho espacio para que Joe bajara sin problemas. Le di las gracias al ángel por su ayuda.

Joe abrió despacio la puerta y se bajó. Hizo una pausa, respiró hondo y dijo:

—Me encanta el aire fresco y transparente.

A veces le temblaban mucho las piernas, así que lo tomé del brazo. Él quería seguir el camino accidentado a los jardines con flores, pero no se lo permití.

—Creo que deberíamos seguir el camino fácil.

Al final, Joe estuvo de acuerdo conmigo. Avanzamos muy despacio hacia los jardines y de vez en cuando nos deteníamos, cuando Joe miraba a su alrededor y señalaba cuán hermosos eran los árboles y las flores de este sitio. También miraba las puertas que acabábamos de atravesar y decía lo mucho que le gustaban los antiguos edificios de esa escuela.

Ya estábamos muy cerca del jardín cerrado. La fragancia de las flores era embriagadora. Yo vi la entrada; estaba justo frente a nosotros, a unos seis metros. Una brisa ligera nos recibió. Joe se detuvo un momento, respiró hondo y olió las aromáticas flores.

—Esto me encanta —dijo.

Yo estaba muy contenta de que él hubiera caminado tanto y agradecí a su ángel de la guarda y a los ángeles que nos rodeaban que me hubieran ayudado a apoyarlo. Cruzamos en un instante la puerta del jardín cerrado. A la izquierda había una banca y nos dirigimos a ella para que Joe se sentara, lo que hizo durante veinte minutos. Me dijo que recorriera sola el jardín mientras él me miraba desde su asiento. De cuando en cuando, al voltear, yo veía que su ángel de la guarda lo envolvía con sus alas; sabía que le ayudaba a sentirse abrigado. Vi que Joe se entretenía ahí, sentado bajo el sol. En las raras ocasiones en que volteaba a verlo, él me saludaba. Vi que unos pajaritos se acercaban y brincaban a su alrededor, apenas a treinta centímetros de él; pese a que los miró y les habló, ellos no se dieron por enterados.

Exploré el jardín entero y me detuve muchas veces a admirar todas sus flores y arbustos. Algunos árboles eran enormes. Más tarde regresé junto a Joe y me senté a su lado para platicarle de las flores que crecían en ese jardín. Quiso oír cada detalle. Le conté que hasta había algunos pececillos de colores en el pequeño estanque de arriba y que muchas diminutas y delicadas flores crecían en los diversos senderos. Le dije que el jardinero cuidaba muy bien todo lo que crecía ahí. Había muchos pájaros también. Le describí todos los que vi: pinzones, tordos, mirlos, gorriones, petirrojos y hasta pequeños herrerillos.

—Lo sé —dijo—; algunos de ellos vinieron a saludarme. Los pájaros de este jardín, Lorna, son muy dóciles; están acostumbrados a la gente.

—Vi que te rodeaban —comenté—. ¿Regresamos al coche?

Para mi sorpresa, él respondió:

—No, quiero caminar por los paseos arbolados atrás de la universidad.

Iba a protestar cuando el Ángel Hosus se colocó a la izquierda de Joe, detrás de la banca, y dijo:

—Lorna, llévalo adonde quiere ir.

Dije entonces:

—De acuerdo, tomémonos nuestro tiempo.

Atravesamos de nuevo la puerta del jardín cerrado y nos dirigimos al manzanar. Yo rezaba porque no sabía si Joe resistiría y me preocupaba cómo regresaríamos al coche desde la avenida arbolada, pero el Ángel Hosus caminaba a la izquierda de Joe y me dijo sin palabras:

—Joe resistirá, no te preocupes. Recuerda lo que el Arcángel Miguel te dijo y el mensaje que Dios te envió de que él tendría una experiencia espiritual de visualización de más energía.

—Lo había olvidado —contesté—. Siempre me estreso y temo que Joe se desplome sobre mí.

Él replicó:

—No lo hará, créeme, Lorna.

Me acerqué hacia Joe y le di el brazo. Advertí entonces que su ángel de la guarda lo rodeaba y que esta vez no sólo lo mantenía abrigado sino que lo sostenía. Las manos del ángel parecían enormes; rebosaban con una luz blanca y dorada. Las yemas de sus dedos irradiaban una brillante luz de oro y yo vi cada detalle. Supe que su ángel lo sujetaba firme pero delicadamente, con mucho amor; y yo se lo agradecí en silencio.

—¿Qué dijiste? —preguntó Joe.

—Hablaba sola —respondí.

Él rio e hicimos una breve pausa.

—No es buena señal que hables sola —dijo.

—¡Cuánta razón tienes! —repliqué.

Ambos reímos. Continuamos nuestro recorrido y nos deteníamos de vez en cuando. Por fin llegamos a la parte trasera de la universidad, donde estaba el paseo arbolado.

Joe se detuvo un minuto a contemplar la avenida. Después volteó y me dijo:

—Caminemos.

Lo hicimos lentamente. En determinado momento se detuvo, volteó y me dijo:

—Lorna, tengo ganas de caminar solo. Camina a mi lado.

Hice lo que me pidió y dio unos pasos; se detuvo y volvió a andar. Había árboles a nuestros costados; él se detuvo y miró a su alrededor.

El Ángel Hosus estaba aún con nosotros cuando Joe se dio vuelta y me dijo:

—Lorna, ¿ves lo que yo veo?

—Sí —contesté.

—¿Qué le pasa a la hierba?

Le dije:

—Dios te permite que veas la energía que proviene de ella.

Vi su rostro lleno de emoción.

—Esta energía viene de cada hoja del pasto. Nunca había visto tantos colores. Son como dagas que emergieran de la hierba a modo de fuegos artificiales —me dijo entre risas.

—Creo que deberías mirar los árboles —repuse.

Contempló un árbol tras otro. Aunque vi lo que él veía, tuve que sonreírle al Ángel Hosus porque no había nadie más alrededor. Un rato antes, cuando cruzamos la universidad, pasaron algunas personas, pero ahora yo no veía a nadie en la avenida arbolada. En mi corazón supe que Dios había despejado el lugar especialmente para Joe.

Él tomó mi mano, me acerqué y le di el brazo.

—¿Qué sucede? —preguntó—. ¡Esto es increíble! Nunca olvidaré el día junto al canal en que vi la energía de algunas flores que crecían ahí.

—Lo recuerdo —le dije.

—Esto es muy distinto, Lorna —aseguró.

—Lo sé, porque Dios te permite ver un poco más.

—Sé que Dios existe, Lorna, y a veces siento que mi ángel de la guarda me sostiene. Al mirar la energía verde y púrpura que se desprende de estos árboles es como si ésta se extendiera lo más posible para tocar la energía de otro árbol. Es como si se dieran la mano.

—Es cierto —afirmé.

Respiró hondo y a continuación rio y me preguntó:

—¿Qué crees que ocurre aquí ahora, Lorna, cuando esferas de energía saltan de las ramas de un árbol a los demás?

—Nadie lo sabe —contesté—, pero los árboles conversan. Así es como yo describo lo que ves. Ellos se comunican entre sí. No hablan como nosotros; se ayudan a crecer, es como una medicina para ellos. ¿También puedes ver lo que sucede aquí, Joe?

Miró hacia donde estaban unos pequeños brotes de árboles jóvenes. Eran diminutos. Vio que sobre ellos caían y estallaban esferas de colorida energía, verde y púrpura, provenientes de árboles más grandes. La energía se integraba a aquellos arbolitos. Ésta es una de las razones por las que siempre debe haber árboles maduros donde también hay jóvenes.

Me jaló del brazo y miré lo que él miraba, a su izquierda. Dijo:

—Lorna, creo de verdad... creo que veo ángeles, aunque no muy claramente. Son como sombras, pero de ojos muy brillantes. ¿Vienen por mí?

—No, aún no —le dije.

—Sabes que estoy listo para partir.

—Sí.

En ese momento los ángeles llegaron de todos lados, atravesaron ese velo. Jamás te he descrito el velo. Es como el aire, aunque liso y claro. Es como la seda, un velo de luz, pero sin ningún defecto. Pese a que estoy consciente de él todo el tiempo, es más visible en ciertas ocasiones. Casi nunca reparo en él, a menos que, como ahora, los ángeles me lo hagan notar.

En el preciso instante en que los ángeles traspasaron el velo apareció una línea dorada como si alguien hubiera trazado una línea recta con una regla y un lápiz. Tan pronto como ellos la cruzaron, la línea recta desapareció, como si no hubiera existido nunca. El velo volvió a unirse.

Joe se quedó ahí como si estuviera en trance. No dijo una sola palabra. Minutos después, todos los ángeles y la energía procedente de la hierba y los árboles cesaron. Todo volvió a la normalidad, al menos para Joe.

Él me dijo entonces:

—Regresemos al coche.

Tardamos un rato en hacerlo. El Ángel Hosus permaneció con nosotros y ayudaba a Joe. Su ángel de la guarda lo rodeaba aún con sus brazos. Cuando llegamos al auto, Joe subió.

Yo estaba a punto de encender el motor cuando me dijo:

—No, quedémonos aquí unos minutos.

—Has estado muy callado —le dije.

—Lo sé —replicó—, recordaba mi sueño. Nunca te lo había dicho, Lorna, pero durante meses, desde hace mucho tiempo, he soñado con recorrer a pie esta universidad, y en mi sueño tú estabas conmigo. El sol brillaba como hoy y, en mi sueño, en la avenida arbolada veía lo que vi hoy —rodaban lágrimas por sus mejillas mientras hablaba—. Pensé incluso, cuando me paré ahí, que estaba dentro de un sueño. Fue como si yo hubiera parpadeado y todo hubiera desaparecido y tú estuvieras junto a mí.

—Esta vez no soñabas, pero Dios lo hace así en ocasiones. Como un parpadeo —dije.

Nos abrazamos. Él besó mi mejilla. Encendí el motor y enfilamos a casa mientras yo le daba gracias a Dios de que le hubiera permitido a Joe tener esa experiencia espiritual de visualización de energía y un leve avistamiento de los ángeles.

Todo desprende energía. Creo que esto es algo que la humanidad no entiende por completo. Hasta la comida irradia energía. Comemos para tener energía, porque los alimentos están colmados de ella. Yo veo salir energía de todas las cosas. Aun cuando estoy en el supermercado veo energía en las verduras, las frutas, las latas, las botellas, las bolsas de plástico y las cajas de cartón. Quizás algo que la gente no comprende es que cada cosa emite una energía diferente; el alimento tiene una energía distinta a la que proviene de una lata. Quizás un día escribiré un libro sobre toda la energía que nos rodea, la energía que viene de las plantas, el agua, la tierra, los animales, las personas y los insectos, incluso la que circula alrededor de un planeta. Tal vez escribiré ese libro para que se publique después de mi muerte. Siempre le digo a Dios que debe darme tiempo para redactarlo, aunque por lo pronto sólo escriba éste.

Lo que debes recordar es que algún día, en el futuro, podrás ver la energía que procede de todo, incluido tú mismo, tus seres queridos y tus hijos. Yo quisiera que Dios le permitiera a la gente ver con claridad esa energía, porque creo que entonces no destruiríamos nuestro planeta como lo hacemos. Por ahora dejaré esto como un misterio para ti.

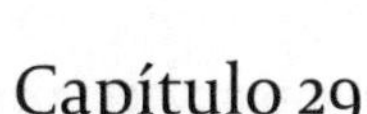

Capítulo 29

# Desconocidos que llaman a la puerta

Una bondadosa señora, Fiona, conversó con mi hija durante uno de mis eventos y le habló del antiguo molino restaurado que su esposo y ella rentan a los vacacionistas que buscan un lugar tranquilo donde hospedarse. Ella me invitó a tomar un descanso ahí, incluso a usar el molino como un sitio silencioso para escribir. Aunque por lo común no tengo la oportunidad de aceptar ese tipo de invitaciones, esta vez pude hacerlo. Viajé al antiguo molino en Dunshaughlin en compañía de mi hija menor, Megan. Fiona nos recibió en la ciudad; fuimos con ella a tomar un café y después la seguimos en el auto hasta el molino.

Cuando ella hizo girar la llave en la puerta y Megan y yo la seguimos, fue como si viajáramos al pasado. Entramos a la cocina y el comedor, de estilo antiguo; tenían piso de piedra, algo que yo no había visto en mucho tiempo. El resto de los pisos de la casa eran de madera y las ventanas tenían postigos.

Como ustedes saben, a mí me gusta todo lo antiguo, y lo agreste del jardín trasero también me pareció hermoso.

Llevábamos varios días ahí cuando Megan corrió escaleras arriba y me dijo:

—¡Mamá! Llamó Fiona para decir que un camión de reparto estará aquí en diez minutos, con la mesa y las sillas para el jardín.

Yo acababa de regresar de una gira de presentaciones en Italia y descansaba en la cama. Me levanté unos minutos después y bajé las escaleras; cuando entré a la sala, vi que dos ángeles estaban en el sillón.

Sonreí y les pregunté:

—¿Vinieron a acompañarme en mis días de descanso?

Respondieron:

—Sí, Lorna —y desaparecieron.

Sonreí para mí y me dije: "¡Vaya! No se quedaron mucho tiempo".

Luego entré a la cocina y los mismos dos ángeles flanqueaban a Megan, quien estudiaba en la mesa para el examen que presentaría el jueves siguiente en la universidad. Al asomarme por la ventana, vi que un camión blanco se estacionaba frente al zaguán.

—Ya llegó el camión de reparto —anuncié.

Megan se levantó y dijo que saldría a ver si podía ayudar.

—¡Ven conmigo, mamá!

Me contuve y le dije:

—No, adelántate; saldré en unos minutos.

La razón de que hiciera esto fue mi timidez. Fui a poner la tetera y después atravesé las losas de la cocina hasta la pequeña puerta principal. Me asomé, cuidando que no me vieran. Vi que Fiona hablaba con el joven que había traído la mesa y las sillas del jardín. La hermosa hija de Fiona, Ava, de once años de edad, también estaba ahí.

Cerré la puerta cuando la tetera empezó a hervir.

Iba a hacer una taza de té y a salir al jardín con ella en mano para ver si alguien más apetecía una taza cuando los dos ángeles en la cocina me dijeron:

—No, Lorna; ahora están en la parte de atrás de la casa.

Al momento en que salí por la puerta trasera comenzó a llover. Recité una pequeña plegaria: "Que deje de llover, por favor".

Saludé a Fiona y a su hija y conversamos unos minutos antes de que el joven apareciera en la esquina con la mesa a cuestas.

—¡Hola! —dijo él, bajó la mesa y le preguntó a Fiona—: ¿Está bien si dejo la mesa afuera de la terraza?

—Sí —contestó Fiona.

Él volvió sobre sus pasos para ir por las sillas; regresó minutos después y metió las sillas.

Mi hija le dijo entonces:

—Estábamos aquí para ayudarle; nos pusimos a platicar y se nos olvidó hacerlo.

—No importa —dijo el muchacho, con una gran sonrisa—; ya terminé.

Cerró la terraza, se despidió y agitó la mano cuando dio vuelta en la esquina.

Ava, la hija de Fiona, es muy bonita. Permaneció tímidamente ahí mientras se balanceaba de un lado a otro. Vi lo feliz que estaba. Esta jovencita derrochaba amor mientras nosotras parloteábamos. Su ángel de la guarda se mecía a veces al mismo ritmo que ella. Era como un gigante; ella lucía minúscula en comparación con él, quien la miraba. Era de apariencia femenina, elegante en todos sentidos y vestía un manto suelto y ligero como la seda, de color entre azul y carmesí. Irradiaba y reflejaba ondas luminosas. Sus manos resplandecían; esos largos y elegantes dedos se movían gentilmente sobre los hombros de Ava y por momentos acariciaban su cabeza.

Conversé con ella unos minutos en lo que atravesábamos la casa hasta el zaguán. Le dije al mismo tiempo a su ángel de la guarda:

—¿No crees que podrías estar más en proporción con esta hermosa niña?

Cuando pronuncié estas palabras, él ajustó un poco su estatura a la de ella, pese a lo cual seguía siendo muy alto, de unos tres metros, y su cabeza y sus hombros sobresalían por encima de la jovencita. Él la rodeó entre sus brazos y unió delicadamente sus manos para estrecharla con amor. Todas platicamos en la cocina unos minutos más y luego Fiona y su hija se marcharon.

Hice té para Megan y para mí, tras lo cual ella continuó estudiando para su examen y yo salí a caminar a la calle. Pasamos unos días maravillosos en el molino y cuando yo dejaba de escribir daba fabulosos paseos por el bosque y el castillo aledaño.

## Capítulo 30

# Mi Ave de Amor

Era el mes de mayo de 2016. Un miércoles por la mañana, en Kilkenny, me levanté, me puse las pantuflas y abrí los postigos de la ventana de mi recámara. Cuando miré por la ventanita para saber cómo estaba el clima, un ángel se me unió y se inclinó para asomarse conmigo. Me acerqué a él y sonreí al ver su gran altura, mientras se inclinaba para mirar por la ventanita de mi recámara y ver cómo estaba el clima. Supe que él ya lo sabía.

Era de apariencia femenina, muy hermoso y elegante, vestía una luz de plata y su cabello era largo y plateado. Recuerdo que cuando se asomó conmigo a la ventana, su largo y plateado cabello tocó el alféizar y pareció centellar.

Yo le pregunté:

—¿Qué piensas? ¿Crees que debería volver a acostarme y descansar unas horas más?

Esperaba que me dijera que sí, porque la mañana estaba terrible; me habría gustado acurrucarme de nuevo bajo las cobijas.

Él contestó:

—No, ya son las ocho. Decide en unos minutos qué harás —se enderezó, con un movimiento lento y grácil. Se dio la vuelta, me dijo adiós y se dispuso a salir de la recámara.

Yo lo seguí, aunque parecía estar muy lejos de mí, a un centenar de metros, pese a que estábamos en mi pequeña recámara. Cruzó la puerta y cuando llegué hasta allá me asomé al pasillo, aunque en el fondo sabía que, desde luego, él ya no estaría ahí.

A pesar de que pequeñas chispas saltaron del alféizar al pasillo, él había desaparecido y ni siquiera me había dicho su nombre. Los ángeles suelen hacer eso, no siempre tienen necesidad de un nombre. Yo le digo a la gente que les gusta que los llamen simplemente ángeles.

Me vestí a toda prisa e hice mi faena matutina de costumbre. Pasé un poco de tiempo con Holly y Mimsy, mi conejo. Holly y yo fuimos a dar un paseo al huerto y por el camino de terracería.

Como puedes suponer, no lo hicimos solas; los ángeles nos siguieron por la puerta del jardín. Holly hizo lo habitual: corrió por todas partes y olfateó la hierba. De vez en cuando se detenía y miraba atrás; supe que vislumbraba a los ángeles que nos acompañaban.

Los ángeles suelen permitir que los animales los vean. En estricto sentido no los ven, perciben un destello fugaz de ellos, que les hace saber que todo está bien, como le ocurrió a Holly, que seguía olfateando la hierba. El día estaba muy gris y nublado y de pronto empezó a lloviznar. Holly y yo volvimos a casa acompañadas por los ángeles. Justo cuando entramos comenzó a diluviar.

Me hice una taza de té y un pan tostado y luego subí a trabajar; era casi la una de la tarde cuando interrumpí mi labor. Giré en la silla y vi que el clima no había cambiado mucho, aunque ya no llovía. El sol se asomaba entre las nubes de vez en cuando.

Ver el sol me hizo pensar que sería agradable ir a dar un paseo de verdad, así que apagué la computadora y salí a las escaleras. Iba a bajar cuando me encontré con que cuatro ángeles desempleados estaban parados en algunos de los peldaños.

—Lorna —me dijeron—, quieres salir a caminar, pero ni lo pienses. ¿Por qué no te llevas el coche?

Sin dejar de bajar las escaleras les respondí:

—No es mala idea; está muy nublado y no deja de llover. Quizá podría estacionar el auto en algún sitio y orar un rato.

Me encanta pasar tiempo en la naturaleza, porque aprecio mucho todo lo que me rodea. Les dije en voz alta a los ángeles lo que pensaba mientras me preparaba para salir.

Crucé el portón y salí a la calle. No sabía exactamente adónde iba; así lo prefiero siempre. Seguí los caminos rurales sin considerar ninguna señalización y fui a dar a un área muy empinada. Manejé despacio al tiempo que admiraba el paisaje. Tres autos pasaron en la dirección opuesta; los saludé y ellos me correspondieron. Quienes vivimos en el campo irlandés tenemos esa costumbre; no sé en otros países, pero aquí es una manera de conocer a los vecinos. Terminas por reconocerlos y después, si los encuentras en el supermercado o en la gasolinera, los saludas.

Yo iba muy bien abrigada. El sol se asomó entre las nubes, sólo por un momento antes de desaparecer otra vez detrás de ellas. El frío no cedía, y tampoco la llovizna mientras yo avanzaba por aquellos caminos. Al mirar al frente vi que el cielo se oscurecía; pensé que iba a llover muy fuerte.

Un ángel desempleado me dijo:

—¡Mira, Lorna! —y apuntó al cielo; el sol empezaba a mostrarse entre las nubes y esta vez parecía más brillante. Sus rayos resplandecieron sobre un pequeño río; yo no lo habría visto si el sol no hubiera brillado sobre él, porque el día estaba horrible. Hallé entonces un lugar donde estacionarme para poder descender al río.

Cuando bajaba del auto les pregunté a los ángeles desempleados:

—¿Ustedes fueron la causa de que el sol brillara más sobre ese riachuelo?

No me respondieron; tienen la costumbre de ignorarme cuando les hago una pregunta. Muchas veces es como si ni siquiera me escucharan ni repararan en mí, aunque eso no me molesta; así son ellos.

Atravesé un bosquecillo por un estrecho camino que supe que ya había sido usado antes, quizá por zorros y tejones, incluso por ciervos. El viento soplaba entre los árboles, algunos eran inmensos. Justo cuando llegué a un pequeño claro, el sol salió de nuevo y yo me encaminé al río. No era muy grande; tal vez podría llamársele arroyo. Tenía muchas rocas y un poco de agua fluía sobre ellas como una cascada. Era muy hermoso y tranquilo. Al otro lado había más árboles; pensé que podía cruzarlo si pisaba las piedras una por una.

Estaba a punto de hacerlo cuando oí que alguien me hablaba. El Arcángel Miguel salió de entre los árboles y me dijo:

—¡Hola, Lorna!

—¡Hola, Miguel! —contesté—. ¿Qué haces aquí? No te esperaba.

Sonrió pero no respondió mi pregunta. Dijo:

—No cruces el río. Quédate aquí y disfruta todos los elementos naturales que te rodean.

Desapareció entonces sin decir que tenía que irse, lo que, como ya he dicho, es muy raro. Yo me senté en una roca a escuchar el rumor del río al correr sobre las piedras como una cascada. Algunos pajarillos llegaron a tomar agua y saltaron sobre las rocas, las cuales picoteaban. Escuchar la quietud y el silencio de la naturaleza me serenó y apaciguó.

Los ángeles me enseñaron de niña a separar cada sonido y concentrarme a veces en uno solo, para oírlo únicamente y escuchar cada una de sus notas. Tuve que aprender a interpretar lo que ese sonido decía. A veces escuchaba a un insecto, otras a un ave o el silbido del viento. Seguía ese sonido mientras era llevado por el viento hasta que se quebraba en innumerables astillas y se esparcía en todas direcciones. Siempre le daba gracias a Dios por este hermoso planeta, con toda su naturaleza.

Esto también es algo que todos ustedes pueden intentar; es otra lección que aprender. Yo no he dejado de aprenderlo desde que era niña. A menudo lo enredaba todo; descubría que escuchaba el sonido equivocado y no el que el ángel quería que oyera.

Quizá si estás sentado en una banca puedas oír las charlas de quienes te rodean. Elige una voz y escúchala. Viaja con ella y ve adónde va. Mejorarás con el tiempo; esto no es fácil de hacer, pero si lo aprendes lo dominarás.

Tal vez tus hijos aprendan más fácil que tú, pero no pierdes nada con intentarlo. Incluso si estás con amigos, pueden convertir esto en un juego. Cada uno podría escoger un sonido. Díganse unos a otros qué sonido seleccionaron, tómense cinco minutos y vean qué tan bien lo hicieron. ¿Cuántas veces perdieron el rastro de ese ruido? ¿Lo siguieron un minuto antes de perderlo? Tengan a la mano pluma y papel y por cada vez que hayan perdido el rastro del sonido hagan una marca en la hoja, lo mismo que por cada vez que lo hayan recuperado; usen los símbolos que quieran. Éste es un ejercicio que puede practicarse en cualquier parte, sobre todo cuando estás solo. Pide a tu ángel de la guarda que te ayude; sé que es probable que también lleguen otros ángeles a ayudarte.

No sé cuánto tiempo estuve ahí sentada, pero cuando sentí la mano de mi ángel de la guarda en el hombro, miré a mi alrededor y vi que había muchos ángeles. Algunos de ellos estaban sentados sobre las rocas y otros caminaban por la orilla del río.

Casi siempre, cuando estamos en la naturaleza nos serenamos, nos soltamos, nos permitimos volcarnos en ella y nos transportamos quizás a la parte espiritual de nosotros mismos. Eso fue lo que me sucedió a mí.

Los pies de los ángeles no tocaban el suelo, ni siquiera una hoja de hierba. Mientras observaba, sin embargo, vi que las hojas se movían como si el cojín que está entre la tierra y los pies de los ángeles las tocara.

Uno de los ángeles que caminaban junto al riachuelo apuntó al bosque y yo miré. Ahí estaba de nuevo el Arcángel Miguel, quien emergió del hermoso bosque y caminaba hacia mí. Vestía un largo impermeable que le llegaba abajo de las rodillas y que ondeaba al viento; era de color beige y además traía puestos unos pantalones de un café oscuro como el de algunos árboles. Mientras caminaba, vi el cojín bajo sus pies. Éste le impedía tocar el suelo, pero sé que si alguien más lo hubiera visto habría pensado que caminaba sobre la tierra.

Cada paso que daba era como trueno. A veces el viento abría más su impermeable y así pude ver la camisa que llevaba debajo. Era dorada. Él se veía tan apuesto como siempre.

Le dije:

—¡Hola, Miguel! Por cierto, la vez pasada no me dijiste que tenías que marcharte, ¡sólo desapareciste!

Él ignoró eso, dijo:

—¡Hola, Lorna! —se acercó, se colocó atrás a mi izquierda y me preguntó—: ¿Has disfrutado el rato que llevas aquí?

—Sí, mucho —contesté.

—Lorna —dijo— mira al otro lado del río, arriba, a tu derecha, entre los árboles.

Lo hice y pregunté:

—¿A qué árbol te refieres?

Respondió:

—Al que está allá, el que destaca más.

De repente, el árbol más grande al otro lado del río se volvió más brillante. Algunos árboles tenían más hojas que otros, que apenas empezaban a echar brotes. Esto permitía ver todas las ramas con mucha claridad.

Busqué entre las ramas y vi lo que el Arcángel Miguel quería que viera. Era un ave de presa, de esas que se paran más erguidas que otras.

Sin voltear a ver al Arcángel Miguel dije:

—Parece un halcón. Es muy hermoso.

De pronto echó a volar y se deslizó entre las altas ramas de los árboles, tras de lo cual regresó y se posó en la rama del árbol donde lo vi primero.

Mirar una de esas preciosas aves me llena siempre de regocijo. Ésta permaneció unos minutos en su sitio en tanto miraba a su alrededor.

Le dije al Arcángel Miguel:

—¡Gracias! Me agrada mucho que Dios me permita ver a un ave de presa, porque me recuerda el regalo que él me hizo cuando era niña, aquella indefensa avecilla rapaz, mi Ave de Amor.

El Arcángel Miguel avanzó y tocó mi mano, con lo que me llenó de paz y amor. Me encanta que él me tome de la mano.

Dijo:

—Por eso he venido a ti, Lorna, porque Dios desea que veas de nuevo a tu Ave de Amor.

Es inevitable que me ponga emotiva cuando pienso en mi Ave de Amor, porque tiene que ver con mi misión en la tierra y con todo lo más maravilloso —y más difícil— de mi vida, con los peores y los mejores momentos.

El Ave de Amor es un símbolo y, como todos los símbolos que Dios y los ángeles nos han dado a través de los siglos, tiene muchas capas de significado que quizá, gradualmente, podamos interpretar y comprender con el tiempo.

Es también un símbolo viviente, porque cuando vino a mí por primera vez era un ser espiritual vivo, perfecto y radiante que se presentó como un ser físico. En las muy raras y preciosas ocasiones en que se manifiesta, como lo describo ahora, el Ave de Amor habita una criatura de carne y hueso, pero cuando llegó a mi vida por primera ocasión *era* esa misma criatura.

Por lo general, es muy difícil que seres espirituales como los ángeles realicen cambios directos en el mundo físico. En mis escritos he dado algunos ejemplos de ángeles que tocan a puertas o ventanas o que desatan vendavales. Pero aunque esas cosas ocurren ahora a mi alrededor con más frecuencia, son todavía muy, muy raras. También he escrito sobre el hecho de que el Arcángel Miguel se aparece ante la gente como si fuera un ser humano cualquiera. Sin embargo, lo que sucedió cuando el Ave de Amor llegó a mí por primera ocasión fue algo completamente distinto, porque la primera vez que vino a mí un ser espiritual ya se había materializado y vuelto de carne y hueso.

Pese a que no entiendo por completo este símbolo, comprendo que se relaciona con lo que Dios quiere de mí y lo que desea que yo le dé al mundo. Dios necesita mi amor y por eso sus chispas, el alma de cada ser humano, me necesitan. Amar y ser amado implica una gran responsabilidad y el amor de Dios es tan abrumador, tan poderoso que en ocasiones cuando estoy en su presencia quisiera huir. A eso se debe que Dios me pregunte a veces: "¿Por qué te escondes?".

Pienso que el Ave de Amor, como símbolo, dice algo muy importante acerca de un nuevo modo en que el amor opera en el mundo, un gran cambio en marcha. Tiene que ver con un proceso espiritual, con la forma en que el amor modifica la materia, comenzando por nuestro cuerpo humano. Esto inicia con el vínculo del cuerpo y el alma.

En raras ocasiones tengo el privilegio de ver este enlace cuando miro a la gente en oración profunda. Para que este proceso tenga lugar, el alma debe presentarse, es decir salir parcialmente del cuerpo.

A veces, cuando veo que el alma se presenta es porque se prepara para abandonar el cuerpo. Cuando la muerte se aproxima la gente es a menudo más abierta en lo espiritual. Tiende a ser más amorosa y atenta y hace más preguntas cuando sabe que la muerte está cerca.

Algunos de estos cambios les suceden también a las personas cuando están en oración profunda. En numerosos casos la gente no reza muy a menudo o no con la debida profundidad. Quizá repite mecánicamente las frases, sin mucha fe o convicción.

No obstante, si rezas con cada partícula de tu ser, con una sensación que te llega hasta los huesos, das permiso a tu alma de emerger, y cuando esto ocurre el enlace comienza, la experiencia espiritual se intensifica. Cuando aceptas que tu alma es puro amor en un universo amoroso puedes encontrar seres espirituales. Entonces el cuerpo se siente más ligero.

En uno de mis libros anteriores escribí acerca de una de las visiones del futuro que se me han mostrado, un futuro en el que puede verse a los niños caminar sobre el agua de un río. Ellos pueden hacerlo porque su cuerpo es más ligero, porque se han transformado gracias al enlace del alma y el cuerpo. Después de su muerte, cuando Jesucristo resucitó, se transfiguró, de tal forma que cuando sus discípulos lo hallaron después, en un camino, no lo reconocieron, porque todo su ser, que incluía su cuerpo físico, se había transfigurado y vuelto perfecto otra vez. Éstas son algunas de las capas de significado, algunos de los misterios que el Ave de Amor ha venido a revelarnos.

Así pues, cuando Miguel me dijo que Dios quería que yo viera de nuevo a mi Ave de Amor, mis ojos se anegaron en lágrimas, no de tristeza sino de alegría.

El Arcángel Miguel dijo:

—Espero que ésas sean lágrimas de alegría —y las enjugó con las yemas de sus dedos.

—Lo son —confirmé.

—Lorna, goza lo que ves. ¿Dónde está el ave?

Cuando volteamos hacia el inmenso árbol y miramos arriba, yo le dije:

—Ahí está. ¿No es hermosa?

El halcón se posaba con altivez en una de las ramas donde ya había estado antes. Yo admiraba su belleza cuando de pronto se lanzó en picada, se deslizó velozmente y revoloteó sobre una roca a unos diez metros de nosotros antes de descender sobre ella, donde permaneció. Estaba muy cerca. Tuve miedo de moverme, porque pensé que se alejaría. Aunque sentí que el Arcángel Miguel soltaba mi mano, no podía dejar de ver a esa ave tan bella.

En ese momento el Arcángel Miguel me dijo en voz baja:

—No se apartará. No dejes de observarla.

No sé cuánto tiempo nos quedamos mirándola, tal vez unos segundos, quizás unos minutos.

Es difícil saber cómo poner esto en palabras o describirte lo que sucedió después. El agua del riachuelo corría sobre las rocas. El ave echó a volar abruptamente y se alejó del agua que remolineaba entre las piedras y formaba blancas burbujas y espuma. De vez en cuando éstas salpicaban como en cámara lenta la roca en la que el hermoso halcón se había posado ahora. Él giró con gracia su cabeza y miró la piedra donde se hallaba. Vio que las burbujas la salpicaban y que en ocasiones tocaban sus garras. No se movió en tanto esto ocurría. Era como si el rocío fuese una pequeña molestia para el halcón, quien sin embargo sabía que estaba fuera de peligro.

El Arcángel Miguel y yo mirábamos abstraídos. Vimos que el ave hacía girar poco a poco su cabeza, a la izquierda y luego a la derecha.

Le dije al Arcángel Miguel con suave voz:

—Esta ave de presa nos mira ahora directamente, ¿no es así? No nos quita la vista de encima.

Él dijo:

—No, Lorna, sólo tiene ojos para ti. Nunca te quita la vista de encima. Apenas lo notas ahora.

Iba a voltear a verlo mientras él pronunciaba estas palabras pero me dijo:

—No digas más.

No añadí una sola palabra. Permanecí en actitud de observación al lado del Arcángel Miguel.

De repente todo se sumergió en el silencio. La brisa se aquietó. No se oía ruido alguno de pájaro o insecto volador. La mariposa que un momento antes yo había visto volar sobre el agua desapareció.

El ave no dejaba de verme, y yo a ella. Aún en la roca, extendió lentamente las alas y yo noté en ese momento que el río se apaciguaba también. No se movía en absoluto, el agua había dejado de correr; era cristalina y parecía por demás delicada. Incluso el agua que salpicaba las piedras se aquietó, hizo una pausa en el aire o cayó sobre las rocas en forma de abalorios.

El halcón desplegó las alas como si fuera a despegar desde la piedra. Al moverlas, sus puntas cambiaron de color y cada pluma adoptó una tonalidad hermosa y reluciente, algo que yo veía como en cámara lenta. Un matiz dorado onduló por cada pluma, desde la punta de la cabeza del halcón hasta sus garras, y él se volvió de oro en su totalidad. El ave de presa había cambiado completamente. Yo veía ahora a mi Ave de Amor.

Esto me sobrecogió. Rompí a llorar. Lágrimas de alegría corrían por mis mejillas. Sonreí sin dejar de ver a mi Ave de Amor, que revoloteó sobre la roca mientras sus alas brillaban tenuemente en el aire, lo que pareció ejercer cierto efecto en el agua. Las gotas que se habían congelado en el aire se movieron de súbito, como para no estorbar a las alas del halcón.

Planeó rápida pero fluidamente por el riachuelo y pasó junto a nosotros. Pese a la celeridad de su desplazamiento pude ver cada detalle, cada una de sus plumas con toda claridad. Estaba segura de que voltearía a verme antes de encumbrarse en el cielo y dejar tras de sí un rastro de luz dorada.

Luego de remontarse cada vez más alto, descendió como las olas del mar, volaba arriba y abajo con una estela de luz dorada. Cada pluma de mi Ave de Amor dejaba un rastro dorado resplandeciente.

Justo cuando pensé que iba a desaparecer, dio la vuelta e inició su descenso. Se deslizó a toda velocidad, que redujo después, como si se tomara su tiempo antes de volar de nuevo entre los árboles, sobre cuyas ramas planeó sin esfuerzo una vez más. Fue a posarse en la rama donde lo vi al principio.

Estaba a punto de decirle algo al Arcángel Miguel cuando mi Ave de Amor volvió a despegar. Se encumbró cada vez más alto en el cielo, dejó un rastro de luz brillante y desapareció.

Todo volvió a la normalidad. Escuché de nuevo a los pájaros y los insectos y que el agua del riachuelo salpicaba y rodaba sobre las rocas. Me sentía triste y feliz al mismo tiempo. No podía ver ya a mi Ave de Amor, por eso lágrimas rodaban por mis mejillas, pero estaba feliz también. El Arcángel Miguel tomó mi mano de nueva cuenta, con la otra mano sacó de la bolsa de su impermeable su pañuelo de un color tan blanco como la nieve y enjugó mis lágrimas.

Me dijo con amable voz:

—No llores más.

Mientras acariciaba mis mejillas con su pañuelo blanco, para secar mis lágrimas, me sentí llena de dicha. Ahora sonreía y él también.

—Haz tu pregunta, Lorna, antes de que me vaya.

—¿Por qué Dios permitió que yo viera de nuevo a mi Ave de Amor?

—Porque él sabe lo mucho que la echas de menos, Lorna. Él quiere que recuerdes siempre todo lo que te dijo sobre ella. Es muy importante. Recuerda lo que Dios mencionó cuando eras niña y le preguntaste por qué te llamaba su Ave de Amor. Dime las palabras exactas que él te dijo.

—No las comprendo todavía, Arcángel Miguel, y eso me produce un poco de miedo. Siempre temo defraudar a Dios y a la gente del mundo. ¡Él me dijo tantas cosas ese día! Una de ellas fue que yo transmitiría el amor como la pequeña ave lo hizo. Otra, la cual cruza a menudo mi mente y encuentro difícil de comprender, fue que él me necesitaba. No entiendo por qué y Dios nunca responde a mi pregunta.

El Arcángel Miguel se paró frente a mí, tomó mis dos manos entre las suyas, las unió en oración y dijo:

—Lorna, Dios no pudo venir hoy, pero me envió a mí, su arcángel. Cada vez que él permite que veas a tu Ave de Amor te recuerda lo que dijo ese día sobre ella y sobre ti. Ahora debo irme.

Soltó mis manos, que yo mantenía juntas porque ahora estaba en oración. Él caminó hacia el bosque y justo antes de que se introdujera en él volteó y sonrió. Entonces desapareció.

No sé cuánto tiempo recé en ese lugar. Cuando dejé de hacerlo vi que estaba rodeada de ángeles. Mis manos estaban frías y me las froté.

Todos los ángeles me dijeron simultáneamente:

—Es hora de que vuelvas a casa.

No recuerdo haber atravesado el bosque, aunque sí recuerdo estar en el auto y me di cuenta de que ya casi estaba en mi casa. Entré por el callejón, bajé del coche y abrí el zaguán. Encendí la chimenea e hice de cenar. Esa noche subí, me senté frente a la computadora y escribí un poco más.

Capítulo 31

# Recuerda que eres amado

Me volví loca cuando recibí la invitación para la boda de mis amigos Don y Pascal. Me sentí muy privilegiada de que se requiriera mi presencia. La boda tendría lugar en el Ballyheigue Castle. Yo había estado ahí el verano anterior, cuando pasé unos días en casa de la familia de Don.

Esta vez estuve cuatro días en Ballyheigue. Durante el primero, previo a la boda, mi hijo Christopher y yo fuimos a dar un largo paseo de tres horas por las colinas circundantes. Nos detuvimos en muchas ocasiones a admirar el magnífico paisaje; era una profusión de hierbas y flores silvestres. Mientras seguíamos el camino por la colina nos topamos con un poco de algodón silvestre. Yo me detuve y lo froté entre mis dedos. Miré a Christopher y le conté que cuando estuve en Etiopía, África, las mujeres pizcaban el algodón y lo hilaban para hacer ropa a mano.

Le pregunté:

—¿Por qué nosotros no hacemos eso si crece algodón aquí?

—Creo que sería muy caro cultivar algodón como lo hacen en otros países. Nuestra riqueza no es suficiente —contestó.

Estuvimos ahí unos minutos. Desde donde estábamos se veía el mar.

Christopher reanudó la marcha y yo lo seguí.

Caminamos mucho ese día.

Hicimos una escala en la casa del padre de Don, O'Neill's B&B, donde se nos hizo sentir muy bienvenidos. Nos sentamos y tomamos té, pay de manzana y panecillos hechos en casa. Como faltaban dos horas y media para que partiéramos a la fiesta de cumpleaños de Pascal —¡la cual se celebró durante los tres días de boda!—, tuvimos tiempo suficiente para relajarnos. Había mucho ajetreo; todos se preparaban para la boda y yo me sentí muy contenta de formar parte de eso.

Christopher y yo regresamos al hotel. Vagamos un rato por la ciudad, pues todavía disponíamos de mucho tiempo antes de la fiesta de cumpleaños. La boda se celebraría al día siguiente.

Compartiré contigo algunas cosas de índole espiritual que acontecieron durante mi estancia ahí. La madre de Don había muerto unos años antes y en ocasiones, cuando el padre de Don bailaba en la pista, vi que el alma de la madre de Don bailaba con él, que ellos se desplazaban juntos por la pista. Esto duraba un par de segundos apenas, a veces un poco más, pero sé que si el padre de Don sintió acaso la presencia de ella, le habrá parecido mucho más prolongada. Creo que efectivamente sintió un par de veces la presencia de su mujer.

Dios permite siempre que nuestros seres queridos estén en nuestra presencia en ocasiones especiales, tanto felices como tristes. Supongo que esta vez fue una mezcla de felicidad y tristeza, ya que para el padre de Don se trataba de la boda de su hija y su esposa no estaba ahí para celebrar con ellos.

Esta boda estuvo llena de amor. Vi que todos irradiaban amor. Me senté a una mesa en compañía de Christopher, algunos familiares de Don y de Pascal y un par de amigos suyos muy especiales. En verdad me sentí privilegiada de estar ahí. Don y Pascal departían con todos los invitados y cuando llegó la cena, Pascal dejó su mesa, tomó el micrófono y se paró en mitad de la pista para hablar de su mutuo amor. Contó la historia de cómo se habían conocido veinte años atrás.

Para mi asombro, cuando regresó a la mesa el alma joven de su padre se paró detrás de Don y él mientras sostenía un enorme corazón rojo; reconocía de esta manera la armonía de ese amor. La pareja estaba rodeada de ángeles, unos diez de ellos, en semicírculo. Cuando miré a mi alrededor, vi que un ángel acompañaba a cada uno de los asistentes y que sostenía también un corazón rojo.

Esta boda, este matrimonio, fue de amor. El amor no tiene límites. Una cosa de la que Dios me ha hablado siempre es del amor que nos tiene a todos. Dios ama por igual a todos sus hijos. No tiene fronteras. Todos somos hijos suyos y aquel día eso fue lo que él me mostró, el amor que les tiene a Don y a Pascal. La bendición de su matrimonio fue de amor, unidad, amistad, cariño, comprensión, felicidad y alegría para su futuro. Dios bendice a todos los matrimonios con amor.

Los ángeles que acompañaban a cada persona lanzaron al aire los corazones que cargaban. Éstos explotaron y se dividieron en piezas muy pequeñas. Yo vi que muchas de esas piezas entraban en el corazón de cada persona para ayudarla a quererse más a sí misma. Esto nos permite amar a los demás y dejar de preocuparnos por las diferencias que existen entre todos y cada uno de nosotros. Debemos recordar, en nuestra mente y en nuestro corazón, que el amor lo puede todo. El amor nunca termina. Es algo que todos anhelamos, así que no le cierres las puertas, mantenlas abiertas. Permite que el amor entre a tu vida y a la de todos los que te rodean.

El día de su boda, eso fue exactamente lo que Don y Pascal hicieron: permitieron que todos sus familiares y amigos compartieran el amor que ellos se tienen. Su amor nos tocó a cada uno, incluyéndome. He conservado su amor en mi corazón.

En vez de regresar directo a empacar al hotel, fui a dar un hermoso paseo por la playa. Llovía a cántaros. El viento era muy fuerte y pese a que en ocasiones me hacía temblar, disfruté de cada momento. En el camino de vuelta vi que los pescadores trabajaban en la playa, con las cañas metidas en la arena; cuando pasé junto a ellos recité una breve oración para que pescaran algo. Más adelante, cerca ya del final de mi paseo, vi que una joven se divertía enormemente con una niña y un perro café de pelo rizado.

Cuando me aproximé a ellos un ángel me dijo:

—Ya se van a casa.

No siempre sé por qué los ángeles a veces dicen lo obvio. Vi que la madre seguía al perro, el cual se arrastraba por la arena. Abandonaron la playa y se encaminaron hacia mí, aunque me escabullí por el estacionamiento. Me sorprendí a mi retorno al hotel; no me había dado cuenta de que el paseo duró dos horas y de que en ese tiempo los ángeles no me dijeron una sola palabra. Sabían que estaba muy entretenida.

Mi ángel de la guarda me despertó anoche, me sopló en la cara y agitó mi cabello.

Le dije entre sueños:

—Vete, déjame en paz, estoy cansada...

No lo hizo.

—Levántate —era lo que yo oía sin cesar.

Eran las cuatro de la mañana.

Me volteé, abrí los ojos y le dije:

—Está bien.

Me quité las cobijas. Mi ángel de la guarda lo hace a veces, lo mismo que el Ángel Hosus o el Arcángel Miguel, aunque anoche fue sólo mi ángel. Refunfuñé al tiempo que me ponía la bata y me calzaba las pantuflas.

Le pregunté:

—¿Qué sucede? ¿Qué quieres que haga?

Sin que él dijera una palabra, supe exactamente lo que deseaba, así que entré a mi lugar de trabajo y encendí la computadora.

Mi ángel guardián me dijo suave y bondadosamente:

—Lorna, debes recordarles a hombres, mujeres y niños que su ángel de la guarda los ama sin límites. Diles que son hermosos, únicos y perfectos. Que su ángel nada más tiene ojos para ellos. Que no deben sentirse solos.

Tu ángel de la guarda quiere recordarte que está a tu lado y que nunca te abandona un segundo. Que no estás solo y que incluso si crees que nadie te quiere, debes recordar siempre que él te ama. Yo también te amo, aunque no te conozca. Tu ángel de la guarda quiere que veas continuamente en tu vida la luz de la esperanza. Que no permitas que se apague, porque tu vida es preciosa para él, tu familia y tus amigos. Tu vida es hermosa aun para mí, pese a que es muy probable que seamos unos extraños entre nosotros.

Me dirigí a mi ángel guardián y le pregunté:

—¿Hablamos del momento en que alguien está en un lugar sombrío, cuando se siente solo y cree que nadie lo quiere? ¿Cuando está en ese foso oscuro donde lucha y del que es incapaz de encontrar la salida? ¿Hablamos del suicidio?

Él respondió:

—Sí.

En los momentos en que alguien está deprimido, lleno de nerviosismo o ansiedad y se siente solo, todos debemos ayudarle a ver la luz que su ángel de la guarda sostiene frente a él, la luz de la esperanza.

—¿Recuerdas, Lorna, cuando fuiste a Maynooth hace unos meses?

Pensé un minuto y contesté:

—Sí.

Estuve en la cafetería Elite, mi lugar preferido. Cada vez que regreso a Maynooth, a casa de mi hijo, y pese a que ya no vivo ahí, me siento todavía en mi hogar y visito siempre la cafetería Elite. Me reúno ahí con mi familia y en ocasiones también con mis amigos, o voy sola y disfruto de la compañía de todos los allí presentes. Por supuesto que la comida es sencillamente para chuparse los dedos.

Cuando estoy fuera de mi país, en mis viajes, les digo en ocasiones a los ángeles que me rodean:

—Me encantaría ir en este momento a la cafetería Elite y comer algo.

Desde luego prefiero algunas cosas: los sabrosos pasteles caseros, el pan, las papas horneadas, las ensaladas y quiches, todo hecho en casa. Pensar en todos esos platillos me abre el apetito.

Oí que alguien me llamaba y cuando volteé a la puerta ahí estaba el Ángel Hosus.

—Buenos días, Lorna —dijo.

—¡Hola, Ángel Hosus!

Se acercó a mí y puso su mano sobre mi hombro.

—Te ayudaré a recordar.

Le dije:

—Aquel día me reuní con mi hija Ruth y mi nieta Jessica. Cuando salimos de la cafetería le ayudé a mi hija a hacer unas compras y un par de horas después le di un fuerte abrazo a ella y a su hija antes de despedirme.

"Cuando salí del centro comercial decidí dar una vuelta. Fui a los jardines de la universidad, que no visitaba desde hacía mucho tiempo. Ese año el clima no fue bueno en Irlanda, demasiado variable y lluvioso. Yo llevaba puesta una chamarra, jeans y botas. Recorrí el manzanar de la universidad y pensé en las veces en que lo crucé con Joe y los niños. Esto trajo a mi memoria antiguos y felices recuerdos.

"Ángel Hosus, cada vez que atravieso el manzanar, recuerdo mis encuentros con las monjas. Ellas me saludaban y nos deteníamos a conversar un momento. Recuerdo en particular a una de ellas. En una ocasión en que la encontré en ese lugar, ella llenaba su bolsa de manzanas que habían caído de los árboles; le pregunté si no tenía inconveniente en que yo también recogiera algunas. Dijo que no, que eso era mejor que dejar que se pudrieran en el suelo y sugirió que hiciéramos unos pays de manzana. Traía otra bolsa y me dijo que la llenara para llevar manzanas a casa. Cuando recuerdo esto, siempre sonrío. Ella ya no está con nosotros, se fue al cielo.

El Ángel Hosus comentó:

—Sí, Lorna. Sé que te simpatizaba.

—Así es —dije—, fue una de las pocas personas con las que hablé un par de veces cuando Joe estaba muy enfermo. Me platicó de su trabajo: junto con las demás monjas hospedaba y daba de comer a muchas jóvenes que estudiaban en la universidad. Tenía una sonrisa radiante. Cuando de pronto se agachó para recoger unas manzanas, un grajo se paró en una rama y una manzana cayó en la cabeza de la monja. Ella se quejó, aunque rio en seguida; vio el lado divertido del incidente y yo también reí.

El Ángel Hosus me interrumpió y dijo:

—Sigue contándome qué pasó ese día, hace unos meses.

—Recorrí varias veces el paseo arbolado detrás de la universidad. Creo que vi sólo a una o dos personas; nadie había querido salir a dar un paseo aquel día. A mi regreso por los jardines de la universidad decidí entrar al jardín cerrado. Aunque es un jardín muy pequeño, tiene bellos árboles y senderos y, desde luego, sitio para sentarse. No vi a nadie en el jardín, tampoco ángeles. Cuando un petirrojo saltó frente a mí, oí que alguien me llamaba. Eras tú, Ángel Hosus, al otro lado, debajo de un gran árbol retorcido; me dijiste que me aproximara. No me advertiste que había alguien sentado ahí, pero cuando estuve cerca vi a un ángel de la guarda antes de notar al señor al que pertenecía; lo común es que suceda al revés. El ángel sostenía una luz frente a ese hombre. Había tres ángeles más y todos ellos sostenían luces para intentar que ese individuo viera la luz de la esperanza en esta vida.

"El señor estaba encorvado cuando lo vi; aparentaba unos cuarenta años. Me detuve y lo saludé. Pese a que no sabía si me respondería o no, él me miró y me correspondió el saludo. Le pregunté si se encontraba bien y contestó que no; vi que estaba en un lugar oscuro dentro de su mente. Ya no creía en sí mismo, pensaba que no era capaz de nada. Noté una sortija de matrimonio en uno de sus dedos; le pregunté si tenía esposa e hijos y entonces se derrumbó. Me contó que ya no les servía de nada. Pensaba que estaría mejor muerto.

"Tú me dijiste, Ángel Hosus, que le preguntara por qué se sentía así. Él no lo sabía; sencillamente era así como se sentía. No podía sentir nada. Dijo que se sentía vacío, como si estuviera en un cubículo oscuro sin puertas ni ventanas rodeado únicamente por tinieblas y sin salida. Le pregunté si se daba cuenta de que estaba deprimido, le dije que necesitaba ayuda. Él sabía que lo estaba; incluso, había consultado a un médico, aunque eso no le hizo mucho bien. Le recordé a su esposa y sus hijos; le pregunté si los quería y respondió que lo ignoraba. Tú me dijiste sin palabras algo que yo le repetí; me indicaste que le dijera que su esposa lo amaba, pero que estaba muy asustada. Sabía que estaba deprimido, que algo marchaba mal y trataba de ayudarlo, no quería perderlo. Me dijiste que le recordara que sus hijos lo querían, que él era su padre y lo amaban; él debía hacer lo posible por sentir su amor. Así como su esposa y sus hijos le brindaban su amor, él debía brindarles el suyo. Me pediste que le dijera que ellos le daban los brazos en aquella oscuridad y que sus manos, llenas de luz y de amor, lo tocaban. Le dije que yo sabía que su amor podía reaccionar y permitirle salir de esa oscuridad.

"Me miró con lágrimas en los ojos. Me preguntó quién era yo y le dije que nadie. Le hice prometer que no se quitaría la vida. Le dije que quería volver a verlo un día en la calle o en el supermercado, o tal vez ahí mismo en la universidad, en compañía de su esposa y sus hijos; que él no me reconocería, pero yo a él sí. Que no quería que sus hijos preguntaran repetidamente a su madre: "¿Por qué papá nos dejó?", "¿Por qué nos abandonó?". Le reiteré que ellos lo querían y que él debía poner puertas y ventanas en ese lugar oscuro, que más tarde podría abrir para dejar entrar la luz de la esperanza, la luz del amor que su esposa e hijos le ofrecían. Cuando me marché, él sonreía. Vi que permitía que la luz del amor regresara a su vida. Su ángel guardián lo rodeaba entre sus brazos y lo estrechaba con amor.

Pido a diario por ese hombre. A veces le pregunto al Ángel Hosus qué sucedió con él y me responde que sigue adelante; se acercó a su esposa y a sus hijos, permitió que su amor lo tocara. Ya no se siente falto de amor.

El amor debe encontrar una salida de ese foso oscuro que reside dentro de una persona cuando no le encuentra sentido a la vida y piensa quitársela. Familiares, amigos y seres queridos hacen siempre todo lo que pueden cuando se enteran de que alguien que aman está en un foso oscuro. Lo ayudan a buscar amor en sí mismo y a ver el que lo rodea. En casos así es muy importante animar a la persona, hacerle saber que se le quiere, ayudarla a que vuelva a confiar y creer en sí misma.

Tu ángel de la guarda te murmura al oído en diferentes momentos de tu vida, en especial cuando las cosas son negativas o alarmantes y has perdido energía para vivir. Puede ser que te sientas en ese foso oscuro, pero tu ángel te dice que eres amado, perfecto, único y necesario en este mundo. Tienes un papel que desempeñar; en este mundo todos te necesitan. Yo te necesito, así que le pido siempre a la gente que no se quite la vida. Recuerda que eres amado. Tienes la capacidad necesaria para superar cualquier trecho oscuro de tu vida, por desastroso que parezca. Aunque quizá no te sientas capaz de salir de ese foso oscuro, yo sé que puedes hacerlo.

Dispones de ayuda. No tengas miedo, pídeles a tus familiares y amigos que te apoyen. Busca la asistencia que necesitas. No te rindas. Dios y tu ángel de la guarda no desean que te des por vencido. Recuerda que Dios te ama.

En una de mis giras conocí a una mujer que me contó que su joven hija se había suicidado; dijo saber que ella estaba en el cielo y que en ocasiones sentía su presencia. Cada vez que me entero de que alguien se quitó la vida, a cualquier edad, me siento destrozada y desconsolada. Le reclamo a Dios, le pregunto por qué, aunque no haya una razón. A veces no podemos hacer nada; por más que brindemos ayuda y amor a esas personas, su dolor y sufrimiento pueden ser demasiado intensos y jamás saldrán de ese foso oscuro.

Quienes se quedan se las ven muy difíciles. Luchan con la idea de que su ser querido se haya quitado la vida; eso aniquila a muchos hogares. A algunos les lleva una vida entera aceptarlo; para muchas familias resulta imposible, es un esfuerzo con el que tienen que vivir a diario. Sin embargo, su ser amado está en el cielo. Dios lo arropó con amor y se lo llevó al cielo.

Cuando yo vivía en Maynooth, antes de que Joe muriera, mientras disfrutaba de buena salud y trabajaba en el ayuntamiento, una vez una señora tocó a la puerta; tenía unos sesenta años. Estaba de visita en el área y viajaba por los alrededores; su esposo estaba en el coche. Me dijo que había visto la puerta abierta y me preguntó si podía pasar al baño.

—Sí —le dije—, pero está en la parte de atrás.

La llevé allá y mientras estaba en el baño yo recogí un poco de la ropa que había tendido.

Cuando salió me dio las gracias. El Ángel Elías estaba en la esquina de nuestra casita y me dijo que le invitara una taza de té.

Alcé la voz e inquirí:

—¿Gustarían su esposo y usted una taza de té?

Esto le sorprendió, dudó un instante y al fin respondió:

—¡Qué amable! Nos encantaría, desde luego.

Fue al portón a llamar a su esposo. Él bajó del coche y nos siguió por la casa hasta la parte trasera que Joe había convertido en cocina, con un lavadero, una estufa, un par de armarios, una mesa y un enorme y viejo refrigerador.

—Siéntense —les dije; puse la tetera, saqué un par de tazas y añadí—: No tengo galletas pero hay un poco de pan y jamón.

—Gracias, tengo un poco de hambre —contestó el esposo.

—A propósito —señaló ella—, me llamo Josie —a lo que él agregó:

—Y yo John, encantado de conocerla. Veo que tiene hijos.

—Sí —respondí—, dos pequeños, Christopher y Owen; Christopher está en la escuela y Owen toma una siesta.

Él se puso a platicar entonces de sus hijos, dos hombres y una mujer adultos.

—Ahora todos están casados —dijo—. Nosotros nos casamos muy jóvenes, ya tenemos seis nietos.

Josie no dijo una palabra mientras John hablaba; la miré y me pareció triste. Su ángel de la guarda la cubría con sus brazos y me dijo que sufría un gran dolor, aunque no me indicó de qué tipo, pensé que era un dolor físico.

Cuando el agua hirvió llené las tres tazas y John untó con mantequilla el pan que comería con jamón.

—Este jamón parece bueno —dijo.

—Espero que lo sea —repuse—. Yo lo preparé; es del año pasado, que hice con la grosella negra de unos viejos arbustos de mi jardín.

Josie dijo que su madre también preparaba así el jamón casero y habló de sus papás y su pequeña familia; tenía sólo una hermana y un hermano. De repente rompió a llorar; contó que su hermano se había suicidado cuando tenía veinte años; ella tenía entonces trece y su hermana dieciocho.

—¡Fue espantoso! Nos prohibieron hablar de él y lo ocultábamos por vergüenza —era como si su hermano no hubiera existido nunca. Eso no fue culpa de sus papás, querían a su hijo, pero fueron víctimas de las actitudes de la sociedad de ese tiempo—. Se llamaba John y creo que por eso, al menos en parte, me enamoré de mi esposo, quien se llama igual. Mis padres murieron hace mucho; los recuerdo rezando siempre por mi hermano.

Ellos creyeron que su hijo se había ido al infierno, porque eso fue lo que les dijeron, y Josie lo creía también. Aun ahora, cuando sus hijos ya eran adultos y estaban casados, ella lloraba al pensar que su hermano ardía en las horribles llamas del infierno.

Cuando afirmó esto su ángel de la guarda sacudió la cabeza y dijo:

—Está equivocada.

El Ángel Elías apareció a su lado y me pidió, sin palabras, que le dijera que su hermano estaba en el cielo con Dios, sus padres y todos sus demás difuntos.

Cuando se lo dije, ella tomó mis manos y con lágrimas de alegría y felicidad preguntó:

—¿De veras lo crees, Lorna?

—Sí —respondí—, Dios amaba a tu hermano, él es hijo de Dios.

—¡Eso es todo lo que quería oír! Ahora habrá paz en mi corazón el resto de mi vida.

Tan pronto como dijo esto su ángel guardián retiró sus alas. El alma del hermano de Josie se paró en la puerta de la cocina, con una sonrisa; parecía un joven muy atractivo.

Al instante siguiente se acercó a su hermana y la miró con amor. Ella respiró hondo. Le dije:

—Sé que a menudo sientes la presencia de tu hermano.

Ella me miró y dijo:

—Sí, Lorna. La siento justo ahora, estoy muy feliz.

La tomé de la mano; su esposo la abrazó y apuntó:

—Te dije que tu hermano estaba en el cielo.

Se abrazaron entre lágrimas y sonrisas.

—¡Gracias, Dios mío!, ¡gracias, Dios mío! —repitió ella un par de veces.

Vi que se libraba del estrés y la preocupación. Era ahora una persona completamente distinta.

Uno o dos minutos después se levantaron para marcharse. El alma del hermano de Josie permanecía con ella cuando los acompañé al portón. Me agradecieron el té y los bocadillos, subieron a su coche y se alejaron. Ni siquiera supe de dónde eran, no se los pregunté y no los volví a ver jamás.

Así sucedían las cosas cuando vivía en Maynooth, antes de que nadie supiera de mí. Cuando pienso en eso, sonrío. En ocasiones era un camionero quien se presentaba, alguien que se había perdido o un turista, aunque todo eso era poco frecuente. Nunca olvidaré a dos señores y dos señoras de China que vinieron a visitar la universidad y a pasear por Maynooth.

En ese entonces no había unidades habitacionales a nuestro alrededor, sólo campos; nosotros ocupábamos la última casita sobre la carretera de Old Greenfield. Aquella tarde los niños jugaban en el jardín y las gallinas estaban afuera. Nuestra perra, Heidi, que era una dócil pastor alemán nunca las perseguía y estaba siempre junto al portón.

Christopher corrió hasta mí y me dijo:

—¡Hay unos desconocidos afuera, mamá!

Cuando salí los vi en el portón, y noté que estaban rodeados de ángeles.

—¡Hola! —les dije—, ¿se les ofrece algo?

Uno de los señores dijo que teníamos un magnífico huerto; alcanzaba a ver las verduras desde ahí. Como empezó a hacer preguntas, los invité a pasar y les mostré nuestra parcela de papas, coliflores y coles de Bruselas. Heidi fue muy amigable con ellos, echada casi todo el tiempo sobre el césped. Había una tienda de campaña en el pequeño jardín de adelante y una manta sobre el pasto. Dos de los visitantes se sentaron en la entrada y los otros dos en la cobija; los niños se sentaron junto a ellos. Les hice una taza de té y la tomamos en el jardín, porque el día era hermoso y soleado.

Las visitas hablaron principalmente de lo bellas que eran Maynooth y la universidad y dijeron que todo el mundo los había saludado mientras paseaban por Maynooth.

El mayor de los señores me dijo:

—Ésta fue la única casa en la que sentimos que podíamos pasar a saludar.

Minutos más tarde se fueron, muy felices. Cosas así nos ocurrían con frecuencia; no hubo ningún incidente desagradable. Los ángeles me dijeron que esos visitantes necesitaban sentir la calidez, amor y amabilidad de nuestra familia.

# Capítulo 32
# Juzgar

Una pregunta que suelo hacerle al Ángel Hosus y a otros ángeles que están conmigo en diferentes momentos es por qué la gente juzga a los muertos y decide que no se fueron al cielo por esto o por aquello. Recuerdo que una vez incluso se lo pregunté a Dios; cuando vivía en Edenmore y era una adolescente de catorce años. Un vecino que vivía a la vuelta murió; yo no lo conocía, pero lo había visto en varias ocasiones cuando él iba a la tienda, quizá lo vi dos veces antes de que muriera: una cuando salía del súper y otra mientras caminaba por la calle y fumaba un cigarro. En ese tiempo no se sabía que fumar era malo para la salud, una amenaza contra la vida.

En ese entonces, cuando alguien fallecía casi todo el vecindario iba a su sepelio; todos sabían quién era quién en la comunidad. Aunque yo no fui al entierro de ese señor, vi pasar por la calle su carroza fúnebre cuando salía de la iglesia; y todos la seguían. Supe que ese hombre se había ido al cielo, porque en las pocas veces que lo vi su ángel de la guarda sostenía su alma.

De niña no le daba mucha importancia al hecho de ver que un ángel de la guarda sostuviera un alma. Sabía que esa persona moriría pronto, pero eso no me preocupaba, porque sabía que se iría al cielo.

Algo que me trastornaba mucho de niña era oír que los adultos juzgaran y se preguntaran si alguien merecía ir al cielo. Solía sentirme muy triste cuando oía a la gente decir que alguien no tenía esperanzas u oportunidad de atravesar las puertas del cielo, que san Pedro no se lo permitiría y que quizá sería enviado al infierno. Me quejaba con mi ángel de la guarda y los ángeles que me rodeaban; eso me afligía y hasta me hacía enojar un poco, tal vez mucho. A menudo pateaba una piedra y corría lo más rápido posible para no escuchar esas cosas.

Protestaba:

—¿Esos tontos no saben que Dios nos ama? Quisiera gritárselos.

Los ángeles replicaban:

—No tiene caso que lo hagas, Lorna, no te escucharán; creen que eres una niña ingenua, no saben que no es así.

Después de ese entierro llevé al perro de otro vecino, Shane, a dar un paseo por las unidades habitacionales. Recorrimos un camino rural; por el que sólo pasó un coche junto a nosotros.

Aún les reclamaba a Dios y los ángeles que los adultos pudieran decir cosas tan crueles sobre alguien que acababa de morir cuando oí que alguien me llamaba. Al voltear vi un ángel al lado y cuando me acerqué para saludarlo desapareció.

Había una puerta abierta, así que me metí en aquellos campos y solté a Shane. Llegué al fondo del terreno porque quería alejar a Shane de la puerta abierta; él permaneció cerca de mí, nada más corría y olfateaba la hierba. Me senté sobre la tierra y recé por la familia del señor que acababa de morir.

Le dije a Dios en voz alta:

—¡Qué horrible es que los adultos piensen que alguien se fue al infierno! No permitas, Señor, que eso le ocurra a nadie que muera en el mundo.

Oí entonces una voz que me decía:

—No te preocupes, Lorna.

Me levanté de inmediato, porque reconocí esa voz, que me llenó de amor y reverencia. Volteé a mi alrededor y pregunté:

—¿Dónde estás? No puedo verte.

—No es necesario que me veas, Lorna. Sabes que estoy aquí contigo.

Me senté de nuevo, algo desconcertada, y un minuto después interrogué:

—¿Todavía estás ahí?

—Sí, Lorna —respondió Dios, quien agregó con gran amor y compasión—: No toca al hombre juzgar a quien muere, Lorna. Tú sabes que al momento de la muerte, cuando el cuerpo humano fallece, el alma abandona al cuerpo. La persona sabe entonces que yo soy Dios. En ese instante ve frente a ella a su ángel de la guarda y a todas las almas de sus seres queridos. Nadie sabe si un hombre, mujer o niño me pidió perdón al momento de morir.

—Sé que amas sin límites a cada hombre, mujer y niño del mundo —le dije.

—Ve a casa, Lorna.

No le dije a Dios nada más. Llamé a Shane y le puse su correa. Caminamos por el centro del campo y nos detuvimos en la puerta, que seguía abierta; miré a izquierda y derecha para confirmar que no viniera ningún coche y me fui a casa.

Sé que a muchas personas se les dificulta imaginar siquiera que cuando alguien hace algo muy malo tiene la oportunidad de ir al cielo cuando muera, pero debemos recordar que nadie sabe si esa persona pidió perdón al momento de su muerte. Sé que Dios nos ama a todos y quiere que todos sus hijos vuelvan a casa; jamás se ha demostrado que él mande a alguien al infierno. Recuerda que nuestra alma es un rayo de la luz de Dios. Tu alma es parte de Dios y él quiere que todos vayamos al cielo cuando nos llegue la hora, no antes.

Sé que la muerte de un hijo por homicidio debe ser horrible para los padres. Ha habido muchos líderes en el mundo que han cometido enormes y horribles atrocidades: genocidio, matanza de hombres, mujeres y niños. Podría mencionar a algunos del pasado y a otros de la actualidad. Es difícil que perdonemos a esos individuos, porque sentimos mucho dolor y sufrimiento. Sé que muchas personas se empeñan en olvidar y algunas lo consiguen.

No dejemos de lado todos esos crímenes, para que no repitamos los mismos horrores una y otra vez.

Por desgracia, aún no terminamos de aprender las lecciones del pasado; en el mundo de hoy no dejan de ocurrir atrocidades, hay todavía genocidios, terrorismo y guerras. Éstas son algunas de las razones por las que debemos estar en contacto con nuestro lado espiritual, nuestra alma. Escuchemos a nuestro ángel de la guarda para que podamos conocer los mensajes que Dios nos manda a cada uno de nosotros.

Él dijo: "Ámense los unos a los otros como yo los he amado".

Capítulo 33

# El encuentro con Brian

Brian fue una persona muy especial que llegó a mi vida y la de mi hija menor, Megan. Mencioné ya en muchas ocasiones que, hacia el final de su vida, Joe me decía a menudo que, cuando él faltara, yo debía permitir que alguien más entrara en mi vida.

Solía ignorar sus palabras y le decía:

—Me basta con un hombre en la vida. ¿Por qué querría uno más? Te amo. Tu amor durará para siempre.

Un día, mientras yo lavaba los trastes, él dejó la mesa, me abrazó y me dijo:

—Moriré pronto, Lorna; sé que mi hora está cerca. Debes saber que quiero que haya otro hombre en tu vida; así no te sentirás tan sola y eso me hará muy feliz.

Antes de que yo escribiera sobre Joe y Brian, le dije al Arcángel Miguel que me sería muy difícil relatar algunas de esas cosas, que necesitaría mucha ayuda y estímulo.

Él puso su mano sobre mi hombro.

—Dios lo sabe, Lorna, pero de todos modos quiere que narres esos asuntos personales.

—Tú sabes, Miguel, que me será muy difícil hablar de Joe y de mi familia.

—Cada vez que necesites ayuda, Dios te la enviará, Lorna.

Iba a hacer una pregunta cuando él dijo que tenía que marcharse y desapareció. Esto me desalentó, porque tenía muchas cosas que indagar.

Decidí ir a dar un paseo; me puse el abrigo y abrí la puerta. Cuando salí, vi de nuevo ante mí al Arcángel Miguel, me reí y le dije:

—¡Casi te piso!

—Eso es imposible —replicó.

—Ahí está lo gracioso del asunto.

Vestía de obrero. Me agrada mucho que él ajuste siempre su forma de vestir al lugar donde se aparece; supe que si alguien pasaba por ahí, lo vería. La siguiente es una interrogante que nunca le he hecho: por qué en ocasiones Dios permite que eso suceda. Sé que a veces algunas personas pasan a mi lado cuando él está conmigo y me saludan.

Le dije:

—Arcángel Miguel, acabas de estar aquí hace unos minutos.

—Demos un paseo por el huerto que está detrás de tu casa.

—Bueno, déjame ir por las llaves para abrir el portón.

Así lo hice y cuando salí no lo vi. Oí entonces que alguien me llamaba; él ya había dado la vuelta.

Cuando estuve a su lado le dije:

—Tú no necesitas llaves para abrir, pero yo sí.

Al llegar al huerto se detuvo, volteó y me dijo:

—Lorna, Dios me pidió que te dijera que ha oído tus plegarias y enviará el alma de Joe para que te visite.

Me le quedé viendo sumamente emocionada y le pregunté con suave voz:

—¿Cuándo?

—No lo sé —respondió, agregó que debía irse y desapareció de nuevo.

De pie en el huerto, la idea de ver a Joe me apabulló. Habían pasado muchos años desde la última vez que Dios me había enviado su alma. Recé y le di las gracias por eso, pasara cuando pasara. Vagué por el huerto y mi perrita Holly corría a mi alrededor. Me agaché, le di unas palmadas y la saludé; me había olvidado de ella. De seguro me había seguido por la puerta, así que la llevé a pasear un poco por los campos.

Transcurrieron varias semanas; no soy muy buena para seguir la pista del tiempo. Escribía en el piso de arriba y el Ángel Hosus me acompañaba ese día; el Ángel Elías estuvo temprano conmigo, pero ya se había ido. Había también otros ángeles ahí.

—Lorna, tendrás un visitante hoy.

—Espero que no; de verdad no quiero compañía hoy, Hosus. Quisiera escribir lo más posible. Además, ¿quién podría ser?

No me contestó, de modo que continué con mi tarea. Una hora después, quizá más, oí que alguien me llamaba y reconocí la voz. Cuando volteé, estuve a punto de perder el aliento de tanto que me emocioné. Joe estaba en la puerta; lucía joven y guapo. Vestía prendas que reconocí: unos pantalones negros y una camisa azul claro. Se veía perfecto, con una hermosa sonrisa.

—¡Hola, Lorna! —exclamó y dio un paso más; iba a levantarme pero dijo—: No, quédate donde estás —y añadió, porque supongo que a esas alturas yo ya había derramado algunas lágrimas—: No llores; Dios me permitió estar un momento contigo.

Ya dentro de la habitación le agradeció al Ángel Hosus que fuera mi amigo. Éste contestó:

—Es un honor.

Hablaron entonces en un idioma que yo no entendí. Muchas veces los ángeles me hablan en otro idioma y les entiendo; esta vez no fue así.

Joe se acercó a mi lado en el escritorio y rodeó mis hombros con su brazo. Me gustaba que me tocara. Sentí que su ingrávido abrazo me llenaba de amor. Me dijo:

—Lorna, ¿te acuerdas de tu amiga Sylvia?

—Sí —contesté—. Enviudó unos años antes de que tu... —titubeé, lo miré y me resistí a continuar.

—Está bien —dijo.

Respiré hondo y añadí con lágrimas en los ojos:

—Una fría noche invernal yo tomaba té con Sylvia en su cocina; el periódico estaba sobre la mesa y recuerdo además una pluma y papel. Me gustaba visitarla y platicar de todo. Aquella noche...

Él me interrumpió:

—Sí, yo estuve ahí contigo, Lorna; Dios no permitió que sintieras mi presencia. Cuando estabas sentada a la mesa y tomabas té, el ángel de la guarda de Sylvia te permitió que escucharas las palabras que él le murmuró.

—Sí —confirmé—, y me dio miedo.

Recuerdo que le dije al ángel guardián de Sylvia "¡No, no!", porque le pidió que me animara a poner un anuncio en el periódico.

Momentos después, Sylvia tomó el diario y me contó que una amiga suya había publicado un anuncio para conocer a un hombre y que ella había hecho lo mismo y desde hace un mes empezó a salir con alguien. Me contó de él y de lo maravilloso que era tener con quien convivir de vez en cuando.

—Tú harás lo mismo, Lorna —sentenció.

Comencé a reír y repuse:

—¡De ninguna manera!

La recámara estaba llena de ángeles, los cuales corroboraron:

—Sí, Lorna.

Sylvia insistió; no iba a darse fácilmente por vencida.

Joe dijo ahora:

—Te sentías sola y lo admitiste ante ella. Sylvia tenía razón en que, en ocasiones, te sentías muy desamparada y le dijiste que a veces creías que debías amar a otro hombre, pero que todavía te resistías a eso. Con el tiempo, ella consiguió que te animaras —concluyó entre risas.

—Sí —le dije—, recuerdo que su ángel guardián no dejó de susurrarle cosas, así que ella no se rindió por más que yo insistía en que no necesitaba otro hombre en mi vida, que tú me habías dado amor suficiente para siempre.

—¿Recuerdas las palabras exactas que le dijiste?

—Sí: "Nunca podré amar a nadie como a Joe".

Él me tomó de la mano y aseguró:

—Lorna, está bien que ames a otro. Ahora escribe de lo que hemos hablado aquí. No temas. Si no compartes tu vida,

¿cómo podrías comunicar sobre Dios y los ángeles? Porque ellos también forman parte de tu vida, no sólo tu familia. Está bien que hables de esta fase de tu existencia —dijo, se inclinó y me dijo al oído—: Te amo.

Dijo entonces que tenía que irse, soltó mi mano y desapareció.

Le comenté al Ángel Hosus:

—Ojalá Joe no hubiera tenido que irse; me habría gustado que estuviera aquí mientras escribo sobre eso.

Días más tarde, Sylvia prosiguió con su labor de persuasión. Me hacía reír con todo lo que me decía sobre cómo imaginaba que conocería a un hombre, y me sentaría a la mesa a comer con él o saldría a dar un paseo. No reímos tanto que en mi alma y en mi corazón supe que ella estaba en lo cierto; me sentía sola y a veces quería tener a un hombre en mi vida, aunque no entendía cómo alguien podría encajar en mi vida. Hasta la fecha no lo entiendo, pero esa noche finalmente cedí. Sylvia escribió lo que yo diría en el teléfono. Dispuso todo y el fin de semana siguiente el anuncio apareció en el periódico.

Pasaron dos semanas. Ella me llamaba cada tantos días para animarme a revisar si había un mensaje para mí. Los ángeles me recordaban constantemente que hiciera lo que ella decía; yo me negaba, aunque terminaba accediendo.

Una noche, a las diez, marqué el número y había algunos mensajes; me temblaba la mano cuando los escuché. Le llamé a Sylvia de inmediato y le conté que cuatro hombres me habían dejado un mensaje y su número telefónico.

—¡Me muero de ganas de oír esos mensajes cuando vengas el sábado! —me dijo—. Pasa a verme de camino a tu casa. ¡Qué emoción!

El sábado llegué a su casa alrededor de las siete. Antes siquiera de que me acercara a la puerta, ya estaba abierta. Sylvia se encontraba ahí y sonreía.

—¡Entra, amiga! —me dijo—. ¡Saca tu celular!

Había preparado té. Escuchó los cuatro mensajes y escogió uno. Me dijo:

—Me gusta éste; él es amable y viudo. No saldrás de esta casa, Lorna, sin antes haber hecho esa llamada.

Tomé por fin el teléfono; mis manos temblaban mientras marcaba. Para mi alivio, no contestaron.

—¿No contestan? —preguntó ella—. Intenta de nuevo, no te rindas tan fácil, llama otra vez. Deja un mensaje si no te responden. Tienes que ser honesta contigo misma; todavía eres joven, incluso más que yo. Cuando me siento sola, añoro la compañía de un hombre; eso no tiene nada de malo. Anda, haz esa llamada. Tienes derecho a salir a divertirte, a cenar, a ir al cine y a pasear.

Me hizo reír unos minutos y luego tomé el teléfono y llamé. Tampoco esta vez hubo respuesta, así que dejé un mensaje con mi nombre y mi número telefónico.

Meses más tarde iba con Megan en la calle cuando recibí una llamada; no reconocí el número.

Les dije a los ángeles: "No contestaré", pese a que ellos se opusieron. No dijeron por qué ni yo se los pregunté, pero semanas después recibí otra llamada. Recuerdo que sostuve el teléfono en la mano y lo miré; mi ángel de la guarda me murmuró que contestara.

El Ángel Hosus apareció frente a mí un momento y dijo:

—¡Contesta!

Lo hice; era una voz de hombre que no reconocí. Me dijo que se llamaba Brian y que meses antes yo le había dejado un mensaje; él había respondido al anuncio del periódico. Me turbé y no supe qué responder, así que le dije:

—Gracias por llamar.

Le conté que era viuda y que tenía cuatro hijos, la menor, una chica, aún vivía conmigo. Él me dijo que era viudo y habló casi todo el tiempo de la pérdida de su bella esposa y de lo difícil que le era estar sin ella.

Cuando nos despedimos me preguntó:

—¿Puedo volver a llamarte?

—Sí —contesté.

En los seis meses siguientes hablamos muchas veces por teléfono.

Un día yo lavaba el coche en el patio, con una cubeta de agua jabonosa y una esponja. Al terminar utilicé la manguera para enjuagar y en ese momento apareció el Ángel Elías, y con él un arco iris que atravesó el auto.

—¿Tu hiciste eso? —le pregunté.

—No —respondió—; es el reflejo de la luz del sol que pasa por el chorro de agua.

¡Era precioso!

Le dije:

—Refleja incluso algunos de los bellos colores ambarinos de tu vestimenta —cerré la llave de la manguera y añadí—: ¿Viniste a ayudarme?

—No, no lavo coches, Lorna —contestó—; vine a hablar contigo —fuimos a la parte de atrás de la casa—. Lorna, cuando Brian te llame de nuevo y te pida que se conozcan, di que sí.

—No me lo va a pedir nunca, Elías. Nada más le gusta hablar por teléfono, y a mí también. Nos contamos cosas.

—No, Lorna —replicó—. Te pedirá que vayan a cenar.

Miré al Ángel Elías; estaba un poco desconcertada y le dije:

—Me sentiré muy rara saliendo con un hombre que no sea Joe.

—De todas maneras falta mucho tiempo, ahora tengo que irme.

Desapareció y yo acabé de lavar el coche.

Brian llamó poco después y me preguntó si podíamos vernos y quizá salir a cenar; yo hice lo que el Ángel Elías me había dicho. Aunque concertamos una cita para el sábado, le llamé el viernes para cancelar, porque Megan estaba indispuesta. Durante varios meses hicimos planes para reunirnos en numerosas ocasiones, pero nunca sucedió. Entendí lo que el Ángel Elías había querido decir cuando aseguró que aún faltaba mucho tiempo para mi encuentro con él.

Por fin acordamos que si alguna vez nos veíamos, él vendría a mi casa, para que conociera a Megan. Decidimos que sería un domingo. Le dije a Megan que un amigo vendría a visitarnos, le conté que se llamaba Brian y que quizá los tres saldríamos a dar un paseo. Se emocionó mucho.

Pese a que debía llegar a las dos, Brian llamó a las doce. Estaba en su coche y lloraba. No podía más, extrañaba demasiado a su esposa. Se disculpó y dijo que no lo entendía; nunca le había pasado algo así. Me dijo que había salido antes con otras mujeres y no había tenido ningún problema, pero que esta vez sentía como si fuera a desprenderse de su esposa. Agregó:

—He sufrido mucho. No puedo hacerlo, Lorna.

—Está bien, no importa —le dije.

Una vez que se tranquilizó, nos despedimos. Me dijo que me llamaría; repuse que no era necesario: "No quiero que sufras así", afirmé. Megan y yo tuvimos en compensación una aventura en el bosque.

Unas seis semanas más tarde recibí una llamada. Cuando vi el nombre de Brian en el teléfono, dudé un momento antes de contestar, aunque fue agradable oír su voz. Dijo que nos llevaría a almorzar a Megan y a mí, que estaba a media hora de la casa y que buscaba la dirección.

Le pregunté:

—¿Qué te hizo llamar?

—Me gusta conversar contigo y quiero conocerte —respondió.

Llegó a la puerta. Era un hombre guapo y simpático y con una encantadora sonrisa, y Megan simpatizó con él al instante. Media hora después salimos a almorzar.

Yo no dejaba de decirles a los ángeles:

—Esto es muy fácil; siento como si conociera a este hombre de toda la vida.

Nuestra relación comenzó ese día. Brian era gracioso y de buen temperamento. Nos hacía reír a Megan y a mí con sus incesantes bromas. Era fácil estar con él.

Al paso de los años, Megan y yo pasamos momentos felices con él. Hacíamos juntos muchas cosas que nos divertían, siempre los tres. Brian se convirtió en un padre para Megan. Coreaban las mismas canciones tradicionales irlandesas que Joe cantaba con ella en cada oportunidad. A Megan le gustaba eso; le agradaba que Brian la llevara de compras porque canturreaban en el camino. Le llamaba muchas veces cuando necesitaba ayuda con sus tareas, así que incluso cuando no nos veíamos, Megan hablaba por teléfono con él.

Los ángeles me dijeron que le avisara que empezaría a escribir; no entendí por qué tenía que decírselo. Una semana después de haberlo mencionado, tocó a la puerta, entró y dejó una laptop en la mesa.

Esa noche me llamó y me preguntó si me había gustado la sorpresa.

—Lorna, sé que no sabes leer ni escribir, pero ahora podrás hacerlo porque sólo tendrás que dictar en la computadora.

Me había comprado también un programa de reconocimiento de voz y unos audífonos.

Una noche me senté con él junto a la chimenea y le dije:

—Estás muy callado.

Se levantó del sofá, puso algo de heno y un tronco en el fuego y volvió junto a mí. La leña empezó a arder. Era hermoso estar con alguien a quien yo quería tanto. Megan dormía arriba.

Él me dijo:

—Lorna, quiero compartir contigo los últimos momentos que pasé con mi esposa, antes de que falleciera.

Tan pronto como pronunció esas palabras la luz del fuego titiló en toda la sala y los ángeles llegaron de todas partes. Una gran calma y tranquilidad llenó de paz y amor el lugar. Brian se puso a hablar de su bella esposa, quien había padecido cáncer; él no supo nunca cuánto tiempo más la tendría a su lado.

El alma de una joven hermosa y elegante apareció junto al fuego; su ángel de la guarda estaba con ella. Esto no es frecuente; no siempre se me permite ver al ángel guardián de un alma venida del cielo. Noté entonces que el ángel estaba junto a esa alma, no detrás de ella, y que la tocaba suavemente, lo que me conmovió mucho. Ella avanzó hasta Brian. Al momento en que él empezó a hablar, ella alargó la mano como para tocarle el hombro y le sonrió. El alma de su esposa estuvo ahí durante todo el tiempo en que él habló y cuando terminó de contarme cómo había fallecido.

Me contó que su esposa había ido al baño y que minutos después oyó que lo llamaba. Se puso de pie de un salto, desesperado; supo que algo marchaba mal. La halló en el suelo afuera del baño. La tomó en sus brazos, le dijo que la amaba y la levantó. Insistió en que no se rindiera, en que luchara por su vida, pero en el fondo sabía que agonizaba.

—La ambulancia estará aquí pronto —le dijo.

Ella contestó que aunque lo amaba, no podía esperar:

—Debo irme.

Murió en sus brazos. Él lloraba cuando me lo contó. Fue como si lo hubiera vivido de nuevo.

—Nunca le he dicho esto a nadie —me confió—. Todos creen que ella todavía vivía cuando subió a la ambulancia, pero no es así; ya había muerto.

Le dije:

—Comprendo lo que sientes —y nos abrazamos un momento.

Mi relación con Brian siempre tuvo altibajos. Rompí varias veces con él. Una de las razones de esto fue que le costaba mucho trabajo compartirme con el mundo. Pese a que me pidió que le permitiera entrar un poco más en mi vida, le expliqué que eso era imposible, que él no tenía permitido hacerlo.

Estoy muy feliz de que Dios haya concedido nuestra relación y le doy gracias a Joe, pero nunca podré amar a nadie como a él. Joe fue mi primer amor, aquel del que el Ángel Elías me habló, un amor que Dios eligió para mí.

Doy gracias a Dios de que haya permitido que Brian entrara en mi vida, que me permitiera amarlo y que él me amara. Aunque no pude darle más acceso a mi vida, debo admitir que lo echo de menos; era maravilloso oírlo canturrear las canciones que Joe interpretaba. Supongo que Brian fue el único hombre que estuvo cerca de mí tras la muerte de Joe. Le agradezco a Joe que me haya dado el valor de dejar que Brian entrara en mi vida hasta donde me fue posible. Nuestra relación estuvo llena de amor, alegría y muchos momentos felices. Sé que fue igual para Megan, porque Brian fue como un padre para ella.

Dios se llevó a Brian al cielo también. Él está ahora con su bella esposa, sus papás y todos sus seres queridos que se le adelantaron. Me da mucho gusto por él, saber dónde está. Sé que a él le da gusto por mí y que ahora lo comprende todo, todas las preguntas que me hizo y que yo nunca pude responder.

## Capítulo 34

# Un vaso de leche

Justo después de Navidad me reuní con un amigo en el vestíbulo de un hotel y él me contó esta increíble historia. Le sucedió hace muchos años a un joven en Etiopía; espero no tergiversarla. Sé que lo principal versa sobre un increíble muchacho de doce o trece años de edad. Sin padres, él vivía en la calle. Realizaba todo tipo de trabajos para ganarse la vida y subsistir. Hacía de todo; veía la forma de ganar un poco de dinero y lo lograba, si bien a costa de grandes esfuerzos.

Padecía hambre y sed casi todo el tiempo. Era un buen chico, aunque tímido. Una ocasión tenía mucha hambre porque no había comido nada durante varios días. Decidió entonces que, si se armaba de valor, podía ir a una casa y pedir leche. Aunque trajo eso en la mente todo el día, temía que le gritaran o hasta lo golpearan. A última hora del día estaba desesperado, de modo que se acercó a una casa y tocó a la puerta.

Se dijo: "Quizá sea mejor que no pida un vaso de leche. Pediré un vaso de agua".

La puerta se abrió y salió una mujer.

El chico preguntó:

—¿Podría darme un vaso de agua, por favor?

Ella dijo:

—Pareces tener hambre —entró un momento a la casa y cuando regresó le dijo—: aquí tienes un vaso de leche.

El milagro que aconteció después es casi inenarrable. No conozco a ese joven, pero por alguna razón las cosas cambiaron para él después de que bebió aquel vaso de leche. Ese acto de bondad le dio la voluntad que necesitaba para sobrevivir; gracias a la bondad de los extraños, se educó. Su ángel de la guarda y el de la mujer trabajaron en conjunto. Ambos escucharon. La mano de Dios estuvo presente en todo lo que sucedió.

Muchos años más tarde, al menos veinte, la mujer del vaso de leche se hallaba en el hospital, muy enferma, tenía cáncer. El especialista y el cirujano le dijeron que su única esperanza era que la operaran. Ella pedía día y noche, al igual que su familia, que la cirugía fuera un éxito.

Tiempo después de la cirugía, cuando ella estaba aún en recuperación en el hospital, el cirujano que la operó se acercó y le dijo que, en efecto, la operación había sido un éxito y que ella sanaría. Le dijo que no se preocupara más por el cáncer, ya que éste había desaparecido por completo.

Y añadió:

—Aquí está la cuenta.

Cuando se la tendió, ella dijo:

—Gracias por todo. Gracias a Dios estoy bien.

El cirujano se dirigió a otro lecho en compañía de la enfermera.

Tendida en la cama, la mujer apretó la cuenta contra su pecho y rogó al cielo que no fuera demasiado elevada y que su familia tuviera dinero suficiente para pagarla. La desdobló nerviosamente y vio que decía: "Por un vaso de leche no se cobra nada".

No había reconocido al joven cirujano. ¿Cómo habría podido hacerlo? Él era apenas un niño en aquel entonces, andrajoso, sucio y famélico, pero el gesto de bondad de ella, un vaso de leche, había puesto en marcha muchos cambios en su vida. El chico se convirtió en el cirujano que le salvaría la vida a ella y a muchas otras personas.

Cada vez que llevamos a cabo un acto de bondad a favor de otra persona, por modesto que sea, desconocemos cuál será el resultado. El pequeño acto de esa mujer resultó un acto de bondad inmenso. Creo que esto debería llenarnos de esperanza, amor y alegría a todos. Espero que esta historia haya tocado tu corazón.

## Capítulo 35

# La Crucifixión

Esa noche me senté en el sofá a ver las noticias. Mi hija Megan estaba sentada en el otro sillón y me daba la espalda; se había envuelto en unas cobijas y estaba apoyada sobre un par de almohadas.

Me dijo:

—Una taza de té sería una delicia en este momento.

—¿Quieres que me levante a hacerte una taza de té? —le pregunté entre risas.

Ella se rio también, sin dejar de ver la laptop.

—Sí, por favor; estoy enfrascada en esto, mamá —y volteó—: ¡Por favor! ¡Sería una verdadera delicia!

—Supongo que entonces tendré que pararme —respondí.

Ella rio y dijo:

—¡Sabía que lo harías!

Dejé el sofá y entré a la cocina. Acababa de sacar la leche del refrigerador cuando la tetera comenzó a hervir. Al acercarme al lavadero me asomé por la puerta que da a la sala y vi a los ángeles que rodeaban a Megan.

Mi hija editaba mi libro en su laptop. Tres hermosos ángeles maestros estaban a su alrededor. De vez en cuando, el que estaba a la derecha del sofá daba un paso al frente y miraba a Megan para supervisar su trabajo.

Yo me dije, sin pensar que ese ángel maestro me oía: "Supongo que verifican que Megan haga una edición correcta".

Él me miró, pero no contestó nada; me dirigió una gran sonrisa y asintió con la cabeza.

Les dije a los tres hermosos ángeles maestros que ayudaban a mi hija:

—Gracias por estar aquí.

El primero de ellos sostenía un libro en la mano y se volvió a otro que estaba junto a la chimenea, en el extremo del sofá, y que llevaba un portapapeles y una pluma. El ángel maestro con el libro en la mano, el que me sonrió, le dijo entonces al que estaba junto a la chimenea:

—Tacha eso de la lista; Megan ya lo hizo a la perfección.

Vi que el ángel sujetaba el portapapeles y con la pluma marcaba algo en el papel. Los ángeles maestros exhiben siempre los movimientos que nosotros asociamos con los maestros humanos.

El otro ángel maestro en la sala tenía los brazos cargados de libros de todos los tamaños. Estaba parado junto al sillón de piel de la ventana. Se volvió hacia mí y me dijo:

—Lorna, la tetera.

Me di cuenta en ese momento de que la tetera hervía furiosamente y de que una nube de vapor se esparcía por la cocina. Corrí a la estufa, la apagué y abrí la ventana para que se saliera el vapor; encendí también el ventilador de la estufa. Algunos de los ángeles que estaban en la cocina abanicaron con las manos para ayudar a disipar el vapor, que desapareció en un instante.

Destapé la tetera para ver cuánta agua había quedado; no era mucha, casi toda se había evaporado. La llené de nuevo, hice la taza de té y se la llevé a Megan. La puse en la mesita que estaba a su lado.

Esta mesita es muy valiosa para mí, porque mi mamá me la compró hace años en una tienda que me gustaba visitar en Mullingar. La adquirió en forma inesperada y me dijo:

—Nunca te compro nada, Lorna; quiero comprarte esa mesa.

—No gastes tu dinero; compra algo para ti —repuse.

Insistió y la compró. Ahora que está en el cielo pienso en ella todos los días, sobre todo cuando pongo mi taza de té en esa mesita. La tabla tiene forma de trébol de tres hojas y es de madera. La adoro.

Siempre digo "¡Hola, mamá!" y a veces oigo que ella me contesta: "¡Hola, Lorna!".

Su voz es dulce y amable. Mamá está siempre atrás de mí. Pese a que no volteo nunca, porque los ángeles dicen que no debo hacerlo, el solo hecho de oír su voz es fascinante.

Nuestros seres queridos están todo el tiempo junto a nosotros, en especial cuando pensamos en ellos o cuando algo nos recuerda el tiempo que pasaron a nuestro lado antes de morir. Ahora están en el cielo, pero también todavía están con nosotros a la vez. Yo le doy siempre gracias a Dios por permitir que las almas de nuestros seres queridos nos acompañen cuando los necesitamos.

Aun si no crees sentir su presencia, el mero hecho de que pienses en ellos significa que el alma de tus seres queridos te habla. Por eso estás consciente de su presencia. Muchas personas me dicen que no sienten la presencia de sus seres queridos ni reciben ninguna señal de su parte.

Yo les pregunto:

—¿Qué tan seguido piensan en ellos?

En ocasiones me responden:

—Todos los días.

Otras dicen sólo que inesperadamente piensan en ellos, sin ninguna razón. Quizá vieron algo o alguien les dijo algo que les hizo recordarlos. Tal vez fue una expresión o encontraron una fotografía en un cajón o ésta se cayó de un libro. Puede ser que un día le ayudes a alguien a hacer alguna tarea de jardinería; aunque eso no sea de tu interés, terminas por auxiliar a un amigo o vecino, y al podar el arbusto recuerdas de pronto que en alguna ocasión viste que tus seres queridos podaban el jardín o compraban rosas o un árbol. Así caes en la cuenta de lo mucho que les gustaba ir al invernadero o comprar flores.

Si te suceden estas cosas es que estás consciente de que el alma de tus seres queridos está contigo. En esos momentos salúdalos, llámalos por su nombre, háblales, quéjate con ellos si quieres. Comparte todas tus preocupaciones y todo lo bueno que te ha sucedido, toda la felicidad y alegría. No olvides pedirles ayuda y darle gracias también a tu ángel de la guarda por permitir que el alma de tus seres queridos esté contigo cuando los necesitas. Recuerda que es Dios quien concede que esa alma esté a tu alrededor y tu ángel guardián hace siempre lo que Dios quiere.

Dejé la taza de té de Megan sobre la mesita que mi mamá me compró y le pregunté:

—¿Cómo vas?

—Bien —respondió, me miró y agregó—: Gracias, mamá.

Cuando tomó su taza de la mesita le dije:

—De nada.

Me senté de nuevo en el sofá. No les dije una palabra a los ángeles maestros, sólo bebí mi té.

Minutos después me levanté y al dirigirme a la cocina le dije a Megan:

—Espero que estés disfrutando de tu taza de té.

—Sí, mamá —dijo—; gracias otra vez.

—Voy arriba, bajaré más tarde.

Al tiempo que atravesaba la puerta de madera les di las gracias a los tres ángeles maestros de que trabajaran con Megan; sabía que ella ponía mucho empeño en la edición.

Ellos contestaron al unísono:

—Es un placer, Lorna. Aunque tu hija pidió sólo un ángel maestro, su ángel de la guarda nos envió a los tres.

Esto me hizo sonreír en tanto cruzaba la cocina y subía; las escaleras están dentro de la cocina, no hay que salir a un pasillo. Iba a la mitad de las escaleras cuando me agaché para asomarme por el barandal a fin de volver a ver cómo los ángeles maestros ayudaban a Megan. Les di de nuevo las gracias y continué mi camino.

Bajé un par de horas más tarde y Megan trabajaba todavía. Le dije:

—Espero que le hayas pedido a un ángel maestro que te ayude a editar.

Ella me miró sorprendida, como si le hubiera sugerido algo absurdo.

—¡Claro que sí, mamá! Me has dicho muchas veces que invoque a los ángeles maestros para que me ayuden y que no tema hacerlo nunca; me has dicho que mi ángel de la guarda hace que los ángeles maestros me acompañen. Pedí sólo uno de ellos, mamá, pero tengo la sensación de que hay varios aquí, conmigo. ¡Cada vez que haces esa mueca sé que hay algo que no me has dicho!, ¿qué es? —y añadió con los ojos muy abiertos—: ¿Ves al ángel maestro que trabaja conmigo?

Me encogí de hombros y reí; no pude contenerme al ver la emoción con la que ella me hacía esa pregunta.

—Sí, Megan —contesté—, hay tres ángeles maestros contigo; están aquí en este momento.

Formuló muchas preguntas: ¿dónde estaban?, ¿qué hacían?, ¿qué símbolos llevaban en las manos o cómo vestían?

Conversamos hora y media hasta que le dije:

—¡Basta! Haré algo de comer para las dos.

En diversas ocasiones en que Megan ha trabajado con ahínco en la edición de mis libros, he visto a los ángeles maestros hacer varias cosas. Una noche estábamos sentadas en el sofá y un ángel maestro le palmeó el hombro y le murmuró al oído algo que yo oí:

—Concéntrate, Megan; olvídate de tu teléfono celular. Después tendrás mucho tiempo para hablar con tus amigos.

Ella hizo a un lado su celular. Siempre me agrada ver que alguien escucha a su ángel guardián o a uno que éste ha invitado.

En otra ocasión Megan editaba sentada a mi lado en el sofá. Estaba un poco molesta; al parecer, algunas de las frases estaban mal escritas y muy enredadas. Me dijo con un tono quejumbroso:

—¡Esto me vuelve loca, mamá! Supongo que cuando se lo dictaste a la computadora dijiste al revés todas las oraciones de este párrafo. Hiciste muchas veces eso en este capítulo.

Vi fastidio en su rostro y me dio mucha pena por ella; yo sabía que no podía cambiar lo que estaba escrito en ese capítulo. Les reclamé en silencio a los ángeles:

—¿Por qué no me hicieron notar que había dicho las cosas al revés?

Mi ángel de la guarda sólo dijo:

—Lo haces a veces, Lorna.

Vi muy frustrada a Megan y se quejó de que yo me riera de ella. Estaba a punto de romper a llorar; tenía lágrimas en los ojos. Me acerqué y le di un abrazo que al parecer no sirvió de mucho. Le dije:

—Necesitas un descanso. Tal vez ya hiciste suficiente esta noche.

Replicó, con lágrimas en los ojos todavía:

—No, quiero acabar esto. ¿Qué te resulta tan gracioso, mamá? ¡Esto no es cosa de risa!

Su ángel de la guarda me dijo:

—Sí, Lorna; díselo.

Él no la imitaba; se jalaba los cabellos porque representaba su estrés. Traté de no reír mientras le decía:

—Lo siento, Megan, no puedo evitarlo; cuando le dicto a la computadora ni siquiera me doy cuenta de que digo las oraciones al revés.

Le di otro abrazo y ella me dijo:

—Llevas varios minutos con esa mueca, mamá; dime por favor qué ocurre.

—De acuerdo —acepté—. Lo que me hizo reír fue ver que tu ángel de la guarda me mostró tu frustración.

—¡Pues entonces dile que esto no es cosa de risa! Tengo mucho que hacer.

—Díselo tú misma —repliqué.

—¡No es gracioso, mamá!

—Sí lo es —repuse.

Me miró enojada.

—¿Qué es tan gracioso entonces?

—Bueno —le dije—, mirar a tu ángel de la guarda —le describí lo que hacía, estalló en carcajadas y añadí—: eso mismo quisiera hacer yo en este momento.

Su ángel de la guarda representaba sus sentimientos al jalarse el cabello y estirar las puntas. También alzaba los brazos en todas direcciones y al hacerlo numerosos destellos de colores salían de su cabeza, volaban por doquier, estallaban como gotas de pintura en el aire y flotaban por la sala. El cabello se le erizaba como si estuviera lleno de electricidad. De este modo revelaba la frustración de Megan y eso me hacía reír.

Le pregunté a mi ángel guardián:

—¿Cómo podría ayudar esto a subirle el ánimo? —y le dije a Megan:

—Imaginé que hacías precisamente eso.

Cuando le describí las cosas que su ángel hacía, ella rio más todavía y en un momento su irritación desapareció. La risa surtió efecto y Megan avanzó esa noche en la edición tanto como quería. Ahora sé que cada vez que edita mis libros, piensa en que su ángel de la guarda exhibe su frustración y que esto la hace sonreír.

Los ángeles están siempre ahí para ayudarnos, pero no pueden hacer las cosas por nosotros. Los ángeles maestros te dan seguridad en tus aptitudes, te ayudan a concentrarte en lo que debes hacer, sea escribir una carta, presentar un examen o aprender algo. No temas pedirle a tu ángel de la guarda que un ángel maestro te dé confianza y concentración, y te ayude a creer en ti y a saber que tienes capacidad para aprender y para cumplir. Celebra con alegría tus aptitudes y talentos cuando los pongas en práctica y felicítate a ti mismo: "¡Bien hecho!".

Era muy temprano y yo rezaba, sentada en la cama; mi recámara estaba llena de ángeles que oraban conmigo. Pedía por todas las personas incluidas en el pergamino de oraciones y las que me envían cartas. Pedía por ellas y, desde luego, también por las personas que se han cruzado en mi camino y por los desconocidos. Pedía por todo el mundo y la naturaleza.

Al final iba a levantarme y a ponerme las pantuflas cuando dudé e hice una pausa. Dije:

—Señor, sabes que tengo que levantarme, pero antes debo hablar contigo. Sé que mi oración parecerá una queja, por eso, perdóname, Dios mío, antes de comenzar.

Y continué en voz alta:

—Sabes que he luchado y me he resistido y hasta he rehuido. No quiero escribir sobre la crucifixión, Señor. Eso va a destrozarme. La sufro una vez cada año, y ahora me pides que escriba sobre el momento en que el Arcángel Miguel tomó mi alma y me llevó al pasado. Me permitiste ver a Jesús cuando lo crucificaron. ¿Tengo que narrar cada espantoso incidente?

¿Debo hacerlo, Señor? Sabes que lloro aquí sentada en la cama mientras hablo contigo. ¿Por qué no me respondes...? De acuerdo, está bien, pero no es justo. Podrías enviarme a uno de tus arcángeles para que hable conmigo...

Me puse las pantuflas y la bata, entré a mi pequeño despacho y me senté en la silla.

La habitación se iluminó de repente con una radiante luz dorada y yo me cubrí el rostro mientras lágrimas rodaban por mis mejillas. ¡Tonta de mí! Creí que Dios no me había oído, pero claro que lo hizo. El lugar quedó envuelto por esa hermosa luz y hasta la silla en la que estaba sentada adoptó un color dorado y dejó de ser mi viejo sillón negro de oficina un tanto deteriorado. Esto me hizo sonreír y en ese instante oí que alguien me llamaba. Había arcángeles por todos lados; los reconocí de inmediato.

El Arcángel Miguel surgió de entre ellos mientras los demás le abrían paso. Caminó hasta mí y me dijo:

—Lorna, Dios oyó tu plegaria. No tendrás que escribir todo lo que te permitió ver cuando estuviste presente en la crucifixión de Jesús.

Todos los arcángeles me rodearon. El Arcángel Miguel tomó mi mano. El Arcángel Rafael se quitó la capa y la depositó en mis hombros. Los arcángeles Miguel, Gabriel, Rafael y Uriel me circundaban. Todos los demás arcángeles estaban detrás de ellos dentro de la habitación. Mi pequeño despacho parecía enorme.

El Arcángel Miguel dirigió su mano izquierda a la pantalla de la computadora y ésta se volvió transparente, yo podía ver a través de ella. La luz dorada surgió de la pantalla en todas direcciones como un vapor. Al bajar la mirada vi mi mano en la del Arcángel Miguel. Miré mis hombros y noté sobre ellos la preciosa capa roja del Arcángel Rafael; no pesaba, se sentía como una pluma apenas.

—Lorna —dijo el Arcángel Miguel y volteé a verlo. Me tomó de la barbilla con la mano izquierda y levantó un poco mi cabeza para que lo viera a los ojos, los cuales me colmaron de paz, amor y una tranquilidad inmensa—. Tú puedes hacerlo, Lorna —me dijo.

—Sé que puedo —confirmé—, debo hacer lo que Dios me pide. Es sólo que se me parte el corazón, todo mi ser. Mi alma no deja de llorar; tanto así que lloraré en cuanto empiece a dictarle a la computadora.

Respiré hondo y miré hacia la máquina.

El Arcángel Miguel dijo:

—Estaremos contigo todo el tiempo.

—Gracias —les dije a los arcángeles que me rodeaban.

En una de las primeras ocasiones en que presencié la crucifixión, Dios no permitió que viera demasiado; era muy joven entonces, creo que tenía seis años. La vi completa antes de mi primera comunión, pero tenía apenas doce años. Cuando la Iglesia católica conmemora ese hecho, el corazón se me hace trizas una y otra vez, porque Dios me permite volver a vivir ciertos momentos con él.

Cuando el Arcángel Miguel toma mi alma y me lleva al pasado para que presencie la crucifixión, soy siempre una niña. Pese a que tengo un cuerpo físico, luzco de otra manera.

Sentí el aire cálido y la brisa; eran las últimas horas de la mañana. Estaba descalza y sentía cada guijarro y grano de polvo bajo los pies; mi cabello suelto y largo ondeaba al viento. El Arcángel Miguel estaba a mi lado. Estuve consciente de su presencia todo el tiempo, aunque de vez en cuando volteaba a verlo para estar segura.

Me hallaba en un área muy concurrida; me recordó un patio de granja o de recreo. En la esquina donde estaba, un pilar de piedras toscamente labradas se alzaba contra la pared. Me escondí detrás de él, no quería que nadie me viera. Había soldados y algunos reñían; me di cuenta de que sólo estaban jugando. Tenía mucho miedo de ser vista.

Intentaba permanecer en las sombras y avanzar junto al muro. Había una carreta llena de lo que creí paja y me abrí paso por atrás de ella.

Un hombre me gritó que me pusiera a trabajar y lo seguí. Era pequeño y rechoncho.

El Arcángel Miguel me aseguró:

—No temas. No se fijarán en ti, sólo cuando Dios quiera.

En el suelo había costales llenos de paja. Escogí el que parecía más ligero, lo alcé en el acto y seguí al hombre. No era amable, y parecía agitado; eso me asustó un poco, pero sabía que el Arcángel Miguel estaba conmigo.

Atravesamos una pesada puerta; estaba muy oscuro adentro. A pesar de que no veía gran cosa, continué detrás de ese hombre lo más rápido que pude, aunque no lograba seguirle el paso. Lo alcancé cuando se detuvo a charlar con un sujeto dos veces más alto que él y que vestía armadura.

Mientras conversaban, el Arcángel Miguel me dijo:

—Lorna, baja el costal y mira al frente.

Lo hice y vi una luz a la distancia, dentro del recinto.

Parecía muy lejana y me dirigí hacia ella, a donde el Arcángel Miguel me indicó. Había cuatro hogueras encendidas; eran muy pequeñas y aparentemente no humeaban. No sé cuántas veces estuve a punto de tropezar con un banco o con las ropas de los soldados, pero evité los obstáculos dispersos por doquier. Pese a que la mayoría de aquellas cosas debían estar cerca de la pared, los soldados las habían arrojado al suelo, apremiados, sin duda, por la urgencia.

El Arcángel Miguel me decía cada tanto:

—Ten cuidado, Lorna.

Yo estaba ahí, presente en esos hechos. Fue más que una mera visión. Estaba ahí, con mi cuerpo físico.

En cuanto me acerqué, vi que se trataba de la luz del sol, que yo había percibido a través de una puerta entreabierta. Oí voces. Avancé con más cautela ahora, escuchaba, intentaba entender lo que oía. ¿Aquélla era sólo una calle muy concurrida?

Cuando llegué a la puerta y miré a hurtadillas, me horroricé. Di un salto atrás y me puse de espaldas contra la puerta. Murmuré:

—Esto es parte de la crucifixión, ¿verdad?

—Sí, Lorna —respondió el Arcángel Miguel.

Respiré hondo. Temblaba.

—¿Es Jesús el que vi ahí?

—Sí, Lorna; es él.

Inquirí entonces:

—¿Tengo que salir? ¿No puedo quedarme aquí?

Todo mi cuerpo temblaba.

—No, Lorna.

El Arcángel Miguel tomó mi mano y me llenó de amor, me dio la fortaleza que necesitaba. Me dijo en voz baja:

—Voltea, Lorna.

Lo hice, aunque puse mi peso contra la puerta. La abrí un poco más y me escurrí por ella; confirmaba de vez en cuando que el Arcángel Miguel continuara a mi lado, necesitaba su aliento.

Con esfuerzo libré la rendija de la puerta abierta y permanecí inmóvil un instante. Iba a correr y a gritarles a los soldados que maltrataban a Jesús: "¿Qué hacen? ¡Alto!", cuando el Arcángel Miguel me contuvo, me sujetó del hombro y dijo:

—No, Lorna; no puedes interferir. Estás aquí sólo para observar y rezar. Ve hacia el pilar de la derecha, ocúltate detrás de él.

—Está bien —dije y miré a mi alrededor—. ¿Y si alguien me ve?

—Nadie te verá —contestó.

Corrí hasta el pilar. Cuando llegué no podía mover los pies, estaban fijos en el suelo. Esto es algo que los ángeles me hacen con frecuencia, no me dejan avanzar. Estaba parcialmente escondida detrás del pilar; sentía fría la piedra contra las manos.

Me hallaba muy cerca. Vi a Jesús herido, semidesnudo y encadenado a un pequeño pilar de piedra y madera, con bordes irregulares, supe que si Jesús se debilitaba físicamente su cuerpo sería tendido sobre ese pilar. Estaba encadenado en una posición incómoda. Un soldado cubierto con una armadura caminó hasta él y lo sujetó contra el pilar de piedra, sobre el cual lo tendió.

Centenares de ángeles rodeaban a Jesús. Siete arcángeles formaban su círculo íntimo; eran los más próximos a él. Había otros cientos, parecían incontables. Estaban en oración porque no podían hacer nada; como yo, no podían moverse. Sabía que querían ayudar a Jesús, lo mismo que yo, y sentí lástima por ellos.

Le dije al Arcángel Miguel:

—Es indudable que ustedes sufren al ver esto.

Cuando volteé a verlo, replicó:

—Lorna, no sentimos dolor, sólo amor. Todos los ángeles y los arcángeles derramamos nuestro amor sobre Jesús para darle fuerza, aunque él crea que Dios lo ha abandonado. Su padre nos ha traído aquí a todos los arcángeles y ángeles para recordarle a Jesús quién es y hacerle saber que puede hacer esto por la humanidad. Cada ángel que Dios creó le ha implorado que le permita tomar el lugar de Jesús; yo mismo lo hice, pero Dios no lo concederá.

—¿Jesús puede ver a los ángeles? —le pregunté.

—No, Lorna.

Sentí pánico cuando el Arcángel Miguel dijo esto. ¿Cómo era posible que Dios esperara que Jesús fuera capaz de hacer esto por nosotros?

El Arcángel Miguel oyó mis pensamientos y dijo:

—Jesús surgió de Dios, es parte de él, al igual que el alma de cada hombre, mujer y niño. Dios quiere que cada alma vuelva a él porque es parte de él, una chispa de su luz.

Comprendí entonces que lo que veía —y lo que veo ahora al decírtelo— nos ayuda a que nuestra alma prevalezca. Todas las almas entienden eso. Jesús dio su vida para permitir que nuestra alma prevalezca y se enlace con el cuerpo. Al momento de su muerte, la unión del alma y el cuerpo de Jesús produjo una explosión de fuerza y un inmenso flujo de amor que aún hoy llega hasta nosotros.

El Arcángel Miguel tocó mi mano sobre el pilar y me dijo:

—Reza.

—Eso es precisamente lo que hago —repliqué.

El Arcángel Miguel sacó de entre sus ropas su hermoso pañuelo tan blanco como la nieve, enjugó mis lágrimas y señaló:

—Es hora de que descanses. Baja a hacerte una taza de té.

Cuando secó mis lágrimas con ese hermoso pañuelo sentí por un instante que estaba en dos sitios, pero supe que no era así.

—Gracias —le dije.

Me levanté de la silla y bajé a prepararme un poco de té. No recuerdo mucho, sólo que salí al jardín con la taza en la mano. No sé cuánto tiempo después decidí volver a mi despacho.

Cuando llegué, y vi esa hermosa y brillante luz dorada; supe que todos los arcángeles me esperaban en la habitación. Cuando llegué a la puerta, el Arcángel Miguel me tendió su mano, tomó la mía y me condujo hasta la silla para que me sentara frente a la computadora.

Entonces le dije a él y a todos los demás arcángeles que me acompañaban:

—No puedo hacerlo, es muy doloroso. Ni siquiera lo poco que he escrito revela todos los aspectos de lo que vi ese día.

El Arcángel Miguel me dijo:

—Mírame, Lorna —hice girar mi silla y mientras él enjugaba de nuevo mis lágrimas, añadió—: Dios quiere que lo hagas.

Respiré hondo y dije:

—Está bien.

Me coloqué otra vez frente a la computadora, me puse los audífonos y empecé a dictar una parte más de esta historia.

Había un soldado a unos pasos de Jesús. Vestía armadura y un ropaje muy pesado y llevaba puesta una careta. Vi sus ojos de todas formas; eran cafés y la esclerótica era de un blanco muy claro.

Le dije al Arcángel Miguel:

—Este soldado no tiene apariencia de maldad, lo veo en sus ojos.

Él confirmó:

—En efecto; no tuvo otra opción. Había otros seis y él fue el elegido para azotar a Jesús.

—¿No podía negarse? —inquirí.

—No, Lorna, un soldado no se puede negar. Tiene una familia y si se niega ellos serían encarcelados o vendidos y reducidos a la esclavitud; a él lo habrían lanzado al ruedo para morir.

Sentí lástima por él mientras miraba a Jesús, quien, lo supe, sería azotado.

El Arcángel Miguel murmuró en mi oído:

—Reza.

Cerré los ojos y le pedí a Dios que ayudara a Jesús, su hijo.

El Arcángel Miguel me indicó:

—Abre los ojos, Lorna.

Lo hice. Vi que a la derecha del soldado había una mesa de pesado aspecto, con manijas en un extremo y cubierta de herramientas. El Arcángel Miguel no me dijo cómo las usaría; yo lo sabía ya. Eran utensilios de tortura de todas las formas y tamaños.

De repente un gran rugido me hizo saltar. Sentí miedo, sabía lo que el soldado haría enseguida. Caminó hasta la mesa y tomó un látigo con picos afilados en la punta de cada filamento. Parecían navajas; algunos eran triangulares, otros redondos y otros más cuadrados.

El soldado volvió entonces a su posición original y se detuvo un momento. Hubo otro rugido. Él avanzó y se detuvo a un par de pasos de Jesús, donde permaneció un minuto; ahí se había reunido un grupo de personas, en apariencia importante. Las autoridades habían venido a cerciorarse de que el acto se consumara, guardaron silencio. Los soldados que estaban alrededor no se movieron.

El soldado levantó el brazo y descargó el látigo sobre Jesús. Lo hizo dos veces. Yo me horroricé. Aullaba por dentro cuando me llevé la mano a la boca para no gritar, temblaba y sollozaba. Caí de rodillas; el Arcángel Miguel me rodeó con sus brazos.

Vi carne por los aires y que el cuerpo de Jesús lanzaba sangre en todas direcciones a raíz de esos latigazos. Su espalda estaba cubierta de sangre. El látigo no había arrancado carne sólo de su espalda, sino también de sus costados y su pecho. Cuando el soldado sacudió el látigo otra vez, justo antes de que éste se impactara en el cuerpo de Jesús, todos los flagelos volaron en diferentes direcciones y se clavaron en su carne, de la que arrancaron nuevos pedazos.

Estoy segura de que en ese momento vi una de las costillas del costado izquierdo de Jesús, cuando un fragmento de su carne se desprendió de su cuerpo. Los golpes que causaron esto fueron como doce latigazos. Vi que por sus piernas escurría sangre y que ésta caía al suelo en torno suyo hasta formar un charco a sus pies. Vi que su sangre descendía en abundancia por el pilar, corría entre las piedras del piso y formaba nuevos charcos.

El soldado se inmovilizó y oí que alguien gritaba: "¡Más!".

Él se acercó a la mesa y tomó otro látigo, pero la multitud gritó que ése no era el adecuado y él tuvo que elegir otro. Cada vez que intentaba agarrar uno había un estruendo y el soldado deslizaba su mano al siguiente, hasta que la muchedumbre aulló satisfecha. Aunque el público no era muy copioso, los soldados insistían; sin embargo, los ángeles los superaban en número, en proporción de un millón a uno.

El látigo que la gente eligió era el último que quedaba sobre la mesa. Vi que el soldado titubeaba; no quería tomarlo, pero no tuvo otra opción. Ese látigo era más grande. Daba la impresión de que se desprendían de él más cuerdas y de que punzones más agudos remataban cada uno de sus flagelos; algunos incluso eran más alargados.

El soldado lo tomó, se acercó a Jesús y se paró en el mismo punto frente a él. Vi sus ojos. Parecían estar llenos de agua y sentí de repente su dolor y su aflicción, las emociones que experimentaba por hacer algo que no quería. Él le pedía perdón a Dios.

—¿Dios lo perdonará? —le pregunté al Arcángel Miguel.

—Sí, ya está perdonado —respondió.

Cuando el soldado volvió a levantar el brazo, todo se sumió en el silencio. Al azotar a Jesús, fragmentos de carne cayeron por todos lados. El soldado no quería flagelarlo otra vez, pero se le ordenó hacerlo. Cuando argumentó que podía matarlo, se le repitió que debía asestar más latigazos. Lo hizo de nuevo y la carne de Jesús reventó por doquier y caía por su cuerpo. Vi que un trozo de su carne se impactaba en el ojo derecho del soldado. Éste hizo una pausa y dijo que no veía; no pudo terminar. Al final, todos los demás soldados se resistieron, gracias a lo cual Jesús se salvó de recibir más latigazos.

Algunos soldados se precipitaron sobre él para quitarle las cadenas. Uno de ellos, al parecer el jefe, se desprendió de su capa y la arrojó sobre Jesús. Los soldados lo levantaron y lo arrastraron por el patio hacia la puerta por la que yo había pasado.

Dios me mantuvo invisible todo el tiempo. Los soldados no me vieron cuando hicieron pasar a rastras el cuerpo de Jesús por esa puerta. Me quedé en el pilar, acuclillada. No sé cuánto tiempo permanecí ahí. No me di cuenta del paso del tiempo hasta que se puso el sol.

Oí pasos y me asomé desde detrás del pilar. Vi que cinco mujeres se dirigían al lugar donde Jesús había sido flagelado. Llevaban consigo paños y cubetas con agua. Vi que algunas de ellas derramaban agua y que llevaban cuencos en las manos.

—¿Qué hacen? —pregunté

El Arcángel Miguel me contestó:

—Han venido a lavar la piedra, a quitar del suelo las manchas de la sangre de Jesús.

Vi que una de las mujeres recogía cada fragmento de la carne de Jesús y los depositaba delicada y cuidadosamente en un cuenco. Los ángeles le ayudaban. Oí que las mujeres sollozaban.

El Arcángel Miguel dijo:

—Estas mujeres son amigas de Jesús. Observa con atención, Lorna. ¿Reconoces a la que recoge del suelo la carne? Es la madre de Jesús.

Miré atentamente y me llevé la mano a la boca:

—¡Sí, es María! ¡Déjame ayudarle!

Él me atajó:

—No, Lorna; debes quedarte donde estás.

Las manos de María temblaban, junto con todo su cuerpo. Vi que tomaba otro cuenco de madera y que sobre un charco de sangre tendía un trapo limpio para que se empapara, tras lo cual lo exprimió en el cuenco. Las demás mujeres hacían lo mismo.

Mi corazón se apiadó de María. ¡Que una madre tuviera que hacer eso, recoger del suelo los fragmentos de la carne de su hijo para ponerlos en un cuenco! Llenar un recipiente con la sangre de un hijo es un horror inconcebible.

Las mujeres se aseguraron de no omitir nada. Evitaron minuciosamente pisar la sangre y carne de Jesús. Demoraron mucho tiempo en su tarea, porque estaba oscuro.

Al terminar, las otras cuatro se acercaron a María y la abrazaron. Después recogieron los cuencos y los trapos y se alejaron.

Te contaré algo más sobre la crucifixión. Yo me encontraba de rodillas en la punta de la cruz, que ya había sido tendida sobre la tierra. Un martillo y unos clavos estaban tirados junto a ella; el martillo parecía muy pesado y los clavos muy grandes y toscos, no como los lisos de ahora; éstos eran gruesos y opacos.

Miré el rostro de Jesús. Vi el terror en sus ojos cuando dos soldados tomaron su brazo. Uno de ellos lo sujetó como si fuera a resistirse, como si aún tuviera vigor para eso. Vi que Jesús estaba muy débil, demasiado pálido; no había color alguno en su rostro. El otro soldado lo sujetó por la muñeca y extendió su mano.

Ambos se miraron y le hablaron en un murmullo, con extrema compasión. Pese a que no hablaban mi lengua, entendí sus conmovedoras palabras. Le dijeron:

—Perdónanos. Acabaremos esto en dos golpes para que sea menos doloroso.

Jesús miró al soldado que sostenía su brazo y luego al que lo sujetaba por la muñeca. Vi el amor que manaba de él y que los tocaba a ellos; no había necesidad de palabras. Los soldados se sintieron aliviados y apaciguados. Entonces uno levantó el martillo al tiempo que sujetaba el clavo con la otra mano y atravesó de dos golpes la carne de Jesús.

El Arcángel Miguel me mantenía en pie mientras yo miraba el rostro de Jesús tendido en la cruz. Vi el dolor y sufrimiento de no comprender lo que sucedía. ¿Por qué su padre celestial permitía esto? Vi la angustia de no comprender por qué no hacía nada.

—No puedo escribir más sobre la crucifixión —les dije al Arcángel Miguel y a los demás arcángeles que estaban ahí.

—Está bien. Recuerda que Dios afirmó que podías escribir únicamente lo que quisieras —dijo él.

El Arcángel Rafael anunció:

—Cada vez que te sientes a escribir un poco sobre la crucifixión, te pondré mi capa sobre los hombros.

Los demás arcángeles dijeron que ellos también estarían ahí. Les di las gracias a todos mientras abandonaban la habitación. Cuando lo hicieron, la luz se atenuó muy despacio hasta desaparecer por completo, salvo la del Arcángel Miguel, que estaba a mi lado.

Le dije:

—Escribiré poco a poco la historia completa de la crucifixión. No sé cuánto tiempo me lleve, pero sé que Dios quiere que así sea.

Sentí entonces que alguien alborotaba mi cabello y supe que era la mano de Dios.

Pregunté:

—¿Está bien?

Y Dios dijo:

—Sí.

# Agradecimientos

Es mi mayor alegría dar las gracias a mi hija Aideen, conocida en mis libros como Megan, por toda su ayuda. Ella me animó muchísimo desde que empecé a escribir *Ángeles entre mis dedos*. Fue fantástica en su labor de edición de este libro y en la preparación de estas páginas para Mark Booth, mi editor. Trabajó en él noche y día mientras que asistía a la universidad y presentaba sus exámenes, así que, Aideen, un millón de gracias.

Gracias también a mi hija Pearl, quien trabajó tras bastidores en la cubierta de *Ángeles entre mis dedos* y en su promoción. Gracias, Pearl, por alentarme y creer en mí, así como por toda tu paciencia; no sé cómo lo lograste.

Gracias al resto de mi familia, en especial a mis hijos Niall y Christopher por estar a mi lado; ustedes me dieron enorme apoyo y estímulo; su ayuda fue invaluable. Sin su apoyo no podría hacer lo que hago, se los agradezco en lo más profundo de mi corazón.

Gracias a mis amigos en todo el mundo; son muy queridos y amados. Mencionaré a unos cuantos, pero los demás saben que los llevo en el corazón. Gracias a los que cuidaron de mí durante la preparación de este volumen, gracias por apoyarme en todas las formas posibles y cerciorarse de impedir mis excesos. Recibí grandes incentivos de Catherine y John Kerrigan, Audrey Hamilton, Don O'Neill y Pascal Guillermie, Stephen Mallaghan y su familia, Peter y Rene Kastenmacher y, por supuesto, Michael y Angela Lennon.

Sin el equipo editorial de Hodder & Stoughton este libro no existiría. Gracias. Mark Booth, mi editor, se ha convertido en un maravilloso amigo al paso de los años; ha estado siempre a mi lado, en especial durante la elaboración de este nuevo libro, en el que creyó y confió. Me dio mucho ánimo porque me comprende muy bien. Gracias, Mark, por ser tan paciente.

A todos los que leen mis libros, asisten a mis eventos y, principalmente, difunden la palabra de Dios y de los ángeles les doy los más sinceros agradecimientos; ustedes son mi bendición.

Gracias a Dios y a los ángeles por estar conmigo toda la vida y permitirme difundir la palabra de Dios.

Esta obra se imprimió y encuadernó
en el mes de enero de 2021,
en los talleres de Litográfica Ingramex, S.A. de C.V.
Centeno 162-1, Col. Granjas Esmeralda,
C.P. 09810, Iztapalapa, Ciudad de México.